**Similarity-preserved Hashing for
Low Carbon Intelligent Society and Its Application**

面向低碳智能社会的哈希建模及其应用

毛先领 著

北京理工大学出版社
BEIJING INSTITUTE OF TECHNOLOGY PRESS

版权专有　侵权必究

图书在版编目（CIP）数据

面向低碳智能社会的哈希建模及其应用／毛先领著. -- 北京：北京理工大学出版社，2022.4
ISBN 978-7-5763-1217-1

Ⅰ.①面… Ⅱ.①毛… Ⅲ.①低碳经济－人工智能－算法 Ⅳ.①F062.2②TP18

中国版本图书馆 CIP 数据核字（2022）第 056574 号

出版发行 ／ 北京理工大学出版社有限责任公司
社　　址 ／ 北京市海淀区中关村南大街 5 号
邮　　编 ／ 100081
电　　话 ／ （010）68914775（总编室）
　　　　　　（010）82562903（教材售后服务热线）
　　　　　　（010）68944723（其他图书服务热线）
网　　址 ／ http：//www.bitpress.com.cn
经　　销 ／ 全国各地新华书店
印　　刷 ／ 廊坊市印艺阁数字科技有限公司
开　　本 ／ 710 毫米 × 1000 毫米　1/16
印　　张 ／ 15
彩　　插 ／ 7　　　　　　　　　　　　　　责任编辑 ／ 多海鹏
字　　数 ／ 290 千字　　　　　　　　　　　文案编辑 ／ 辛丽莉
版　　次 ／ 2022 年 4 月第 1 版　2022 年 4 月第 1 次印刷　　责任校对 ／ 周瑞红
定　　价 ／ 92.00 元　　　　　　　　　　　责任印制 ／ 李志强

图书出现印装质量问题，请拨打售后服务热线，本社负责调换

前 言

当今世界正面临着巨大的环境挑战，气候变化、全球变暖、海平面上升、干旱和洪水频繁发生，这些问题给人类生活造成了严重的不良影响。为了缓解人类环境危机，"碳减排"已提上日程。计算能力，作为社会经济正常运行的核心基座之一，对于构建智能社会至关重要。但是，计算需要耗费大量的电力，因而导致大量的碳排放。所以，构建一个低碳、智能社会已经成为当今世界所面临的一个紧迫任务。

在这样的背景下，本书介绍了一项高效的计算技术：哈希建模，它可以有效地降低计算成本，从而减少碳排放。哈希建模技术是一种广泛应用于数据检索和机器学习等领域的技术，它的特点是快速、高效和低成本。

本书旨在介绍哈希建模技术的基本原理及其在低碳智能社会建设中的应用。全书共分为两个部分：第Ⅰ部分介绍了图像/图片哈希，这是哈希建模领域的主要组成部分，所以本书专门对此进行了详细的讲述；哈希建模方法正从图像哈希建模向其他领域，或数据模态扩散，所以本书专门针对主要的扩散方向进行了讲述，这构成了本书的第Ⅱ部分。希望通过本书的介绍，读者将能够深入了解哈希建模技术的原理和应用，以及如何将这种技术应用到低碳、智能社会的建设中。

本书适合从事计算机科学、数据科学、物联网、人工智能、信息安全等领域的学者、工程师和研究人员，以及对低碳、智能社会建设有兴趣的读者阅读。我们希望本书能成为一个有价值的资源，并为读者带来深入的技术见解和启发，从而推动低碳、智能社会的建设。

最后,我们要感谢所有为本书的撰写和出版提供支持和帮助的人,包括各位专家、同行以及家人和朋友。特别感谢我的研究生涂荣成、郭佳楠、赵冠淇和冀温瑾等在本书编辑、整理和校对过程中给予的帮助。希望本书能够对广大读者有所帮助,同时也欢迎读者提出宝贵的意见和建议,以便我们不断地改进和完善本书。

作　者

目 录

第1章 绪论 ·· 1
1.1 哈希是什么 ·· 4
1.2 哈希算法的分类 ·· 5
1.3 评价标准 ··· 6
1.4 哈希算法的历史趋势 ·· 6
1.5 哈希算法的应用 ·· 7
1.6 如何阅读这本书 ·· 7

I 面向图像的哈希算法

第2章 数据独立哈希算法 ·· 11
位置敏感哈希算法 ·· 12

第3章 无监督哈希算法 ··· 25
3.1 无监督浅层哈希算法 ·· 25
3.2 无监督深度哈希算法 ·· 36
 3.2.1 基于物体检测的无监督深度哈希算法 ································· 37
 3.2.2 基于流形的局部语义相似性结构重建的
    无监督深度哈希算法 ·· 47
 3.2.3 基于大规模图像检索的图规整化无监督深度哈希算法 ··········· 56
 3.2.4 基于局部聚合的无监督哈希算法 ······································ 63
 3.2.5 通过自适应聚类和实例识别的深度无监督哈希算法 ············· 78

第 4 章　有监督哈希算法 ································· 89
4.1　有监督浅层哈希算法 ································· 89
4.2　有监督深度哈希算法 ································· 90
4.2.1　分层标记数据监督下的深度哈希算法 ················· 90
4.2.2　具有动态加权方案的深度监督哈希算法 ··············· 100
4.2.3　基于高斯权重的汉明哈希算法 ······················ 105
4.2.4　基于图像属性的保留相似性深度哈希算法 ············· 118

II　面向其他数据类型的哈希算法

第 5 章　文本哈希算法 ··································· 135
5.1　浅层文本哈希算法 ··································· 135
5.2　深层文本哈希算法 ··································· 136
大规模学术性深层语义哈希算法 ··························· 136

第 6 章　用于网络嵌入的哈希算法 ························· 157
6.1　网络的数学基础 ····································· 157
6.1.1　图 ··· 157
6.1.2　邻接矩阵 ······································· 158
6.2　网络嵌入 ··· 159
网络信息的分类 ······································· 159
6.3　在嵌入网络中使用哈希算法 ··························· 161

第 7 章　跨模态哈希算法 ································· 189
7.1　无监督跨模态哈希算法 ······························· 189
7.2　有监督跨模态哈希算法 ······························· 190
哈希函数和统一哈希码联合学习的深度跨模态哈希算法 ······· 191

第 8 章　哈希算法的未来趋势 ····························· 211
8.1　低碳经济与智能社会 ································· 211
8.2　哈希算法的潜在应用 ································· 212
8.3　总结 ··· 212

参考文献 ··· 213

第 1 章
绪 论

众所周知,人类社会目前已经进入人工智能与大数据时代,且这一过程的深度和广度还在持续不断地加速,人类社会的发展历程正在呈现一种波澜壮阔的景象,下面通过一些数据来支撑这一论点。

大数据时代 当前,每一秒都有大量的诸如文本、图片、视频数据被记录下来,如根据全球信息网和中国互联网络信息中心的数据,截至目前:

①有 45.4 亿的互联网用户,15 亿网站;

②仅谷歌(Google)就报告其索引了 565 亿网页;

③微信拥有 12 亿用户;

④脸书(Facebook)报告其拥有 26 亿用户;

⑤图片分享网站 Pinterest 拥有 3.35 亿用户和 2 000 亿图片;

⑥新墨西哥天文望远镜每天获取 200 GB 的图片数据(Sloan Digital Sky Survey)。

人工智能时代 人工智能(Artifical Intelligent,AI),本质上是要代替重复劳动,从而提高生产率,解放人类,使得人类从事更具有创造性的工作。其中的一种主流人工智能模式是:

①收集生产过程中的数据,并进行人工标注,如人脸图像,并标上性别等标签。

②在这些标注好的数据上学习一个模型,如在标注好性别的人脸图像上学习人脸与性别之间的关系。

③新来一个数据,通过学习模型预测一个结果,如给定一个新的人脸图

片,用学习得到的模型预测其性别。

为什么说人工智能正在深刻地改变人类社会呢?可以从以下两个角度理解。

①从宏观历史的角度来看,人类社会发展的历程呈现了如图1.1所示的发展阶段,在人类发展的几千年里,生产力提升缓慢,几乎可以忽略不计;直至工业革命,人类生产力发展呈现了巨大的加速度;进入人工智能时代,人类社会生产力的速度被大幅提升,而我们正处于这一历史进程中,何其幸运。

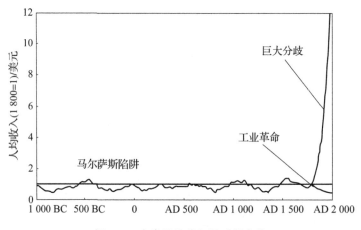

图1.1 人类平均收入随时间变化

②从微观来看,人工智能技术作为基础技术正在为各行各业赋能,就如交通网络一样,已经成为经济社会发展的基本逻辑。在德国,汽车工厂早已实现了自动化生产,那些重体力、重复劳动的部分,已经被机械臂代替了,零件搬运,全程有各种工具车,从卸货到进库,不需要人工操作;又如钢铁行业,废钢的回收,通过收集数据、标注数据、训练模型,一车废钢的等级(重度、中度等)就能被自动判断出来,一车钢铁的价格就计算出来了,然后自动结算,完全不需要人的参与。

大数据与人工智能有着密切的关系,一般认为,人工智能依赖三个基础:大数据、强大的算力、模型。大数据,本质上是记录对象与对象之间的某种关系,而模型是为了刻画存在于大数据中的变量之间的关系,由于数据量和建模模型通常很大,需要强大的计算能力作为支撑。因此,大数据、算力和模型共同构成了人工智能的黄金三角,依靠黄金三角,人工智能技术目前正在各行各业攻城略地、大放异彩。

从大数据中找到与给定数据点最相似的数据点,即最近邻检索(Nearest Neighbor Search, NNS),这是人工智能领域和大数据挖掘领域广泛面临的重要基础问题之一。具体地,每天我们都面临最近邻检索问题,无论是在路上看到某个人与你认识的人很像(即从大脑中存的图像数据中查找最相似性的数据),还是通过搜索引擎查找给定关键字的排序文档列表(即从海量网页文档数据中查找最相似的文档,并按相似性排序返回)。最近邻检索,像空气一样,时时刻刻存在于我们的日常生活中而不被感知。为此,克鲁斯教授(Prof. Knuth)在他那套著名的算法书籍中专门列了一卷来介绍最近邻检索问题和相应的处理方法。

对于最近邻检索任务,在大规模数据场景中,存在以下两个挑战。

①存储代价:为了支持后续的最近邻检索任务,需要先将海量的数据以某种形式存储起来,通常需要非常大的存储空间,如何能够使得存储空间比较小,是一个挑战。

②查询速度:给定一个数据点,需要从海量的数据中查找到 K 个最相似的数据点,如何能够做到查找速度比较快,是另外一个挑战。

实际上,在基于大规模数据的应用场景中,去返回 K 个精确的、最近邻的数据点是十分耗时或几乎不可能的。一方面,考虑到在许多场景中(如图像检索任务),仅仅返回近似的 K 个最近邻数据点也是足够满足实际需求的,即近似最近邻检索(Approximate Nearest Neighbors, ANN);另一方面,比起精确的最近邻检索,近似最近邻检索在解决大规模问题时通常是更有效率的。因此,在大数据时代,近似最近邻检索目前已经吸引了越来越多研究人员的关注。

对于近似最近邻检索问题,目前已经有很多解决方案被提出,如:

① $K-d$ 树($K-$dimensional Tree);

②盒分解树(Box-decomposition Trees);

③随机 $K-d$ 树(Randomized $K-d$ Trees);

④ $K-$均值树($K-$means Tree);

⑤最优解 $K-$均值树(Best Bin First $K-$means Tree);

⑥ $N-$最佳路径贪心搜索(Greedy $N-$Best Paths Search);

⑦保留相似性哈希算法(Similarity-preserved Hashing)。

从以上方案可以看出,大部分方法都是基于树的,核心想法是在搜索空间通过树来剪枝,如假设是一棵二叉树,那么每一次分支都可以把搜索空间缩减一半,从而提升检索效率。本书将为读者介绍一种截然不同的解决方案,即保留相似性哈希算法。

保留相似性哈希算法,除了能有效解决最近邻检索存在的存储挑战和检索速度挑战之外,在保护地球和实现碳达峰的历史过程中,显得特别有意义和价值。如前所述，人工智能依赖强大的算力，算力需要电力支撑，电从哪里来？如果不是清洁能源，那肯定要烧炭和释放碳。在自然语言处理国际顶会 ACL2019 上，有一篇论文详细研究了当前常见的一些人工智能模型的训练与所用算力导致的碳释放之间的关系。现有模型耗能与二氧化碳排放如表 1.1 所示，从表中可以发现，对这些模型来说，为了训练这些模型所释放的二氧化碳的规模是很大的，而且代价很高。因此，本书所介绍的保留相似性的哈希建模技术，对于人工智能技术、大规模数据挖掘和低碳社会构建都具有十分重要的现实意义。

表 1.1　现有模型耗能与二氧化碳排放

模型	硬件	功率/W	时间/h	电源效率	二氧化碳当量/lb①	云计算成本/美元
Transformer$_{base}$	P100x8	1 415.78	12	27	26	41～140
Transformer$_{big}$	P100x8	1 151.43	84	201	192	289～981
ELMo	P100x3	517.66	336	275	262	433～1 472
BERT$_{base}$	V100x64	12 041.51	79	1 507	1 438	3 751～12 571
BERT$_{base}$	TPUv2x16	—	96	—	—	2 074～6 912
NAS	P100x8	1 515.43	274 120	656 347	626 155	942 973～3 201 722
NAS	TPUv2x1	—	32 623	—	—	44 055～146 848
GPT-2	TPUv3x32	—	168	—	—	12 902～43 008

1.1　哈希是什么

哈希（Hashing），通常指把一个数据点通过某些步骤映射为某种固定长度的输出。这个映射的规则或步骤就是对应的哈希算法，若把原始数据映射为二进制串，就是哈希码。最有名的哈希算法就是 MD5 和 SHA，以下是一个哈希函数示例：

Hash("这是一个测试") = 101101101011000

---

① 1 lb = 0.453 59 kg。

这表示对文字串"这是一个测试"进行哈希运算,最后映射为固定长度输出就是"101101101011000"。

特别注意,本书所要介绍的技术是保留相似性的哈希,这与传统的哈希算法是不同的。保留相似性的哈希,具有以下两个核心要素。

① 需要将数据点转换为哈希码(通常是0/1二进制形式的哈希码)。

② 数据点所对应的哈希码之间的距离,应该要映出原始数据点之间的相似性。

从上述描述可知,这就是该类算法被称为保留相似性哈希算法的原因。

为了形象地理解保留相似性哈希算法的核心思想,如图1.2所示,左边的图像与中间的图像是相似的,所以我们期望为这两张图像所学习得到的哈希码之间的距离应该小,即对应位置上的0或1相同的应该占大多数,不同的位应该是少数;反之,左边和中间的图像与右边的图像不相似,所以这些图像之间的哈希码相同位置上所对应的0或1应该大部分是不同的。

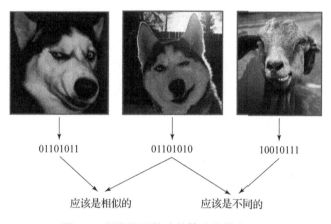

图1.2 保留相似性哈希算法的基本原理

特别地,因为本书主要内容都是讲解保留相似性哈希算法,为了简便起见,后续在不引起混淆的情况下,将把保留相似性哈希简称为哈希,请读者注意。

1.2 哈希算法的分类

如图1.3所示,已有的保留相似性哈希算法大体上可以分为两大类:数据依赖哈希算法和数据独立哈希算法。数据依赖哈希算法考虑了数据的内在特性,而数据独立哈希算法完全不考虑数据的特性。一般而言,比起数据独立哈希算法,数据依赖哈希算法的效果会更好。但是,由于数据依赖哈希算法在建模过程中要考虑数据的特性,因此在数据动态变化的场景中并不太适用;而数据独立哈希算法就能很好地适应数据动态变化的场景。

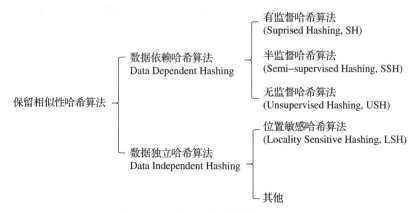

图 1.3　保留相似性哈希算法的分类

对于数据依赖的哈希算法,又可以进一步分为有监督的哈希算法、半监督的哈希算法和无监督的哈希算法。有监督的哈希算法,是针对有标注标签的数据进行建模的场景;而无监督的哈希算法,主要是针对没有标注标签的数据进行建模的场景;半监督的哈希算法则是针对部分数据有标签,同时部分数据无标签的场景进行建模。

1.3　评价标准

针对一个研究领域,如何判断一个方法是性能提升了还是下降了,是非常关键的。在保留相似性的哈希建模领域,由于它本质上是一种信息检索方法,即给定一个查询,给出一个排序列表,因此,该领域所采用的评价标准和信息检索领域所采用的方法通常类似。具体地,常见评价标注如下: $p@n$,准确率(Precision),召回率(Recall),平均累积增益(DCG)和归一化折现累积增益(NDCG)。

1.4　哈希算法的历史趋势

保留相似性哈希算法,最早主要是针对图像数据的高效检索场景,研究人员首先提出了数据独立的哈希算法,特别是位置敏感哈希,后续又陆续提出了数据依赖哈希算法。未来哈希建模领域的发展趋势主要有以下两点。

①一个趋势是正在从图像检索领域向其他领域扩散，如社交网络分析、文本检索、视频检索、神经网络加速等。

②另外一个趋势是跨模态哈希，即将文本、图像、视频建模到同一个语义空间中，从而实现从一个模态检索其他模态的数据。

1.5 哈希算法的应用

保留相似性哈希算法，有很多应用场景，如图片检索、社交网络分析、文本检索、视频检索、神经网络加速等。本质上，只要是寻找最近邻数据的场景，均可以应用保留相似性哈希算法。

1.6 如何阅读这本书

这本书主要分为两个部分：针对图像数据的哈希算法和针对其他模态的哈希算法。图像数据的哈希算法，亦可称为图像哈希或图片哈希，是哈希建模领域的主要组成部分，所以本书将专门对此进行详细讲述。而哈希建模算法正在从图像哈希建模向其他领域或数据模态扩散，所以本书专门针对主要的扩散方向进行了讲述，这构成了本书的第二部分。

本书的主要内容都是作者所在研究组近几年的研究成果，每一个研究成果都相对完整且独立成章，因此本书第一部分和第二部分的内容基本上是可以独立阅读的，相互之间没有依赖关系，读者可根据需要选择阅读。

面向图像的哈希算法

这部分将主要介绍本研究组近些年在图像哈希方面的研究工作。现有的哈希算法大体上可以分成两类：数据独立的哈希算法和数据依赖的哈希算法。而数据依赖的哈希算法可以进一步划分为有监督的算法和无监督的算法。作为哈希算法特例的图像哈希来说，它们也可以按照同样的分类方法来归类。因此，这部分首先将介绍数据独立的哈希算法，然后按顺序分别介绍监督型和非监督型的数据依赖的哈希算法。

对于数据独立的哈希算法，本质上该类方法的核心思想就是随机投影（Random Projection，RP），即在空间中随机地选取 m 个随机向量，然后要么把数据点映射到每一个随机向量上，要么用这些随机向量作为分隔平面来划分空间，这样每一个随机向量都可以为每一个数据点产生一位哈希码，从而 m 个随机向量就可以为每一个数据点产生 m 位的哈希码。在关于数据独立的哈希算法这部分，将介绍我们发表在 AAAI 2017 上的一篇文章，它的主要思想是把数据点映射到随机向量上，随机向量会按照 W 的长度进行分区，从而使得在空间中相近的数据点大概率落入相同的分区中，从而判断它们的相似性，类似地，也是随机抽取了 m 个随机向量，从而为每个数据点生成了 m 位的哈希码。

对于有监督数据依赖的哈希算法，其核心思想是把监督信息尽可能用好，所以在这个分类中的方法主要是探索如何更好地把有监督的信息建模得更好。在这部分中，关于有监督数据依赖的哈希算法，将介绍作者收录在 AAAI 2018、ACM MM 2021 等国际会议上的会议论文集中，主要探讨了如何利用层次标签和类别属性等信息去更好地获取数据的哈希码。

对于无监督数据依赖的哈希算法，其核心思想是尽可能地发现无标注数据内部的隐含语义结构，然后利用这些隐含语义结构信息去指导哈希码的生成，如可以利用聚类算法发现数据内部的语义结构信息，从而生成更好的哈希码。在这部分中，关于无监督数据依赖的哈希算法，将会介绍作者发表在 IJCAI 2019 等国际会议上的文章，主要探讨了如何利用流形学习、图像规整、自适应聚类等思想去发现数据内在隐含的语义结构，从而指导生成更好的哈希码。

第 2 章
数据独立哈希算法

现有的哈希算法主要可以分为两类：数据独立哈希算法和数据依赖哈希算法。数据独立哈希算法大多使用独立于训练数据的简单随机投影作为哈希函数，如基于位置敏感哈希模式的算法。

现有的数据独立哈希算法依赖于两个关键因素：数据类型和距离度量。对于矢量型数据，可以用欧氏距离（l_2）、曼哈顿距离（l_1）和角度度量（Arccos）等方法来测量两个向量之间的距离。基于这些度量方法，发展了各种各样的哈希算法。特别是基于 l_p 距离提出了很多位置敏感哈希算法，其中 $p \in [0,2]$。例如，p 稳定分布的位置敏感哈希算法、基于李奇晶格的位置敏感哈希算法、球状位置敏感哈希算法和超越位置敏感哈希算法。同时，角度度量是一个常用的矢量度量方法，并且发展了许多基于角度度量的位置敏感哈希算法，如随机投影、超位局部敏感哈希算法、核位置敏感哈希算法、伴随位置敏感哈希算法和超平面哈希算法。此外，卡方距离和布雷格曼散度也被用作相似性函数来开发相应的向量哈希算法。对于集合型数据，基于杰卡德系数的位置敏感哈希算法包括最小哈希算法、K 哈希数最小草图算法、最小 – 最大哈希算法、B 位最小化哈希算法、基于相似性的最小哈希算法等。本章将以位置敏感哈希算法为例，介绍数据独立的哈希算法在图像检索领域的前沿建模方法及应用。

位置敏感哈希算法

作为最具代表性的一类数据独立哈希算法，位置敏感哈希算法最早在 1998 年由 Indyk 提出。不同于我们在数据结构教材中对哈希算法的认识，哈希最开始是为了减少冲突，方便快速增删改查，在这里 LSH 恰恰相反，它利用的正是哈希冲突加速近似最近邻检索，并且效果极其明显。目前，学术及工业界已经提出并应用了大量的各具特色的位置敏感哈希算法变体，如基于李奇晶格的位置敏感哈希算法、球状位置敏感哈希算法等。本小节将详细介绍一种基于概率分布的位置敏感哈希算法。

概率分布的位置敏感哈希算法

在真实场景中，概率分布型的数据很普遍，如话题建模中的话题，图像处理中的颜色直方图或归一化的视觉词包。直观地说，如果把概率分布当作一般向量，可以简单地使用基于向量度量的 LSH 方法来处理概率分布。例如，首先将海灵格散度还原为欧氏距离，然后使用现有的 ANN 技术，如 LSH 和 $K-d$ 树，来加速在概率单纯形中的搜索。然而，该方案没有考虑概率分布的特殊属性，如非负数和总和等于一。因此，它并不是最佳的解决方案。

此外，在比较概率分布的相似性时，与欧氏距离和角距离（θ）等向量的度量相比，Kullback – Leibler（KL）散度、Jensen – Shannon 散度（JSD）和 S2JSD 等信息理论上的度量往往更合理。例如，在 k 近邻（$k-$nearest Neighbor，KNN）检索任务中，通过暴力搜索，5 个度量在 4 个公共数据集上的概率分布形式的 $p@5$ 结果如表 2.1 所示。

表 2.1　5 个度量在 4 个公共数据集上的概率分布形式的 $p@5$ 结果

数据集	距离度量				
	θ	l_2	KL	JSD	S2JSD
Local – Patch	0.848	0.850	0.832	0.852	0.852
CIFAR100 – 100	0.198	0.194	0.212	0.218	0.218
CIFAR100 – 20	0.342	0.322	0.348	0.346	0.346
CIFAR – 10	0.493	0.478	0.522	0.528	0.528

表 2.1 的结果表明，以信息理论为动机的概率分布的度量比向量的度量表现得更好。大多数信息理论上的度量，如 JSD 和 KL 都不是定义良好的距离度量，它们不满足三角不等式。文献研究表明："对于任何相似性函数，如果承认有位置敏感的哈希函数族，其距离函数都满足三角不等式。"因此，由于不存在三角不等式，所以基于 JSD 或 KL 的 LSH 不存在。幸运的是，Endres 和 Schindelin（2003）为概率分布引入了一个新的度量，这个度量称为 S2JSD。S2JSD 已经被证明满足对称性、非负性和三角不等式，也就是说，它是一个距离度量。因此，在 S2JSD–LSH 实验中，通过开发一个新的近似公式 S2JSD$_{aprx}^{new}$ 来研究基于 S2JSD 距离的概率分布的哈希模式。

该实验做出了以下贡献。

①提出了一个新的为 S2JSD 哈希算法量身定做的 S2JSD 距离的近似公式 S2JSD$_{aprx}^{new}$。这个公式是对称的，并且具有更好的近似性能。

②为 S2JSD$_{aprx}^{new}$ 开发了一种全新的保留相似性哈希模式，它可以应用于概率分布。

③S2JSD–LSH 实验代码已发布，以便其他研究人员重复这个实验并验证他们自己的想法，详见多宝网（Dropbox）。

1）准备工作

本节主要介绍位置敏感哈希算法的概况。LSH 算法最早在文献中提出用于解决近邻检索问题。它是基于 LSH 族 $\mathcal{H}$ 的定义，这是一个哈希函数族，它将相似的输入数据映射到相同的哈希码，其概率高于不相似的数据。设置 S 为对象的域，D 为对象之间的距离测量。形式上，将 LSH 族定义如下。

定义 1 位置敏感哈希：一个映射族 $\mathcal{H} = \{h:S \to U\}$ 叫作 (r_1, r_2, p_1, p_2)－敏感，其中 $r_1 < r_2$，且 $p_1 > p_2$，当 D 对于任意 $v, q \in S$ 时：

①如果 $D(q,v) \leq r_1$，那么 $P_{\mathcal{H}}[h(q) = h(v)] \geq p_1$；

②如果 $D(q,v) > r_2$，那么 $P_{\mathcal{H}}[h(q) = h(v)] \leq p_2$。

直观地讲，该定义指出，附近的物体（距离在 r_1 以内的物体）比相距较远的物体（距离大于 r_2 的物体）更可能发生碰撞（$p_1 > p_2$）。给定一个 LSH 族 $\mathcal{H}$，LSH 方案通过串联几个函数放大了高概率 p_1 和低概率 p_2 之间的差距。特别是对于一个给定的整数 K，让我们定义一个新的函数族 $\mathcal{G} = \{g:S \to U^K\}$，其中 $g(v) = (h_1(v), h_2(v), \cdots, h_K(v))$，$h_i \in \mathcal{H}$。

2）概率分布的距离度量

首先，我们研究了一个概率分布的距离度量，它适合于开发一个位置敏感的哈希算法。

Endres 和 Schindelin（2003）介绍了一种概率分布的度量，它是有界的，以信息理论为基础，它与电容判别和 Jensen–Shannon 散度相似。该距离度量是 2 倍 Jensen–Shannon 散度的平方根，称为 S2JSD，如下式所示：

$$\begin{aligned} \text{S2JSD}(P,Q) &= \sqrt{2\text{JSD}} \\ &= \sqrt{\sum_{i=1}^{N}\left(p_i \lg \frac{2p_i}{p_i+q_i} + q_i \lg \frac{2q_i}{p_i+q_i}\right)} \end{aligned} \quad (2.1)$$

式中，P 和 Q 是两个已知的分布，N 是 P 和 Q 的维度，而且 p_i 和 q_i 分别是 P 和 Q 第 i 个分量的值。S2JSD 已经被证明满足对称性、非负性和三角不等式，也就是说，它是一个距离度量。另外，Endres 和 Schindelin（2003）已经证明 S2JSD 的距离可以被近似为

$$\text{S2JSD} \approx \text{S2JSD}_{\text{aprx}}^{\text{ES}} = \sqrt{\frac{1}{4}\sum_{j=1}^{N}\frac{(p_j-q_j)^2}{q_j}} \quad (2.2)$$

显然，该近似值打破了 S2JSD 的对称性，表明该近似值不是一个真正的距离度量。为了克服这一缺陷，本书将提出一个新的 S2JSD 距离的近似值，它满足对称性。

首先，可以通过逐项泰勒级数扩展 S2JSD 距离，得到

$$\begin{aligned} \text{S2JSD} &= \sqrt{\sum_{i=1}^{N} p_i \lg \frac{2p_i}{p_i+q_i} + q_i \lg \frac{2q_i}{p_i+q_i}} \\ &= \sqrt{\sum_{i=1}^{N}\sum_{v=1}^{\inf}\frac{1}{2v(2v-1)}(p_i+q_i)\left(\frac{p_i-q_i}{p_i+q_i}\right)^{2v}} \\ &= \sqrt{\sum_{v=1}^{\inf}\sum_{i=1}^{N}\frac{1}{2v(2v-1)}(p_i+q_i)\left(\frac{p_i-q_i}{p_i+q_i}\right)^{2v}} \end{aligned} \quad (2.3)$$

式中，v 是泰勒级数展开的指数，N 是概率分布的维度。然后，通过使用一阶近似，可以得到

$$\text{S2JSD} \approx \text{S2JSD}_{\text{aprx}}^{\text{new}} = \sqrt{\frac{1}{2}\sum_{i=1}^{N}\frac{(p_i-q_i)^2}{p_i+q_i}} \quad (2.4)$$

与 $\text{S2JSD}_{\text{aprx}}^{\text{ES}}$ 不同，近似值 $\text{S2JSD}_{\text{aprx}}^{\text{new}}$ 并没有破坏 S2JSD 的对称性；同时，很容易证明 $\text{S2JSD}_{\text{aprx}}^{\text{new}}$ 满足三角不等式。此外，通过下面的模拟，可以观察到所提出的近似值 $\text{S2JSD}_{\text{aprx}}^{\text{new}}$ 对于高维概率分布来说，大概率上比近似值 $\text{S2JSD}_{\text{aprx}}^{\text{ES}}$ 更接近于 S2JSD。

我们知道，如果参数 $\alpha = 1$，可以通过对称的狄利克雷分布获得随机的

概率分布，即 $\mathrm{Dir}(\alpha=1)$。对于每个维度 $d(d\in\{2,3,\cdots,1000\})$，在 d 维概率分布下，首先分别从 $\mathrm{Dir}(\alpha=1)$ 中抽取 1 000 000 个 $<P,Q>$ 对，然后通过式（2.1）计算 S2JSD 的值，Endres 的近似值 $\mathrm{S2JSD}_{\mathrm{aprx}}^{\mathrm{ES}}$（式 2.2）以及近似值 $\mathrm{S2JSD}_{\mathrm{aprx}}^{\mathrm{new}}$（式 2.4），对于一对 $<P,Q>$ 对，如果（$|\mathrm{S2JSD}_{\mathrm{aprx}}^{\mathrm{ES}}-\mathrm{S2JSD}|>|\mathrm{S2JSD}_{\mathrm{aprx}}^{\mathrm{new}}-\mathrm{S2JSD}|$），则 $\mathrm{S2JSD}_{\mathrm{aprx}}^{\mathrm{new}}$ 比 $\mathrm{S2JSD}_{\mathrm{aprx}}^{\mathrm{ES}}$ 更接近 S2JSD，这意味着所提出的新近似值更好，该 $<P,Q>$ 对被称为**意向对**。

通过计算意向对的数量，然后用它除以意向对的总数，称为意向对比率。图 2.1 所示为当维度 d 在 0~1000 变化时，每个维度上的意向对比率的值。从图 2.1 中观察到，所提出的新近似值 $\mathrm{S2JSD}_{\mathrm{aprx}}^{\mathrm{new}}$ 以较大的概率优于 Endres 的近似值 $\mathrm{S2JSD}_{\mathrm{aprx}}^{\mathrm{ES}}$，尤其是在维度较高时。例如，当维度为 100 时，意向对比率为 98.455%，这意味着提出的近似值 $\mathrm{S2JSD}_{\mathrm{aprx}}^{\mathrm{new}}$ 比 $\mathrm{S2JSD}_{\mathrm{aprx}}^{\mathrm{ES}}$ 更接近 S2JSD，概率约为 98.455%。

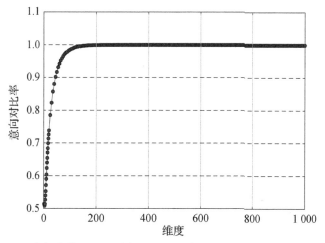

图 2.1 在每个维度上分别有 1 000 000 个采样 $<P,Q>$ 对的模拟结果

总之，与 $\mathrm{S2JSD}_{\mathrm{aprx}}^{\mathrm{ES}}$ 相比，提出的新近似值 $\mathrm{S2JSD}_{\mathrm{aprx}}^{\mathrm{new}}$ 有两个优点：对称性、更好地近似。此外，如果没有 lg 函数，$\mathrm{S2JSD}_{\mathrm{aprx}}^{\mathrm{new}}$ 比 S2JSD 更适合开发 LSH 算法。因此，在本书中，我们将开发一种基于 $\mathrm{S2JSD}_{\mathrm{aprx}}^{\mathrm{new}}$ 距离的新型位置敏感哈希算法，同时保持与 S2JSD 距离相同的有效性。

3）提出的哈希算法

借用 p 稳定分布的 LSH 的思路，选择 l_a 的线作为投影空间。这条线是通过将所有的点投射到一个随机向量 a 上得到的，这个向量的每个条目都是独立地从标准正态分布中选择的样本的绝对值。我们就 $\mathrm{S2JSD}_{\mathrm{aprx}}^{\mathrm{new}}$ 的距离均匀地划分这条线路，即每个划分区间 $[Y_{i-1}, Y_i]$ 具有相同的长度 W：

$$\forall i \in \mathbf{N}, \ \mathrm{S2JSD}_{\mathrm{aprx}}^{\mathrm{new}}(Y_{i-1}, Y_i) \stackrel{\mathrm{def}}{=\!=\!=} \sqrt{\frac{1}{2} \frac{(Y_{i-1} - Y_i)^2}{Y_{i-1} + Y_i}} = W \quad (2.5)$$

重写式 (2.5)：

$$Y_i = Y_{i-1} + W^2 \left(\sqrt{\frac{4Y_{i-1}}{W^2} + 1} + 1 \right), \ i \in \mathbf{N} \quad (2.6)$$

如果 $Y_0 = 0$，得到

$$Y_i = f(i) = i(i+1)W^2, \ i \in \mathbf{N} \quad (2.7)$$

现在我们想要定义哈希函数 h_a：

$$\forall p \in K^{+d}, \ h_a(p) = i \iff Y_{i-1} \leq a \cdot p < Y_i \quad (2.8)$$

式中，K^{+d} 是 d 维概率分布的点形成的点集。对于任意 $y = a \cdot p$，必须计算整数 i，$i \leq [f^{-1}(y)] < i+1$。从式 (2.7) 得到相反的函数：

$$i = g_w(Y_i) = f^{-1}(Y_i) = \frac{\sqrt{\frac{4Y_i}{W^2} + 1} - 1}{2}, \ i \in \mathbf{N} \quad (2.9)$$

对于任意 $a \cdot p$，如果设 $Y_i = a \cdot p$，式 (2.9) 重写成

$$\forall a \cdot p \in \mathbf{R}^+, \ i = [g_w(a \cdot p)] = \left[\frac{\sqrt{\frac{4a \cdot p}{W^2} + 1} - 1}{2} \right] \quad (2.10)$$

例如，可以定义哈希函数如下：

$$h_a(p) = [g_w(a \cdot p)] = \left[\frac{\sqrt{\frac{4a \cdot p}{W^2} + 1} - 1}{2} \right] \quad (2.11)$$

通过设置 $Y_0 = b$，前面的哈希函数的构造是成立的，因为所有的点都被 b 移位了，即

$$h_{a,b}(p) = [g_w(a \cdot p) + b] = \left[\frac{\sqrt{\frac{4a \cdot p}{W^2} + 1} - 1}{2} + b \right] \quad (2.12)$$

式中，$b \in \mathrm{Unif}(0,1)$。哈希函数族被记为 $\mathscr{H}$，叫作 S2JSD – LSH。

位置敏感函数 S2JSD – LSH 根据文献调查的结果，对于固定的 a，b，如果哈希函数 $h_{a,b}$ 有这样的形式 $h_{a,b}(v) = \left[\frac{a \cdot v + b}{r} \right]$，那么它满足以下性质：

命题1 p-稳定分布属性：让 $f_p(t)(p \in (0,1))$ 表示 p 稳定分布绝对值的概率密度函数，b 是一个从 $[0, r]$ 范围内均匀选择的实数。给定两个向量 v_1、

v_2 和一个随机向量 a，其中每个都是从 p 稳定分布中抽取的，$a(v_1 - v_2)$ 的分布是 cX，其中 $c = \|v_1 - v_2\|_p$ 是一个从 p 稳态分布中抽取的随机变量。由此可见

$$P = p(c) = \int_0^r \frac{1}{c} f_p\left(\frac{t}{c}\right)\left(1 - \frac{t}{r}\right) dt \tag{2.13}$$

对于一个固定的参数 r，P 随着 c 单调减少。

这说明，原始的 LSH 模式（命题 1）对于 S2JSD–LSH 哈希族 $\mathscr{H}$ 仍然成立。

定理 1 S2JSD–LSH 敏感性：定义于式（2.12）的 S2JSD–LSH 哈希函数族 $\mathscr{H}$ 是 (r_1, r_2, p_1, p_2)–敏感的。

证明 P 表示哈希函数对位置敏感的概率：

$$P = P_{\mathscr{H}}[h_{a,b}(p) = h_{a,b}(q)]$$

$$= P_{a,b}\begin{bmatrix} \exists n, n \leq g_w(a \cdot p) + b < n+1 \\ \exists n, n \leq g_w(a \cdot q) + b < n+1 \end{bmatrix}$$

对于所有 a，在不丧失一般性的情况下，为了证明清晰，让我们考虑 $a \cdot p \leq a \cdot q$ 的问题。a 和 b 是独立的，那么 P 可以用 b 的边际化来计算，其积分界线如式 2.14 所示。从上面的两个不等式中可以得出：$n \leq g_w(a \cdot p) + b \leq g_w(a \cdot q) + b < n+1$，所以 b 的边界是

$$n - g_w(a \cdot p) \leq b < n + 1 - g_w(a \cdot q) \tag{2.14}$$

而且有

$$0 \leq g_w(a \cdot q) - g_w(a \cdot p) \leq 1 \tag{2.15}$$

对随机变量 b 进行积分，可以得出

$$\int_{n-g_w(a \cdot p)}^{n+1-g_w(a \cdot q)} db = 1 - [g_w(a \cdot q) - g_w(a \cdot p)] \tag{2.16}$$

可以把 P 重写为

$$P = P_a[0 \leq 1 - (g_w(a \cdot q) - g_w(a \cdot p)) \leq 1] \tag{2.17}$$

考虑到式（2.17）和哈希函数 $h_{a,b}$ 与区间边界 Y_n 之间的关系，在式（2.17）中 P 可以重写为

$$P = P_a[0 \leq a(p - q) \leq 2(n+1)W^2] \tag{2.18}$$

因为 S2JSD–LSH 中 a 的每个条目都来自标准正态分布，而标准正态分布是一个稳定的分布，我们可以利用命题 1 $[r = 2(n+1)W^2]$ 得到

$$P = p(c) = \int_0^{2(n+1)W^2} \frac{1}{c} f\left(\frac{t}{c}\right)\left[1 - \frac{t}{2(n+1)W^2}\right] dt \tag{2.19}$$

同时，P 相对于 c 单调下降，$r_1 < r_2$，如果设定 $p_1 = p(r_1)$ 和 $p_2 = p(r_2)$，那么

$p_2 < p_1$。这就结束了定理 1 的证明：S2JSD - LSH 哈希函数族 $\mathcal{H}$ 是 (r_1, r_2, p_1, p_2) - 敏感的。

4）实验

(1) 数据集和评价规则

CIFAR - 100 有 20 个"粗"和 100 个"细"的超类，分别表示为 CIFAR100 - 20^2 和 CIFAR100 - 100^2。Local - Patch（详见 Phototour 项目数据集），包含大约 30 万个 32×32 的图像补丁，来自特雷维喷泉（罗马）、圣母院（巴黎）和半圆顶（优胜美地）的照片。对于每个图像补丁，我们计算一个 128 维的 SIFT 向量作为整体描述符。MNIST（详见 Yann Lecun 的主页）由 70 000 个手写的数字样本组成，每个样本有 780 个特征。COVTYPE（详见 UCI 数据集）是一个具有 54 个维度的通用基准数据集，所有图像数据集的特征向量都是通过 L_1 归一化的概率分布。

此外，带标签的概率分布是由一个主题模型在两个有标签的文本数据集上生成的。首先，我们抓取雅虎答案中两个顶级类别——计算机与网络和健康的所有问题和相关答案对（QA 对）。这产生了从 2005.11 到 2008.11 的 43 个子类别，以及 6 345 786 份 QA 文件的档案。我们把雅虎答案的数据称为 Y_Ans。第二个数据集包含 2.1 GB 微博，3 503 个标签，其中去掉了没有标签的微博和逆文档频率小于 50 的标签，表示为 TW。我们通过标记的 LDA 算法在上述两个文本数据集上建立了"概率分布 - 标签"数据库，该算法可以自动获得一个标签的主题（即概率分布）。具体来说，为了增加概率空间中具有相同标签的点的数量，我们将两个数据集分别分成 TW（12 块）和 Y_Ans（30 块），并在每一块上分别训练标记的 LDA。训练结束后，Y_Ans 由 46 个类中的 1 380 个点组成，每个点都以 153 827 个维度的概率分布表示。TW 由 3 503 个类中的12 139个点组成，每个点都以 189 841 个维度的概率分布表示。

本书选择了超级位 LSH（超位局部敏感哈希算法）和 p - 稳定分布 LSH (l_2)，来评估所提出方法的有效性。超级位 LSH 是基于向量的角距离，而 p - 稳定分布 LSH (l_2) 是基于向量的欧氏距离。对于所有的基线方法，我们按照相应论文中的建议来设置参数。

所有的实验结果都是 10 个随机训练/测试分区的平均值。对于每个分区，我们随机选择 100 个点和它们的标签作为查询集，其余的点和标签作为参考数据库。我们使用**平均精确率均值**（Mean Average Precision，mAP）、

$p@n$ 和精确率 – 召回率曲线（Precision – Recall，P – R）来说明不同方法的性能。

所有的实验都是在 Intel（R）Xeon（R）CPU X7560@2.27 GHz 以及 32 GB 内存的 CPU 上完成的。

图 2.2 所示为 S2JSD – LSH 函数 [式（2.11）] 在不同哈希码长度下分区间隔 W 对 CIFAR100 – 100 和 MNIST 的影响。我们可以看到，当 W 从 0.1 到 1.0 变化时，mAP 值呈下降趋势；当 $W = 0.2$ 时，我们的方法在两个数据集上都能达到最佳的实验效果。在其他数据集上也观察到类似的趋势。

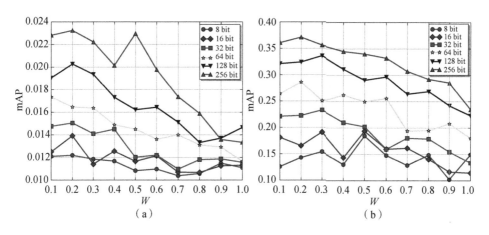

图 2.2　S2JSD – LSH 的参数 W 在 CIFAR100 – 100 和 MNIST 数据集上的影响
(a) CIFAR100 – 100；(b) MNIST

（2）实验结论

8 个数据集上不同哈希码长度的方法的 mAP 值如表 2.2 所示，表中每个条目的值是特定哈希码长度下的方法组合的 mAP。在相同的设置下，sblsh、l_2 和 S2JSD – LSH 中最好的 mAP 用黑体字显示。从表 2.2 中可以得出以下结论：对于所有的数据集，S2JSD – LSH 在大多数设置下都比 sblsh 和 l_2 表现得更好，这表明所提出的方法是有效的。例如，对于 CIFAR – 10 数据集的 sblsh，128 bit 的 mAP 为 0.139 1，256 bit 的 mAP 为 0.141 3；同时，对于 S2JSD – LSH，128 bit 和 256 bit 的 mAP 分别为 0.145 3 和 0.143 0。另外，对于 Y_Ans 数据集上的 sblsh，8 bit 的 mAP 为 0.879 3，64 bit 的 mAP 为 0.884 6；同时，对于 S2JSD – LSH，8 bit 和 64 位的 mAP 分别为 0.903 1 和 0.923 8。很明显，S2JSD – LSH 的 mAP 值比 sblsh 的相应值要好。这表明 S2JSD – LSH 能够有效地捕捉概率分布型数据中的相似性信息。

表 2.2　8 个数据集上的 mAP（最好的 mAP 用粗体展示）

数据集	Local – Patch			CIFAR100 – 100		
哈希码长度/bit	sblsh	l_2	S2JSD – LSH	sblsh	l_2	S2JSD – LSH
8	0.3369	0.3246	**0.3849**	0.0114	0.0101	**0.0122**
16	0.3485	0.3246	**0.3588**	0.0129	0.0101	**0.0139**
32	0.3522	0.3246	**0.3628**	**0.0169**	0.0101	0.0151
64	0.3640	0.3246	**0.3685**	0.0153	0.0101	**0.0203**
128	**0.3786**	0.3246	0.3755	**0.0214**	0.0101	0.0203
256	0.3804	0.3246	**0.3825**	0.0228	0.0101	**0.0232**
数据集	CIFAR100 – 20			CIFAR – 10		
哈希码长度/bit	sblsh	l_2	S2JSD – LSH	sblsh	l_2	S2JSD – LSH
8	0.0533	0.0502	**0.0563**	0.1035	0.1002	**0.1128**
16	0.0546	0.0502	**0.0554**	0.1072	0.1002	**0.1167**
32	**0.0606**	0.0502	0.0559	0.1112	0.1002	**0.1244**
64	**0.0615**	0.0502	0.0604	0.1283	0.1002	**0.1333**
128	0.0657	0.0502	**0.0667**	0.1391	0.1002	**0.1453**
256	0.0689	0.0502	**0.0717**	0.1413	0.1002	**0.1430**
数据集	MNIST			COVTYPE		
哈希码长度/bit	sblsh	l_2	S2JSD – LSH	sblsh	l_2	S2JSD – LSH
8	0.1125	0.1004	**0.1429**	0.4016	0.3649	**0.4078**
16	**0.1818**	0.1004	0.1654	0.4171	0.3649	**0.4197**
32	**0.2431**	0.1004	0.2227	0.4214	0.3649	**0.4221**
64	0.2971	0.1004	**0.2993**	**0.4220**	0.3649	0.4192
128	0.3123	0.1004	**0.3242**	0.4343	0.3649	**0.4357**
256	0.3664	0.1004	**0.3710**	0.4390	0.3649	**0.4396**

续表

数据集	Y_Ans			TW		
哈希码长度/bit	sblsh	l_2	S2JSD-LSH	sblsh	l_2	S2JSD-LSH
8	0.8793	0.8712	**0.9031**	0.8513	0.8334	**0.8647**
16	0.8817	0.8712	**0.9085**	0.8582	0.8334	**0.8691**
32	0.8835	0.8712	**0.9140**	0.8645	0.8334	**0.8711**
64	0.8846	0.8712	**0.9238**	0.8693	0.8334	**0.8725**
128	0.8907	0.8712	**0.9274**	0.8736	0.8334	**0.8777**
256	0.8963	0.8712	**0.9323**	0.8748	0.8334	**0.8882**

由于许多应用,如搜索引擎,只关心前 n 个结果的正确性,因而 $p@n$ 是一个常见的衡量标准。8 个数据集上不同哈码长度的方法的 $p@5$ 值如表 2.3 所示,在相同的设置下,sblsh、l_2 和 S2JSD-LSH 之间最佳的 $p@5$ 以黑体字显示。在表 2.3 中,我们已经观察到,对于所有的数据集,S2JSD-LSH 在大多数设置下都比 sblsh 和 l_2 表现更好,这表明所提出的哈希算法是有效的。例如,对于 COVTYPE 数据集的 sblsh,128 bit 的 $p@5$ 为 0.804,256 bit 的 $p@5$ 为 0.858;同时,对于 S2JSD-LSH,128 bit 和 256 bit 的 $p@5$ 分别为 0.848 和 0.889。同时,对于 TW 数据集上的 sblsh,128 bit 的 $p@5$ 是 0.796,256 bit 的 $p@5$ 是 0.880;同时,对于 S2JSD-LSH,128 bit 和 256 bit 的 $p@5$ 分别为 0.819 和 0.907。很明显,S2JSD-LSH 的 mAP 值比 sblsh 的相应值要好。

表 2.3 8 个数据集上的 $p@5$(最好的 $p@5$ 用粗体展示)

数据集	Local-Patch			CIFAR100-100		
哈希码长度/bit	sblsh	l_2	S2JSD-LSH	sblsh	l_2	S2JSD-LSH
8	**0.342**	0.333	0.335	0.012	0.014	**0.018**
16	**0.393**	0.333	0.387	**0.030**	0.014	0.016
32	0.475	0.333	**0.522**	**0.038**	0.014	0.032
64	0.648	0.333	**0.652**	0.044	0.014	**0.064**
128	0.740	0.333	**0.757**	0.096	0.014	**0.098**
256	**0.825**	0.333	0.792	0.106	0.014	**0.120**

续表

数据集	CIFAR100-20			CIFAR-10		
哈希码长度/bit	sblsh	l_2	S2JSD-LSH	sblsh	l_2	S2JSD-LSH
8	0.058	0.058	**0.059**	0.086	0.104	**0.146**
16	**0.072**	0.058	0.066	0.122	0.104	**0.160**
32	0.094	0.058	**0.112**	**0.222**	0.104	0.212
64	0.126	0.058	**0.138**	0.228	0.104	**0.246**
128	0.166	0.058	**0.170**	0.294	0.104	**0.310**
256	0.240	0.058	**0.258**	0.374	0.104	**0.380**
数据集	MNIST			COVTYPE		
哈希码长度/bit	sblsh	l_2	S2JSD-LSH	sblsh	l_2	S2JSD-LSH
8	0.130	0.104	**0.246**	0.332	0.054	**0.364**
16	0.370	0.104	**0.506**	0.462	**0.054**	0.472
32	0.596	0.104	**0.600**	**0.550**	0.054	0.514
64	**0.760**	0.104	0.748	0.658	0.054	**0.674**
128	**0.882**	0.104	0.876	0.804	0.054	**0.848**
256	0.902	0.104	**0.922**	0.858	0.054	**0.889**
数据集	Y_Ans			TW		
哈希码长度/bit	sblsh	l_2	S2JSD-LSH	sblsh	l_2	S2JSD-LSH
8	**0.648**	0.612	0.639	**0.530**	0.520	**0.530**
16	0.681	0.612	**0.697**	0.603	0.520	**0.628**
32	0.763	0.612	**0.795**	**0.671**	0.520	0.655
64	0.788	0.612	**0.807**	0.713	0.520	**0.748**
128	0.826	0.612	**0.838**	0.796	0.520	**0.819**
256	0.894	0.612	**0.923**	0.880	0.520	**0.907**

请注意，l_2 的 mAP 和 $p@5$ 值并不随每个数据集上不同的哈希码长度而变化。在检查了 l_2 产生的哈希码后，我们发现几乎所有的哈希码都是一样的，这说明 l_2 的哈希方法缺乏区分概率分布型数据的能力。

图 2.3 所示为在 8 个数据集上哈希码长度为 8~256 bit 的精确率 – 召回率曲线。再一次，我们不难发现，所提出的方法 S2JSD – LSH 明显优于其他先进的基线方法。

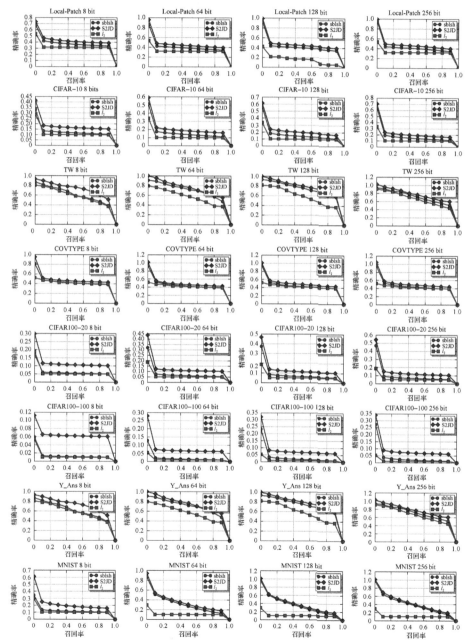

图 2.3　8 个数据集上的精确率 – 召回率曲线

（图中 S2JD 为 S2JSD – LSH 的简称）

第3章 无监督哈希算法

随着图像数据的空前增长，基于哈希的近似最近邻检索由于其高检索效率和低存储成本而吸引了越来越多的关注。哈希算法的主要思想是将高维数据点投射到紧凑的二进制代码中，同时保留原始数据点的语义相似性。

一般来说，哈希算法可以分为有监督的和无监督两类。有监督哈希算法主要利用语义标签作为监督信息来训练模型，以获得显著的性能。然而，它们极其依赖大量的标签数据点来训练它们的模型。因此，这意味着有监督哈希算法不适合在没有标记的训练数据点的情况下使用。而无监督哈希算法恰恰适用于无标签数据点的情况下学习哈希函数。本章依据模型结构将现有的无监督哈希算法分为浅层和深度哈希算法，并依次对这两类算法的建模方法以及应用进行详细介绍。

3.1 无监督浅层哈希算法

无监督的浅层哈希算法是针对无标签信息的数据提出的一类浅层哈希算法，一般通过传统的机器学习方法提取数据特征并挖掘数据特征的固有流形结构来实现哈希目标。例如，谱哈希（Spectral Hashing，SpecHash）就是基于谱聚类的思想，通过对样本数据的拉普拉斯矩阵的计算来提取其特征值和特征向量，再量化特征值最大的前 L 个特征向量（L 是哈希码长度），从而得到所有训练数据的哈希码矩阵。锚图哈希（Anchor Graph Hashing，AGH）则可以看作是在谱哈希的基础上改进的，当训练数据非常多时，计算所有数据点两两之间的距离来获得相似度矩阵就很复杂。因此，AGH 中引入了锚点来计算相似度矩阵。离散图哈希（Discrete Graph Hashing，DGH）中也采用锚点的方法来构造近邻图，不同的是，离散图哈希算法中，哈希码是以离散的方式直接优化的。循环迭代量化（Iterative Quantization，ITQ）通过采用主成分分析（Principal Component Analysis，PCA）来对数据进行特征提取及挖掘，然后通过迭代量化的方法，不断优化正交的旋转矩阵，再量化旋转后的数据，来降低量化误差。K 均值哈希（K-means Hashing，KMH）用二进制的哈希码组成码本，为 K 均值聚类得到的每个簇赋予独一无二的哈希码，迭代地减小簇中心向量到哈希码的量化误差和簇内所有点到簇中心的距离，并结合了乘积量化的方法来处理码长更长的哈希码。

然而上述算法均采用手工提取的数据特征以及浅层哈希函数，这导致其提取数据特征以及挖掘固有流行结构的能力均有限，因此这类算法很难处理现实世界中复杂的高维数据，所以后来的工作大多利用了神经网络去自动提取特征，这类利用神经网络去自动提取数据特征的算法被归类为无监督深度哈希算法（Unsupervised Deep Hashing，UNDH），我们将在后续章节中进行概述。本节将介绍一种针对概率型数据的数据依赖哈希建模方法，这与上一章中介绍的针对概率型数据的数据独立哈希建模方法是不同的，读者可以体会它们之间的区别，从而更好地理解数据独立和数据依赖哈希建模方法之间的差异。

基于 KL 散度和 JS 散度的概率型数据哈希

现有的大部分数据依赖哈希学习算法的哈希函数都是线性的，假设数据分布在欧式空间，如图 3.1 所示。线性哈希函数的主要思想来源于 p-稳定 LSH：若两个数据在原始空间相似，那么它们经过线性投影后的低维表示也相似（欧式距离或角距离小），还可以通过随机选择多个投影向量来增大相似数据映射后的相似性。

针对概率分布向量，这种欧式空间的度量指标（如 l_2，角度量等）并不适用。在 2.1 小节中，我们介绍了概率分布向量的度量方法，包括 KL 散度、JS 散度、S2JSD 等。为了实际考察这些度量的效果，本章设计了基于这些度量的概率分布检索对比实验。具体来说，在 K 最近邻检索任务中，通过对模拟概率分布向量的暴力检索在 4 个公共数据集的三个度量的 $p@5$ 结果如下。

在表 3.1 的预实验中可以观察到，这三个度量方法对概率分布的相似检索

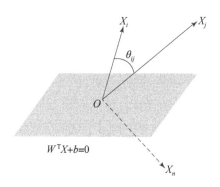

图3.1 线性哈希函数投影示意图

效果非常好,优于欧式空间的度量方法,如欧氏距离和角度量。结果表明,信息理论驱动的概率分布度量比欧式度量表现更好。其中,KL散度和JS散度是度量方法,S2JSD是概率空间的真正距离度量,符合三角不等式等距离函数的定义。但S2JSD计算复杂度较高,需要进行开根号和取对数的操作,这为大规模机器学习方法的应用带来了挑战。因此,在构建概率分布相关学习方法时,大多数研究领域常采用KL散度和JS散度。

数据独立的哈希算法对哈希函数的设计要求较高,需要满足(r_1, r_2, p_1, p_2)-局部敏感性,而数据依赖哈希算法的哈希函数形式不需要满足局部敏感性,因为它的参数是在数据中学到的,可以弥补哈希函数形式的缺陷。这意味着,原始空间度量方法不一定为真正的距离度量,这为数据依赖哈希算法的哈希函数设计提供了新的可能性。由此,针对概率分布向量,非距离度量的方法如KL散度和JS散度,可以用于数据依赖哈希算法的设计中。

表3.1 KL散度、JS散度、S2JSD与l_2距离和角距离的概率分布检索结果

数据集	度量方法				
	$\theta/(°)$	$l_2/(°)$	KL	JS	S2JSD
Local – Patch	0.848	0.850	0.832	0.852	0.852
CIFAR100 – 100	0.198	0.194	0.212	0.218	0.218
CIFAR100 – 20	0.342	0.322	0.348	0.346	0.346
CIFAR – 10	0.493	0.478	0.522	0.528	0.528

由上一章的介绍可知,基于S2JSD的数据独立哈希算法S2JSD–LSH虽然具有泛化性强的优势,但是它对特定数据的针对性不够,所以效果并不能达到

最优。本章结合数据依赖哈希算法,针对概率分布向量,提出了两个新的模型——KL-LFH,JS-LFH,并展示了这两个算法在已有哈希算法上的可移植性。接下来,本章将针对这两个算法的模型细节进行具体的介绍。

本节主要介绍本章提出的两个模型的具体算法。首先在第一部分介绍基于KL散度的数据依赖哈希算法的设计,然后在第二部分介绍基于JSD的数据依赖哈希算法的设计,在第三部分介绍针对上述两个模型过程中的量化阶段改进方法。

1)基于KL散度的数据依赖哈希算法设计

首先,KL散度的定义如下:

$$\text{dist}_{KL}(P,Q) = \sum_{i=1}^{N} p_i \lg \frac{p_i}{q_i} \qquad (3.1)$$

式中,$P = \{p_1, p_2, \cdots, p_D\}$,$Q = \{q_1, q_2, \cdots, q_D\}$表示两个已知的概率分布,它们的维度是$N$。针对本章研究的概率分布向量的数据,两个数据点$x_i$和$x_j$之间的KL散度表示为

$$\text{dist}_{KL}(x_i, x_j) = \sum_{k=1}^{N} x_{ik} \lg \frac{x_{ik}}{x_{jk}} \qquad (3.2)$$

基于保留相似性哈希的想法,该模型的目标基于以下假设:如果两个概率分布向量类型的数据点是相似的,那么它们之间的KL散度值也应该尽可能地小。此外,本章在该假设的前提下引入参数向量W,W作为中介向量来保持数据点之间的相似性。因此,本章定义了新的目标:如果两个概率分布类型向量的数据点是相似的,则它们与参数W之间的KL散度也是接近的。基于这个目标,本节提出了第一个新的模型,记为KL-LFH。

对于给定的哈希码位数Q,保留相似性哈希要求每一个哈希函数决定一位编码,故哈希函数的个数也为Q,对于所有的哈希函数h_k,$k = 1, 2, \cdots, Q$,本节设计的基于KL散度的哈希函数如下:

$$u = \begin{bmatrix} \sum_{k=1}^{N} x_k \lg \frac{x_k}{w_{1k}} \\ \vdots \\ \sum_{k=1}^{N} x_k \lg \frac{x_k}{w_{Qk}} \end{bmatrix} \qquad (3.3)$$

即哈希函数是向量w_j和向量x之间的KL散度。

令$W = \{w_1, w_2, \cdots, w_Q\}^T \in \mathbf{R}^{Q \times N}$,其中参数$W$通过学习得到。为了学习参数$W$,本节拟采用与线性哈希函数类似的思想,构建新的目标函数如下:

$$L = \sum_{i=1}^{N} \left\| \begin{bmatrix} U_{i1} \\ \vdots \\ U_{iQ} \end{bmatrix} - \begin{bmatrix} \sum_{k=1}^{N} x_k \lg \frac{x_k}{w_{1k}} \\ \vdots \\ \sum_{k=1}^{N} x_k \lg \frac{x_k}{w_{Qk}} \end{bmatrix} \right\|_F^2 + \lambda_\varepsilon \| W \|_F^2 \quad (3.4)$$

式中，$U = \{U_{ij}\} \in \mathbf{R}^{M \times Q}$ 是一个实数矩阵，表示所有数据的哈希码量化前的实数近似。也就是说，该模型对于不同的 U 具有较高的可移植性，因此，该模型也适用于不同的保留相似性哈希算法，以完成针对概率分布类型向量数据的优化设计。

该模型的优化采用随机梯度下降方法。首先对要学习的参数进行初始化，由于参数 W 的维度与数据点 x 的维度一致，在这里本节直接在数据集 X 中随机选出 Q 个点作为矩阵 W 的初始值。也就是说，$W^{(0)} = \{x_{i_1}, x_{i_2}, \cdots, x_{i_Q}\}$，其中 $\{i_1, i_2, \cdots, i_Q\} \subseteq \{1, 2, \cdots, N\}$，然后针对目标函数 L 对参数 W 的每个分量进行求导，最后得到 $w_{jk}(j=1,2,\cdots,Q; k=1,2,\cdots,D)$ 的梯度方向。考虑到 KL 散度含有 lg 项，但 lg 函数不同底数的梯度方向只受常数系数影响，因此，为了表示简洁以及求导方便，本节直接取自然底数。

$$\begin{aligned} \frac{\partial L}{\partial w_{jk}} &= \frac{\partial}{\partial w_{jk}} \Big[\sum_{i=1}^{M} \Big(U_{ij} - \sum_{k=1}^{N} x_{ik} \lg \frac{x_{ik}}{w_{jk}} \Big)^2 + \lambda_\varepsilon \| W \|_F^2 \Big] \\ &= \sum_{i=1}^{M} 2 \Big(U_{ij} - \sum_{k=1}^{N} x_{ik} \lg \frac{x_{ik}}{w_{jk}} \Big) \cdot \sum_{k=1}^{D} \frac{x_{ik}}{w_{jk}} + 2\lambda_\varepsilon w_{jk} \end{aligned} \quad (3.5)$$

在第 $t+1$ 次迭代中，W 沿负梯度方向进行更新：

$$w_{jk}^{(t+1)} = w_{jk}^{(t)} - \alpha_1 \frac{\partial L}{\partial w_{jk}^{(t)}} \quad (3.6)$$

式中，α_1 表示每次迭代的步长。

最后，当迭代次数超过 T_1 时，或目标函数值降至某个非常小的值 ε_1 后停止迭代，即 $|L^{(t+1)} - L^{(t)} < \varepsilon_1|$。

总体来讲，基于 KL 散度的学习算法流程如算法 1 (Algorithm 1) 所示。最后，利用参数矩阵 W 对测试集上的数据计算对应的 u，再进行离散化得到哈希码 b。

2) 基于 JSD 的数据依赖哈希算法设计

上一小节中介绍了基于 KL 散度的哈希学习方法，本节为了继续探索基于信息论概率分布度量的哈希学习方法，在第二个哈希学习模型中引入 JS 散度。首先回顾 JS 散度的定义：

$$\mathrm{dist}_{\mathrm{JS}}(P,Q) = \sum_{i=1}^{N} \frac{1}{2}\left(p_i \lg \frac{2p_i}{p_i+q_i} + q_i \lg \frac{2q_i}{p_i+q_i}\right) \tag{3.7}$$

由前文的结论可知，JS 散度与 KL 散度相比，具有对称性的优势，且 JS 散度的值域范围有限。为构建基于 JS 散度的模型，本节采用与前文小节类似的方法。基于这个目标，本节提出了第二个新的模型，记为 JS – LFH。该模型基于以下假设：如果两个概率分布向量类型的数据点是相似的，那么它们之间的 JS 散度值也应该尽可能地小。此外，本节在该假设的前提下引入参数向量 $\boldsymbol{W}$，$\boldsymbol{W}$ 作为中介向量来保持数据点之间的相似性。因此，本节定义了新的目标函数：如果两个概率分布类型向量的数据点是相似的，则它们与参数 $\boldsymbol{W}$ 之间的 JS 散度也是接近的。具体来说，对于每个数据点 $\boldsymbol{x} = \{x_k\}_{D \times 1}$，定义如下哈希函数：

$$\boldsymbol{u} = \{u_j\}_{Q \times 1} = \left\{\sum_{k=1}^{N} \frac{1}{2}\left(x_k \lg \frac{2x_k}{x_k+w_{jk}} + w_{jk} \lg \frac{2w_{jk}}{x_k+w_{jk}}\right)\right\}_{Q \times 1} \tag{3.8}$$

Algorithm 1 KL – LFH 算法

输入：U, λ_g, Q, T_1, ε_1, $X = \{x_1, x_2, \cdots, x_n\}$

输出：W

1：首先在数据集 X 中随机抽取 Q 个点，记为 $X' = \{x'_1, x'_2, \cdots, x'_Q\}$

2：将 X' 带入公式中，数据点集 X' 初始化矩阵 W，其中，$W \in \mathbf{R}^{n \times m}$

3：将已有的 U、X 以及初始化后的 W 代入式（3.4）计算目标函数值 $L_1^{(0)}$

4：for $t = 1 : T_1$ do

5：根据式（3.5）计算参数 W 的梯度

6：将上述计算得到的梯度代入式（3.6），从而对参数 W 沿负梯度方向进行更新，更新步大小为 α_1

7：将新求得的参数 W 代入式（3.4）计算新的目标函数值 $L_1^{(t)}$

8：若 $|L_1^{(t)} - L_1^{(t-1)}| < \varepsilon_1$，则

9：停止迭代

10：end if

11：end for

为了学习参数 $\boldsymbol{W}$，利用与 KL – LFH 类似的思想，本节构建新的目标函数如下：

$$L = \sum_{i=1}^{M} \left\| \begin{bmatrix} U_{i1} \\ \vdots \\ U_{iQ} \end{bmatrix} - \begin{bmatrix} \sum_{k=1}^{N} \frac{1}{2}\left(x_k \lg \frac{2x_k}{x_k + w_{1k}} + w_{1k} \lg \frac{2w_{1k}}{x_k + w_{1k}}\right) \\ \vdots \\ \sum_{k=1}^{N} \frac{1}{2}\left(x_k \lg \frac{2x_k}{x_k + w_{Qk}} + w_{Qk} \lg \frac{2w_{Qk}}{x_k + w_{Qk}}\right) \end{bmatrix} \right\|_F^2 + \lambda_\varepsilon \|W\|_F^2$$

(3.9)

该模型仍然使用随机梯度下降对这个目标函数进行训练。类似地,首先从数据集 X 中抽取 Q 个点作为参数矩阵 W 的初始值,然后对目标函数求导:

$$\begin{aligned} \frac{\partial L}{\partial w_{jk}} &= \frac{\partial}{\partial w_{jk}} \left[\sum_{i=1}^{M} \left(U_{ij} - \sum_{k=1}^{N} \frac{1}{2}\left(x_k \lg \frac{2x_k}{x_k + w_{jk}} + w_{jk} \lg \frac{2w_{jk}}{x_k + w_{jk}}\right)\right)^2 + \lambda_\varepsilon \|W\|_F^2 \right] \\ &= \sum_{i=1}^{M} \left\{ \left(U_{ij} - \sum_{k=1}^{N} \frac{1}{2}\left(x_k \lg \frac{2x_k}{x_k + w_{jk}} + w_{jk} \lg \frac{2w_{jk}}{x_k + w_{jk}}\right)\right) \times \right. \\ &\quad \left. \left(-\sum_{k=1}^{N} \lg \frac{2w_{jk}}{x_k + w_{jk}}\right) \right\} + 2\lambda_\varepsilon w_{jk} \end{aligned}$$

(3.10)

计算后沿负梯度方向更新参数 W。

$$w_{jk}^{(t+1)} = w_{jk}^{(t)} - \alpha_2 \frac{\partial L}{\partial w_{jk}^{(t)}} \tag{3.11}$$

式中,α_2 表示参数的学习率。

最后,当迭代次数超过 T_2 时,或目标函数值降至某个非常小的值 ε_2 后停止迭代,即 $|L^{(t+1)} - L^{(t)}| < \varepsilon_2$。

总体来讲,基于 JS 散度的学习算法流程如 Algorithm 2 所示。最后,利用参数矩阵 W 对测试集上的数据计算对应的 u,再进行量化哈希码 b。

Algorithm 2 JS – LFH 算法

输入: U, λ_ε, Q, T_2, ε_2, $X = \{x_1, x_2, \cdots, x_n\}$
输出: W
1:首先在数据集 X 中随机抽取 Q 个点,记为 $X' = \{x'_1, x'_2, \cdots, x'_Q\}$
2:将 X' 代入公式中,数据点集 X' 初始化矩阵 W,其中,$W \in \mathbf{R}^{n \times m}$
3:将参数 U、X 以及上述步骤得到的 W 输入式(3.9)中,并计算目标函数值 $L_2^{(0)}$
4:for $t = 1 : T_2$ do
5:根据式(3.10)计算参数 W 的梯度

续

6：将上述计算得到的梯度代入式（3.11），从而对参数 W 沿负梯度方向进行更新，更新步大小为 α_2

7：将新求得的参数 W 代入式（3.9）计算新的目标函数值 $L_2^{(t)}$

8：若 $|L_2^{(t)} - L_2^{(t-1)}| < \varepsilon_2$，则

9：停止迭代

10：end if

11：end for

3）哈希学习量化阶段的改进设计

在前面两个小节中，介绍了 KL – LFH 和 JS – LFH 的哈希函数设计。然而，这两个算法映射得到的 U 仍为连续值，由于哈希码具有离散性的要求，这个连续值需要进行量化，最后得到离散的哈希码 b。在量化阶段，现有的大多数哈希算法都是利用符号函数离散化，符号函数的定义如下：

$$B_{ij} = \begin{cases} 1, & U_{ij} > 0 \\ -1, & U_{ij} \leq 0 \end{cases} \quad (3.12)$$

式中，B_{ij} 表示第 i 个数据的第 j 位离散哈希值；U_{ij} 表示这个数据在该位离散化之前的连续值。由于本节提出的两个新的哈希函数需要计算 KL 散度和 JS 散度，它们是非负的，因此这种基于符号的量化方式是不合理的。具体来说，若在量化阶段使用符号函数，每个数据的哈希码在每一位都是 1，不具备不同数据之间的区分度，也失去了编码的意义。

曾有研究指出，理想的编码需要满足最大熵原则。在哈希算法中，最大熵原则是指，假设二进制哈希码上的每位都能将数据集均匀地分为两部分，满足这个性质的哈希码能够最大化原始数据的信息量。因此，本书在量化阶段采用类似的算法。具体来说，哈希码使用每位的中位数作为阈值划分，量化阶段设计算公式如下：

$$B_{ij} = \begin{cases} 1, & U_{ij} > m_j \\ -1, & U_{ij} \leq m_j \end{cases} \quad (3.13)$$

式中，m_j 表示所有哈希码第 j 位的阈值，它是 U_j 所有元素的中位数，若 U_{ij} 的第 j 位比 m_j 大，则 B_{ij} 的值为 1，否则 B_{ij} 的值为 –1。

本研究在训练阶段和测试阶段中都使用该量化方法。

4) 实验

(1) 实验介绍

为了对本章提出的模型的有效性进行验证，本节对提出的 KL – LFH 和 JS – LFH 与基线算法进行了对比。首先介绍实验设置，然后展示实验结果并进行分析。

(2) 实验数据集

针对本章提出的两个数据依赖哈希算法 KL – LFH 和 JS – LFH，本节在 CIFAR – 10 和 CIFAR – 100 数据集上针对概率分布哈希检索进行对比。其中 CIFAR – 10 和 CIFAR – 100 两个数据集各自包含 60 000 张图像，每张图像用 320 维的灰度特征进行表示，为了进一步处理为概率分布数据，整个数据集首先进行概率归一化处理。对于稀疏数据的情况，采用平滑算法进行预处理。

其中，每个数据集测试时随机选取 1 000 个数据点，其余的数据点用于训练。构建真实的相似标签时，若两个数据点具有同一个标签，则认为它们是相似的；若不具有相同的标签，则认为它们是不相似的。

(3) 基线算法

为了比较算法的性能效果，本节将 KL – LFH 和 JS – LFH 模型与 LFH 进行了对比。此外，将一些先进的哈希算法也应用于本节模型的评估，这些基线算法介绍如下：

①LSH：数据独立哈希算法，其中哈希函数为随机线性投影，投影向量由高斯分布采样获得。

②PCAH：数据依赖哈希算法，其中哈希函数首先对数据进行 PCA 降维，然后取前 Q 个最大特征值对应的特征向量进行映射。

③PCA – RR：数据依赖哈希算法，与 PCAH 类似，但在量化阶段对投影矩阵进行随机正交优化。

④ITQ：数据依赖哈希算法，首先利用 PCA 获得投影矩阵，在量化阶段，通过交替迭代学习出最优的旋转矩阵和哈希码。

⑤SH：数据依赖哈希算法，首先对原始数据进行谱分析，然后放松约束条件，把问题简化为拉普拉斯特征图的降维问题，最终获得哈希码。

(4) 实验设置与评价指标

在 KL – LFH 和 JS – LFH 的对比实验中，本节实验在概率分布数据上进行设计，所用的数据集包括 CIFAR – 10 和 CIFAR – 100。其中，随机抽取 1 000 个数据点用于测试，其余的数据点用于训练。所有实验均在 Intel（R）Xeon（R）CPU X7560@2.27 GHz 以及 32 GB 内存的 GPU 上完成。

为了公平对比 LFH、KL-LFH 和 JS-LFH，本节采用相同的算法学习 U。超参数 β 设置为 30，λ_ε 设置为 1。KL-LFH 和 JS-LFH 学习参数 W 的迭代次数上限 T_1 和 T_2 都设置为 50，根据 KL 散度和 JS 散度取值范围的不同，常数阈值 ε_1 和 ε_2 分别设置为 1 和 10^{-7}。KL-LFH 和 JS-LFH 的迭代步长需要根据不同的数据集进行调整，这里，由于 CIFAR-10 和 CIFAR-100 来自相同的图片集合，所以 α_1 和 α_2 十分接近，分别设置为 10^{-13} 和 10^{-14}。对比方法 ITQ 的迭代次数设置为 50。

为了对 KL-LFH 和 JS-LFH 模型的检索性能进行评估，按照大多数现有算法对精确率的衡量，实验采用多个评价指标，其中包括平均精确率均值，召回率 R@n 和精确率-召回率曲线来说明不同方法的性能。

(5) 实验结果与分析

针对数据依赖的哈希算法，在 CIFAR-10 和 CIFAR-100 数据集上针对概率分布哈希检索的 mAP 值如表 3.2 和表 3.3 所示。其中，粗体部分表示每行最大值，斜体部分表示每行次大值，对比方法包括前文介绍的 5 种哈希算法，还有本节提出的 KL-LFH、JS-LFH 以及原始 LFH 算法。实验取不同的哈希码长度进行对比。观察实验结果可知，在大多数情况下，KL-LFH 和 JS-LFH 的效果都达到了最优。其中，KL-LFH 的性能略优于 JS-LFH。

表 3.2 在 CIFAR-10 数据集的 mAP 值结果对比

哈希码长度/bit	LSH	PCAH	PCA-RR	SH	ITQ	LFH	KL-LFH	JS-LFH
8	0.5164	0.5175	0.5111	0.5102	0.5335	**0.6182**	0.5601	*0.5852*
16	0.5345	0.5356	0.5349	0.5349	0.5346	0.5268	**0.6064**	*0.5758*
32	0.5366	0.5363	0.5360	0.5368	0.5341	0.4422	**0.6101**	*0.6052*
64	0.5377	0.5364	0.5356	0.5359	0.5356	0.5234	**0.5686**	*0.5594*

表 3.3 在 CIFAR-100 数据集的 mAP 值结果对比

哈希码长度/bit	LSH	PCAH	PCA-RR	SH	ITQ	LFH	KL-LFH	JS-LFH
8	0.4766	0.4776	0.4737	0.4747	0.4861	0.5454	**0.5480**	*0.5455*
16	0.4944	0.4945	0.4942	0.4940	0.4909	*0.5514*	**0.5678**	0.5358
32	0.4955	0.4951	0.4947	0.4946	0.4926	0.4747	*0.5278*	**0.5856**
64	0.4944	0.4952	0.4954	0.4957	0.4920	0.4664	**0.5273**	*0.5161*

另外，本节对 KL-LFH 和 JS-LFH 两个方法在 R@n 指标上进行验证，实验结果如图 3.2 和图 3.3 所示。其中图 3.2 是在 CIFAR-10 数据集上的结果，图 3.3 是在 CIFAR-100 数据集上的结果。为了便于观察，图中的对比算法选择了基线算法中效果最优的 LFH 方法进行展示。实验表明，这两个方法在 R@n 指标上也具有优势，进一步验证了这两个算法的有效性。

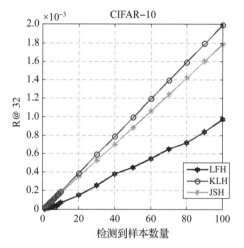

图 3.2　CIFAR-10 上的 R@n　　　　图 3.3　CIFAR-100 上的 R@n

基于以上实验，有以下观察结果。

① 对于所有数据集，在大多数情况下，KL-LFH 和 JS-LFH 的表现优于现有先进的哈希算法，这表明了这两种算法是有效的。

例如，在表 3.2 中，LFH 在 CIFAR-10 数据集上 16 bit 的 mAP 值为 0.526 8，32 bit 的 mAP 值是 0.442 2；而对于 ITQ，16 bit 的 mAP 值是 0.534 6，并且 32 bit 的 mAP 值是 0.534 1；同时，对于 KL-LFH，16 bit 和 32 bit 的 mAP 值分别为 0.606 4 和 0.610 1；至于 JS-LFH，16 bit 和 32 bit 的 mAP 值分别为 0.575 8 和 0.605 2。

此外，在表 3.3 中，LFH 在 CIFAR-100 数据集上 16 bit 的 mAP 值为 0.551 4，64 bit 的 mAP 值为 0.466 4；对于 ITQ，16 bit 的 mAP 值是 0.490 9，64 位的 mAP 值为 0.492 0；与此同时，对于 KL-LFH，16 bit 和 64 bit 的 mAP 值分别为 0.567 8 和 0.527 3；至于 JS-LFH，16 bit 和 64 bit 的 mAP 值分别为 0.535 8 和 0.516 1。显然，在 CIFAR-100 上的 mAP 值对比结果显示，KL-LFH 和 JS-LFH 比其他算法更好。实验结果表明，KL-LFH 和 JS-LFH 这两种算法可以有效地捕获概率分布的相似性信息。

② 本节实验观察到，KL-LFH 在概率分布向量上的结果优于 JS-LFH。

例如，CIFAR-10 的 64 bit，KL-LFH 和 JS-LFH 的 mAP 值分别为 0.568 6 和 0.559 4；此外，CIFAR-100 的 64 bit，KL-LFH 和 JS-LFH 的 mAP 值分别为 0.527 3 和 0.516 1。这可能与 KL 散度和 JS 散度的不同取值范围有关。根据不等式 $\lg x \leqslant x - 1$，可知，JS 散度的上界是有限的：

$$\begin{aligned}
\text{dist}_{\text{JS}}(P, Q) &= \sum_{i=1}^{N} \frac{1}{2} \left(p_i \lg \frac{2p_i}{p_i + q_i} + q_i \lg \frac{2q_i}{p_i + q_i} \right) \\
&\leqslant \sum_{i=1}^{N} \frac{1}{2} \left[p_i \left(\frac{2p_i}{p_i + q_i} - 1 \right) + q_i \left(\frac{2q_i}{p_i + q_i} - 1 \right) \right] \\
&\leqslant 1 - \sum_{i=1}^{N} \frac{2p_i q_i}{p_i + q_i}
\end{aligned} \quad (3.14)$$

然而 KL 散度的上界是无限的。度量的取值范围差值意味着对不相似数据的区分性高低，因此具有较大上界的度量具有更好的计算性能。因此，它会影响哈希函数的性能，使得 KL-LFH 与 JS-LFH 相比更具有优势。

5）小结

接下来，将对本章内容进行总结。

现有的数据依赖哈希算法针对一般向量设计，哈希函数形式是线性的，这种线性哈希函数本质上基于欧式距离设计。对于概率分布向量，欧式空间的度量效果通常并不理想，而一些基于信息论的度量指标 KL 散度、JS 散度等，更适用于概率分布数据的度量。首先本章利用预实验进行度量效果的验证，并且介绍了 KL-LFH 和 JS-LFH 方法的思想来源。然后分别介绍了 KL-LFH 和 JS-LFH 的哈希函数方法设计，并描述了整个算法的流程，之后介绍了哈希码量化阶段的改进方法。

此后本章对这两个模型进行实验验证，主要介绍了实验数据集、基线方法、实验设置与评价指标、实验结果分析等内容。最终实验结果表明，KL-LFH 和 JS-LFH 在概率分布检索中的效果具有优势，且 KL-LFH 略优于 JS-LFH，进一步表明了度量方式的改进使哈希检索效果有所提升。

3.2　无监督深度哈希算法

随着深度神经网络取得的巨大成功，其强大的特征提取及挖掘能力，使得哈希领域也开始逐渐涌现出结合深度神经网络的无监督深度哈希算法。本小节将详细介绍几种代表性的无监督深度哈希算法的建模过程以及应用。

3.2.1 基于物体检测的无监督深度哈希算法

一般来说，与数据相关的哈希可以分为无监督和有监督两种算法。无监督哈希算法主要是利用图像的特征，在没有任何监督信息的情况下生成保留相似性的二进制代码。与无监督哈希算法相比，有监督哈希算法在训练过程中加入了训练数据的语义标签，因此它们在生成保留相似性的二进制代码方面表现得更为突出。然而，在许多实际应用中，图像没有语义标签，有监督的哈希算法不能在这些情况下使用。

直觉上，如果我们能够检测到图像中的物体，并将其对应的类作为图像的伪标签，那么就可以将伪标签作为"监督信息"来指导哈希码的学习，从而获得更好的性能。如图 3.4 所示，方框（i）是现有无监督哈希算法的程序。它们使用手工制作或学习的特征作为输入，然后直接使用图像之间的欧氏距离或一个图像与其旋转的图像之间的相似性来指导哈希训练，这将使现有的无监督哈希模型判断图像 I_a 和 I_b 不相似的可能性很大。实际上，图像 I_a 和 I_b 是相似的，因为这两幅图像属于"car"类。相反，在方框（ii）中，如果首先使用一个物体检测模型，通过检测图像中的物体得到两幅图像的伪标签"car"。利用伪标签，可以构建配对相似性来指导哈希学习，并使哈希模型判断两幅图像 I_a 和 I_b 相似的可能性很大。

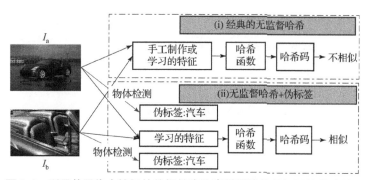

图 3.4 利用从图像中挖掘的伪标签产生高质量的保留相似性的哈希码

（i）部分是现有无监督哈希算法的工作流程；（ii）使用从图像中挖掘的伪标签来构建哈希模型

受此启发，我们提出了基于物体检测的无监督深度哈希模型，称为 ODDUH。具体来说，首先在一个大型数据库上预训练一个物体检测模型。然后，利用物体检测模型从图像中挖掘潜在的语义"标签信息"（即伪标签）。需要注意的是，通过物体检测得到的一些伪标签是错误的，因为物体检测的精确率不是 100%，而且噪声伪标签会损害最终的哈希性能。为了减少噪声伪标签的危害,我们定义了一个新的相似性标准,即百分比相似性。此外,我们还引入了一个共享的卷积神经网络(Convolutional Neural Networks,CNN)来捕捉图像的特征表示。最后,新定义的百分比相似性和学习到的图像特征表示被用来学习哈希函数,这些函数可以生成高质量的哈希码。在两个常用的公共数据集上进行的大量实验表明,ODDUH在无监督图像检索任务中能取得了不错的实验效果。

在本节中,我们将详细介绍所提出的基于物体检测的无监督深度哈希网络。首先给出了模型符号的描述,然后介绍ODDUH的整体架构。接着,分别讨论相似性定义和对象函数的细节。最后,介绍ODDUH参数的学习。

符号 假设一个数据集有n个图像$X=\{x_i\}_{i=1}^n$,并且第i个图像记为x_i。保留相似性哈希的目标是学习一个映射:$\mathcal{H}:x_i\rightarrow b_i\in\{-1,1\}^k$,其中$k$是哈希码的长度,输入图像$x_i$将被编码为一个$k$位的二进制代码$b_i$。

1) ODDUH 的架构

如图 3.5 所示,ODDUH 的网络架构由三部分组成:潜在语义"标签信息"挖掘、特征学习和哈希函数学习。

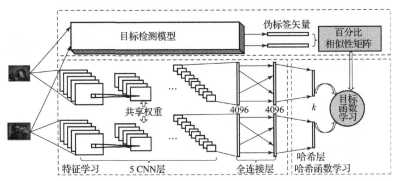

图 3.5 ODDUH 的网络架构

在潜在语义"标签信息"挖掘部分,ODDUH 使用预先训练好的对象检测模型 YOLOv2 来挖掘图像中潜在语义"标签信息"。请注意,这里也可以使用其他最先进的物体检测模型,如 SSD 和 Mask R-CNN。

特征学习部分包括一个卷积神经网络组件和两个全连接(Full Connected,FC)层,该七层的结构与 AlexNet 的前七层相同。

哈希函数学习部分是一个哈希层,层内有k个单元,k是哈希码的长度。在哈希网络中将图像映射成连续哈希码后,我们使用符号函数 sgn($\cdot$),如果元素是正的,返回1,否则返回-1,来处理哈希层的输出,得到最终的二值哈希码b。

2）百分比相似性

在 ODDUH 中，我们使用一个物体检测模型来挖掘图像中的物体，并得到它们的类别（即伪标签）。请注意，通过物体检测得到的一些伪标签是错误的，因为物体检测的精确率不是 100%。如果两幅图像至少共享一个伪标签，那么让它们的相似性等于 1，否则等于 0（即两值相似性）。这很容易使两个原本不相似的图像被定义为相似的图像对，进而损害哈希模型的检索效果。因此，为了减少这些错误的伪标签的危害，一个新的图像对百分比相似性被定义为

$$s_{ij} = \frac{\langle l_i, l_j \rangle}{\|l_i\|_1 + \|l_j\|_1 - \langle l_i, l_j \rangle} \tag{3.15}$$

式中，$\langle l_i, l_j \rangle$ 计算内积并且 $l_i \in \{0,1\}^c$ 是 x_i 的伪标签向量，其中 c 是伪标签所属的类别总数。如果第 i 个图像 x_i 有 j 个伪标签，那么 $l_{ij} = 1$，否则 $l_{ij} = 0$。并且 $\|\cdot\|_1$ 是 L_1 范式。

通过在训练过程中用所定义的百分比相似性为指导信息，学习到的二值哈希码 $B = \{b_i\}_{i=1}^n$ 可以保留所定义的相似性关系 $S = \{s_{ij} | i,j \in \{1,2,\cdots,n\}, s_{ij} \in [0,1]\}$。更具体地说，如果 $s_{ij} = 0$，二值哈希码 b_i 和 b_j 间的汉明距离不变；如果 $s_{ij} = 1$，二值哈希码 b_i 和 b_j 间的汉明距离应该较小；否则，二值哈希码 b_i 和 b_j 间的汉明距离应该与相似性 s_{ij} 保持一致。

3）目标函数

对于所学到的图像二值哈希码 $B = \{b_i\}_{i=1}^n$，我们可以将一对图像的百分比相似性 s_{ij} 定义为

$$p(s_{ij} | B) = \begin{cases} \sigma(t_{ij} \Psi_{ij}), & s_{ij} = 1, 0 \\ 1 - |s_{ij} - \sigma(\Psi_{ij})|, & \text{其他} \end{cases} \tag{3.16}$$

式中，$t_{ij} = 2s_{ij} - 1$，$\Psi_{ij} = \frac{1}{2} b_i^T b_j$，$\sigma(x) = \frac{1}{1+e^{-x}}$。当 $s_{ij} = 0, 1$，用负对数似然来衡量图像对相似性损失；当 $0 < s_{ij} < 1$ 时，取均方误差来衡量图像对相似性损失。因此，图像对相似性损失函数可以定义为

$$L = \sum_{s_{ij} \in S} [-\alpha \cdot I_{ij} \lg(\sigma(t_{ij} \Psi_{ij})) + (1 - I_{ij})(s_{ij} - \sigma(\Psi_{ij}))^2] \tag{3.17}$$

式中，α 是一个超参数。I_{ij} 用来表示两个条件，其定义为

$$I_{ij} = \begin{cases} 1, & s_{ij} = 1, 0 \\ 0, & \text{其他} \end{cases} \tag{3.18}$$

通过最小化式（3.17），可以使两个完全相似的点之间的汉明距离尽可能小，使两个不相似的点之间的汉明距离尽可能大。同时，我们可以使部分相似

的图像对 x_i 和 x_j 具有符合相似性 s_{ij} 的合适的汉明距离。

然而，式（3.17）是一个离散的优化问题，很难解决上面的问题。按照以前工作的思路，我们将 b 从离散的放宽到连续的，然后重新计算式（3.17）为

$$L = \sum_{s_{ij} \in S} [\alpha \cdot I_{ij} \lg(1 + e^{-t_{ij}\Theta_{ij}}) + \\ (1 - I_{ij})(s_{ij} - \sigma(\Theta_{ij}))^2] + \sum_{i}^{n} \| b_i - u_i \|_2^2 \tag{3.19}$$

式中，$\Theta_{ij} = \frac{1}{2} u_i^T u_j$。$u_i \in \mathbf{R}^k$ 是哈希层 $u_i = W^T F(x_i; \theta) + v$ 的输出，其中映射 $F: \mathbf{R}^d \to \mathbf{R}^{4096}$ 是 θ 的参数化，并且 θ 代表特征学习部分的 t 个网络层的参数。$W \in \mathbf{R}^{4096 \times k}$ 是要在哈希层学习的权重矩阵，$v \in \mathbf{R}^k$ 是偏置。由于 u_i 不是二进制代码，我们使用量化损失来使 u_i 接近二进制代码。量化损失定义为

$$L_q = \sum_i^n \| b_i - u_i \|_2^2 \tag{3.20}$$

然后，通过连接伪标签成对相似性损失和量化损失，最终的目标函数可以定义为

$$L = L_2 + \beta L_q \tag{3.21}$$

式中，β 是一个超参数。

在我们的方法中，有 4 种参数 B，W，θ，v 需要在训练阶段学习。一个小型批次的梯度下降方法被用作优化算法。此外，我们使用一种交替的方法来学习参数。更具体地说，我们在其他参数固定的情况下优化一个参数。

当参数 W，θ，v 固定，b_i 可以用如下方式直接优化：

$$b_i = \text{sgn}(u_i) = \text{sgn}(W^T F(x_i; \theta) + v) \tag{3.22}$$

固定 b_i，其他参数 W，θ，v 通过标准的反向传播（Back Propagation，BP）算法学习。特别是，我们能够计算损失函数关于 u_i 的导数，如下式所示：

$$\frac{\partial L}{\partial u_i} = \sum_{j: s_{ij} \in S} \left\{ -\frac{1}{2} \alpha \cdot t_{ij} I_{ij} [1 - \sigma(t_{ij} \Theta_{ij})] + \\ (1 - I_{ij}) \sigma(\Theta_{ij})[1 - \sigma(\Theta_{ij})][s_{ij} - \sigma(\Theta_{ij})] \right\} u_j + \\ \sum_{j: s_{ji} \in S} \left\{ -\frac{1}{2} \alpha \cdot t_{ji} I_{ji} [1 - \sigma(t_{ji} \Theta_{ji})] + \\ (1 - I_{ji}) \sigma(\Theta_{ji})[1 - \sigma(\Theta_{ji})][s_{ji} - \sigma(\Theta_{ji})] \right\} u_j + \\ 2\beta(u_i - b_i) \tag{3.23}$$

然后，我们可以用标准的反向传播算法来更新 W，θ 和 v 的公式（3.23）。

$$\frac{\partial L}{\partial W} = F(x_i; \theta) \left(\frac{\partial L}{\partial u_i} \right)^T \tag{3.24}$$

$$\frac{\partial L}{\partial F(\boldsymbol{x}_i;\boldsymbol{\theta})} = \boldsymbol{W}\frac{\partial L}{\partial \boldsymbol{u}_i} \tag{3.25}$$

$$\frac{\partial L}{\partial v} = \frac{\partial L}{\partial \boldsymbol{u}_i} \tag{3.26}$$

4)实验

(1)数据集和基线

我们在两个公共基准数据集上进行了实验,即 Pascal VOC 2007(见 host. robots. ox. ac. uk 网站)和 BMVC 2009(见 pascal. inrialpes. fr 网站)。Pascal VOC 2007 由 9 963 张多标签图像组成。在这个数据集中有 20 个物体类别。平均来说,每张图像都有 1.5 个标签的注释。BMVC 2009 包含 96 378 张从 Flickr 上收集的图像。数据集中的每张图像都与 20 个语义概念中的一个或多个标签有关。

我们提出的算法是一种无监督哈希算法,因此将我们的算法与 8 种经典的或者检索效果好的无监督哈希算法进行了比较,包括 LSH、ITQ、SH、PCAH、SGH、UH_BDNN、UTH 和 HashGAN,其中 LSH、SH、ITQ、PCAH 和 SGH 是传统无监督算法,其他三种是无监督深度哈希算法。请注意,这 5 种传统无监督哈希算法使用手工制作的特征作为输入,即 Pascal VOC 2007 和 BMVC 2009 中的每张图像都由一个 512 维的 GIST 向量表示。对于无监督深度哈希算法 UH_BDNN,它使用 AlexNet 中 FC7 层的输出作为图像表示。对于其他两种无监督深度哈希算法和我们提出的算法,我们将所有图像的大小调整为 224×224,然后直接使用原始图像像素作为输入。在对这两个数据集进行实验时,我们随机选择了 2 000 张图像作为测试集,并将剩余的图像作为训练数据集。此外,为了证明在哈希学习过程中深度网络从原始图像中学习到的特征比手工制作的特征更有优势,我们还将 AlexNet 中 FC7 层的输出作为 5 种基于手工制作特征的哈希算法中的图像特征输入,并将它们分别称为 LSH + CNN、SH + CNN、ITQ + CNN、PCAH + CNN 和 SGH + CNN。

(2)实验细节

对于物体检测部分,我们选择了 YOLOv2。它在 COCO 2014 数据集中进行了预训练,其中包含 81 个对象类。请注意,Pascal VOC 2007 和 BMVC 2009 中包含的所有对象类别都是这 81 个对象类别的子网。在特征学习部分和哈希函数学习部分的所有权重和偏差都是通过反向传播算法学习的。此外,特征学习部分的权重和偏置被初始化为 AlexNet 的预训练值。采用小型批次大小为 128 的随机梯度下降(Stochastic Grdient Decent,SGD)作为我们的优化算法,学习率被初始化为 0.01。ODDUH 中的超参数 α,β 根据经验分别设置为 2 和

100，并将在后续章节中讨论。而学习率每隔 1/3 轮（Epoches）就会调整为当前学习率的 1/10。

(3) 评价标准

为了验证学习到的哈希码的有效性，我们通过平均累积增益（Average Cumulative Gains，ACG）、NDCG、mAP、加权平均准确率 Weighted Mean Average Precision（WMAP）和前 n 个检索到的图像的精确率来评估不同算法的图像检索质量。

(4) 实验结果

表 3.4、表 3.5 和图 3.6 分别展示了 mAP、WMAP、NDCG ACG 以及 $p@n$ 对 Pascal VOC 2007 和 BMVC 2009 的不同哈希算法的比较结果。总的来说，由这两个表格和图 3.6 的结果可知：

①对于不同长度的哈希码，我们提出的算法大大超过了其他无监督哈希算法。例如，数据集 Pascal VOC 2007 上，与基线算法中最好的浅层哈希算法 ITQ + CNN 在 48 bit 上相比，ODDUH 的 mAP 结果有 26.8% 的相对增长，在 WMAP、NDCG 和 ACG 上分别有 17.7%、16.7%、16.9% 的提升。此外，在数据集 BMVC 2009 上，与深度哈希算法 UH_BDNN 在 48 bit 上相比，ODDUH 的 mAP 结果有 8.3% 的相对增长，以及在 WMAP、NDCG 和 ACG 上分别有 11.4%、14.2% 和 17.1% 的提升。在图 3.6 中，$p@n$ 曲线显示 ODDUH 可以获得最佳性能。所有这些结果明显表明，从图像中挖掘出的伪标签对于提高哈希模型的性能是非常有用的。

②采用深度特征的算法的性能比采用手工特征的算法的性能要好。例如，在数据集 Pascal VOC 2007 上，ITQ + CNN 的 mAP@1000 在哈希码长度为 48 bit 时是 0.6070，而 ITQ 的相应值是 0.3223。

为了验证百分比相似性对哈希码学习的影响，我们在数据集 Pascal VOC 2007 上进行了一个实验。如图 3.7 所示，可以发现使用百分比相似性的 ODDUH 比使用二值相似性的 ODDUH 有更好的表现。这验证了所定义的百分比相似性可以减少哈希码学习过程中错误的伪标签所带来的危害。

5）超参敏感性

图 3.8（a）所示为超参数 α 对 Pascal VOC 2007 和 BMVC 2009 的 48 bit 的影响。可以发现，ODDUH 在这两个数据集上对 α 不敏感。例如，ODDUH 在这两个数据集上都能在 $1 \leq \alpha \leq 5$ 的情况下取得良好的性能。图 3.8（b）所示为超参数 β 在 Pascal VOC 2007 和 BMVC 2009 上哈希码长度为 48 bit 时的效果。另外，ODDUH 在很大范围内对 β 不敏感。例如，ODDUH 可以在 $80 \leq \beta \leq 150$ 的情况下在两个数据集上取得良好的性能。

表 3.4 在数据集 Pascal VOC 2007 上 NDCG、ACG、WMAP 和 mAP@n(n=1000,即数值是根据返回的前 1000 个邻近值计算的)等指标的实验结果

算法	mAP@1000				WMAP@1000				NDCG@1000				ACG@1000			
	12 bit	24 bit	36 bit	48 bit	12 bit	24 bit	36 bit	48 bit	12 bit	24 bit	36 bit	48 bit	12 bit	24 bit	36 bit	48 bit
LSH	0.2676	0.2875	0.2916	0.2877	0.2881	0.3115	0.3168	0.3123	0.2230	0.2379	0.2436	0.2407	0.2821	0.2998	0.3009	0.2968
SH	0.3071	0.3021	0.3028	0.3023	0.3337	0.3287	0.3299	0.3299	0.2568	0.2514	0.2527	0.2530	0.3131	0.3074	0.3071	0.3055
PCAH	0.2884	0.2802	0.2783	0.2778	0.3124	0.3039	0.3018	0.3013	0.2384	0.2320	0.2307	0.2305	0.2982	0.2883	0.2849	0.2837
ITQ	0.2879	0.3086	0.3137	0.3223	0.3110	0.3345	0.3404	0.3509	0.2366	0.2584	0.2620	0.2718	0.2924	0.3191	0.3258	0.3358
SGH	0.3028	0.3081	0.3073	0.3107	0.3288	0.3358	0.3350	0.3395	0.2559	0.2611	0.2614	0.2644	0.3052	0.3082	0.3065	0.3089
LSH + CNN	0.2924	0.3351	0.3611	0.3694	0.3226	0.3737	0.4001	0.4189	0.2502	0.2875	0.3030	0.3142	0.2993	0.3314	0.3505	0.3542
SH + CNN	0.4497	0.4454	0.4585	0.4587	0.5122	0.5033	0.5162	0.5160	0.3927	0.3757	0.3780	0.3731	0.4065	0.3837	0.3853	0.3800
PCAH + CNN	0.4892	0.4914	0.4890	0.4848	0.5515	0.5514	0.5486	0.5439	0.4337	0.4185	0.4066	0.3961	0.4454	0.4207	0.4067	0.3962
ITQ + CNN	0.5606	0.5886	0.6006	0.6070	0.6429	0.6777	0.6927	0.6996	0.5137	0.5266	0.5323	0.5368	0.5328	0.5362	0.5366	0.5391
SGH + CNN	0.2575	0.2653	0.2730	0.2839	0.2773	0.2871	0.2955	0.3083	0.2129	0.2198	0.2254	0.2339	0.2675	0.2718	0.2748	0.2789
UH_BDNN	0.5572	0.5795	0.5851	0.5915	0.6388	0.6639	0.6700	0.6781	0.5080	0.5132	0.5110	0.5115	0.5188	0.5168	0.5101	0.5067
UTH	0.5389	0.5468	0.5561	0.5634	0.6192	0.6286	0.6427	0.6451	0.4856	0.4921	0.4994	0.5012	0.4961	0.4979	0.5006	0.5013
HashGAN	0.4606	0.4672	0.4711	0.4783	0.5114	0.5201	0.5263	0.5310	0.4115	0.4183	0.4214	0.4240	0.4197	0.4246	0.4293	0.4303
ODDUH	**0.7030**	**0.7469**	**0.7615**	**0.7695**	**0.7511**	**0.7998**	**0.8152**	**0.8234**	**0.5975**	**0.6200**	**0.6277**	**0.6267**	**0.6252**	**0.6321**	**0.6342**	**0.6304**

注：每个最佳结果均以黑体字显示。

表 3.5 在数据集 BMVC 2009 上关于 NDCG、ACG、WMAP 和 mAP@n 衡量($n=5000$,即数值是根据返回的前 5 000 个邻近值计算的)的指标的实验结果

算法	mAP@5000				WMAP@5000				NDCG@5000				ACG@5000			
	12 bits	24 bits	36 bits	48 bits	12 bits	24 bits	36 bits	48 bits	12 bits	24 bits	36 bits	48 bits	12 bits	24 bits	36 bits	48 bits
LSH	0.1393	0.1494	0.1539	0.1494	0.1495	0.1602	0.1652	0.1604	0.1070	0.1136	0.1174	0.1143	0.1459	0.1543	0.1582	0.1536
SH	0.1656	0.1629	0.1641	0.1668	0.1785	0.1756	0.1768	0.1796	0.1247	0.1221	0.1235	0.1252	0.1706	0.1664	0.1677	0.1694
PCAH	0.1452	0.1464	0.1477	0.1499	0.1562	0.1575	0.1588	0.1614	0.1108	0.1110	0.1116	0.1125	0.1513	0.1516	0.1517	0.1533
ITQ	0.1356	0.1423	0.1599	0.1618	0.1431	0.1508	0.1719	0.1738	0.0996	0.1081	0.1206	0.1237	0.1326	0.1439	0.1608	0.1656
SGH	0.1681	0.1698	0.1715	0.1724	0.1807	0.1825	0.1841	0.1850	0.1280	0.1287	0.1298	0.1305	0.1696	0.1700	0.1700	0.1701
LSH + CNN	0.1621	0.1925	0.1954	0.2133	0.1750	0.2078	0.2112	0.2304	0.1233	0.1425	0.1435	0.1544	0.1657	0.1887	0.1878	0.1976
SH + CNN	0.2667	0.2805	0.2798	0.2877	0.2880	0.3041	0.3032	0.3122	0.1845	0.1981	0.1931	0.1971	0.2452	0.2460	0.2379	0.2429
PCAH + CNN	0.2991	0.3076	0.3063	0.3090	0.3236	0.3336	0.3321	0.3354	0.2215	0.2187	0.2122	0.2105	0.2803	0.2720	0.2616	0.2584
ITQ + CNN	0.3330	0.3627	0.3712	0.3781	0.3617	0.3942	0.4034	0.4123	0.2527	0.2684	0.2726	0.2765	0.3223	0.3339	0.3370	0.3415
SGH + CNN	0.1344	0.1423	0.1493	0.1575	0.1444	0.1530	0.1606	0.1697	0.1033	0.1079	0.1117	0.1152	0.1413	0.1460	0.1496	0.1527
UH_BDNN	0.3442	0.3736	0.3828	0.3960	0.3737	0.4049	0.4148	0.4289	0.2605	0.2768	0.2811	0.2876	0.3262	0.3405	0.3439	0.3500
UTH	0.3011	0.3083	0.3102	0.3138	0.3375	0.3417	0.3481	0.3495	0.2276	0.2292	0.2317	0.2343	0.2743	0.2835	0.2891	0.2931
HashGAN	0.2711	0.2790	0.2866	0.2935	0.2930	0.3052	0.3121	0.3167	0.2028	0.2091	0.2131	0.2177	0.2496	0.2528	0.2589	0.2635
ODDUH	**0.3961**	**0.4153**	**0.4252**	**0.4290**	**0.4291**	**0.4482**	**0.4577**	**0.4619**	**0.3057**	**0.3216**	**0.3269**	**0.3285**	**0.3902**	**0.4039**	**0.4088**	**0.4097**

注:每个最佳结果均以黑体字显示。

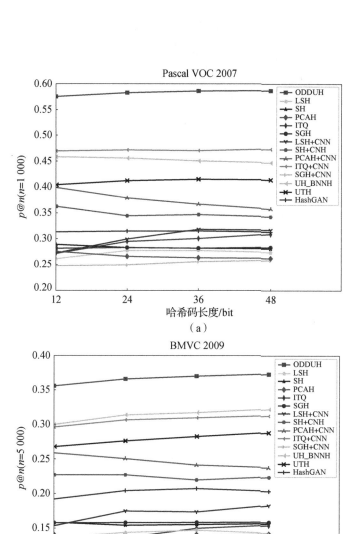

图 3.6　$p@n$ 对 Pascal VOC 2007 和 BMVC 的不同哈希算法比较

(a) Pascal VOC 2007; (b) BMVC 2009

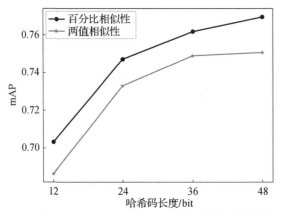

图 3.7　ODDUH 的 mAP 与 Pascal VOC 2007 的百分比相似性和两值相似性

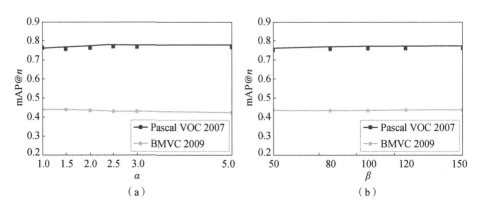

图 3.8　超参数敏感性

（a）在两个数据集上对超参数 α 的敏感性，其中 $\alpha=2$；
（b）在两个数据集上对超参数 β 的敏感性，其中 $\beta=100$

目前大多数无监督深度哈希算法通常通过构建局部语义相似性结构作为指导信息，将数据点投射到语义相似性保护的哈希码中，即一个数据点与它最近的 k 个邻居相似。这 k 个邻居是按自然距离排列的前 k 个数据点，比如欧式距离和其特征的余弦相似性。然而，在一个图像的 k 个近邻中，有些是与该图像不相似的噪声数据点，它们会损害检索性能。如图 3.9 所示，两幅图像除了它们的核心对象外，大部分是相同的。图 3.9（a）的核心对象是一只鸟，而图 3.9（b）的核心对象是一架飞机。这意味着这两幅图像在语义上是不相似的，但它们的自然距离很小。那么，图 3.9（a）很可能是图 3.9（b）的 k 个近邻之一，因而图 3.9（a）将被误判为与图 3.9（b）相似。这样将误导哈希模型，损害其检索性能。

(a)　　　　　　　　　　　　　　(b)

图 3.9　属于不同类别的两张图像

(a) 鸟；(b) 飞机

3.2.2　基于流形的局部语义相似性结构重建的无监督深度哈希算法

直观地说，我们可以利用数据点特征空间中的内在流形结构来减少噪声数据点。如图 3.10 所示，在由自然距离定义的红色"圆"点的 k 个近邻中，作为噪声数据点的棕色"三角形"点与红色"圆"点处于不同的流形上。因此，红色"圆"点和棕色"三角形"点之间在流形结构上的流形距离很大。这意味着可以通过引入流形结构从 k 个最近的数据点中区分出这些噪声数据点。具体来说，给定一个图像 x，其自然距离上的 k 个最近邻点表示为 $nn_k^c(x)$，是按其与图像 x 的余弦相似性排列的前 k 个点。和它在流形结构上的 o 个最近点，表示为 $nn_o^m(x)$，是按流形相似性排名的前 o 个点，这些点是由随机游走（Random Walk）测量得到的。那么，如果一个点在 $nn_k^c(x)$ 中，但不在 $nn_o^m(x)$ 中，它将被定义为噪声点，即它与 x 不相似。

注：红色的"圆"点是一个查询点，它的 k 近邻是棕色的点。
棕色点按流形结构分为两组

图 3.10　数据点特征空间中的内在流形结构（书后附彩插）

因此，在本节中，我们提出了通过基于流形的局部语义相似性结构重建的无监督深度哈希算法，称为 MLS³RDUH，它通过结合流形结构来减少噪声点，从而重建局部语义相似性结构。具体来说，MLS³RDUH 认为图像 x 与集合 $nn_k^c(x) \cap nn_o^m(x)$ 中的点相似，而与集合 $nn_k^c(x)$ 中的其他点不相似。此外，受最近工作的启发，MLS³RDUH 定义了图像 x 和不属于 $nn_k^c(x)$ 的数据点之间的语义相似性，即图像通过预先训练好的 CNN 提取出的特征表示之间的余弦相似性。最后，一个新颖的对数哈希损失函数被用来优化哈希网络，通过使用定义的相似性作为指导信息来生成紧凑的哈希码。

1）模型设计

如图 3.11 所示，MLS³RDUH 由一个相似性生成部分和一个哈希网络部分组成。在相似性生成部分，一个预先训练好的 AlexNet 被用来提取训练图像的特征以生成一个相似性矩阵。然后，通过使用生成的相似性矩阵作为指导信息，哈希网络可以被很好地训练以生成图像的哈希码。此外，该哈希网络包含 5 个卷积层和 3 个全连接层。前 7 层与 AlexNet 的前 7 层相同，第三个全连接层有 l 个单元，l 表示哈希码长度。

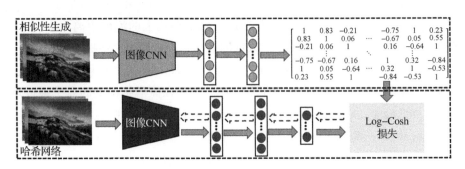

图 3.11 MLS³RDUH 的结构

相似性矩阵的生成 对于每个图像 x_i，首先根据它们的余弦相似性选择其 k 个近邻 $nn_k^c(x_i)$。余弦相似性的表述如下：

$$s_c(x_i, x_j) = \frac{f_i^T f_l}{|f_i| \cdot |f_j|} \quad (3.27)$$

式中，f_i 是图 x 由预训练的 CNN 网络如 AlexNet 或 VGG 网络提取的特征向量；$|\cdot|$ 表明向量的模长。

受文献的启发，通过利用近邻图的随机游走来测量数据点之间的流形相似性。最近的邻接图是无定向加权的，它是通过使用 n 个图像 X 作为节点构建的，可以用稀疏的对称邻接矩阵 $G \in \mathbf{R}^{n \times n}$ 表示，其表述如下：

$$g_{ij} = \begin{cases} 0, & x_i \notin nn_k^c(x_j) \vee x_j \notin nn_k^c(x_i) \\ s_c(x_i, x_j), & \text{其他} \end{cases} \quad (3.28)$$

此外，G 的对角线元素为零。对于近邻图，对于每个节点 x_i，随机游走都是按照如下公式迭代进行的：

$$r_i^{(t)} = \alpha \hat{G} r_i^{(t-1)} + (1-\alpha) h_i \quad (3.29)$$

式中，$\alpha \in [0,1)$ 是一个超参数；$\hat{G} = D^{-1/2} G D^{-1/2}$；$D = \text{diag}(G\mathbf{1})$，$\mathbf{1}$ 是一个分量为 1 的向量；$r_i^{(0)} \in \mathbf{R}^n$ 是任意一个向量；h_i 是一个一位有效（One-hot）编码，当且仅当第 i 个分量等于 1，其余分量都等于 0。文献研究可知，序列 $\{r_i^t\}_{t=0}^{\infty}$ 可收敛于 r_i^*，那么有

$$r_i^* = \alpha \hat{G} r_i^* + (1-\alpha) h_i \quad (3.30)$$

$$r_i^* = (1-\alpha)(I - \alpha \hat{G})^{-1} h_i \quad (3.31)$$

式中，I 是一个特征矩阵。然后，用 r_{ij}^*，r_i^* 的第 j 个元素表示图像 x_i 与图像 x_j 之间的流形相似性。最后，对于每个图像 x_i，我们按流形相似性从大到小对其他点进行排序，$nn_o^m(x_i)$ 是排在最前的 o 个数据点的集合。

然后，利用构建的 $nn_o^m(x_i)$ 可以重建 $nn_k^c(x_i)$。将 k 近邻分为两组：一组的数据点与图像 x_i 相似；另一组的数据点与图像 x_i 不相似。具体来说，对于 $nn_k^c(x_i)$ 中的每个数据点，如果它也属于 $nn_o^m(x_i)$，那么它与 x_i 相似，否则它与 x_i 不相似。对于不在 $nn_k^c(x_i)$ 中的其他数据点，它们与 x_i 图像的相似性是模糊的。因此，我们可以定义一个相似性矩阵 $\hat{S}$，如下：

$$\hat{s}_{ij} = \begin{cases} 1, & x_j \in nn_k^c(x_i) \wedge x_j \in nn_o^m(x_i) \\ -1, & x_j \in nn_k^c(x_i) \wedge x_j \notin nn_o^m(x_i) \\ 0, & \text{其他} \end{cases} \quad (3.32)$$

式中，$\hat{s}_{ij}$ 是 $\hat{S}$ 的第 i 行第 j 列。当 $\hat{s}_{ij} = 1$ 时，意味着图像 x_i 与图像 x_j 相似；当 $\hat{s}_{ij} = -1$ 时，意味着图像 x_i 与图像 x_j 不相似。当 $\hat{s}_{ij} \approx 0$ 时，意味着 x_i 和 x_j 之间的相似性是模糊的。定义的 $\hat{S}$ 可能是一个不对称的矩阵，那么为了保证对称性，我们进一步按照规则更新 $\hat{S}$。如果 $\hat{s}_{ij} = 1$ 或 $\hat{s}_{ji} = 1$，则 $\hat{s}_{ij} = \hat{s}_{ji} = 1$。如果 $\hat{s}_{ij} = 0$ 并且 $\hat{s}_{ji} = 0$，那么 $\hat{s}_{ij} = \hat{s}_{ji} = 0$，否则 $\hat{s}_{ij} = \hat{s}_{ji} = -1$。

此外，最近的研究表明，由预训练的 CNN 提取的图像特征中包含了丰富的语义信息。这意味着可以从图像的 CNN 特征中挖掘出一些语义相似性信息。因此，对于相似性模糊的图像对，即 $\hat{s}_{ij} = 0$，我们进一步用图像特征之间的余

弦相似性来定义它们的相似性。然后，我们可以得到最终的相似性矩阵 S，它的定义如下：

$$s_{ij} = \begin{cases} \hat{s}_{ij}, & \hat{s}_{ij} \neq 0 \\ 2s_c(x_i, x_j) - 1, & \text{其他} \end{cases} \quad (3.33)$$

因此，两幅图像之间的相似性可以分为三种类型：完全相似的 $s_{ij} = 1$；完全不相似的 $s_{ij} = -1$；以及部分相似的 $s_{ij} \in (-1, 1)$。

哈希模型的目标是将图像映射成哈希码，并且这些哈希码能够保留所定义的相似性矩阵 S，即如果图像 x_i 和图像 x_j 相似，汉明距离 $d_H(b_i, b_j) = \frac{1}{2}(l - b_i^T b_j)$ 应该小，否则应该大。为了实现这一目标，我们使用了一种新的对数哈希损失，它的定义如下：

$$\min_W L_1 = \sum_{i=1}^n \sum_{j=1}^n \lg\left(\cosh\left(\frac{1}{l} b_i^T b_j - s_{ij}\right)\right) \quad (3.34)$$
$$\text{s.t.} \quad b_i = \text{sgn}(F(x_i; W))$$

式中，$F(x_i; W)$ 表示以图像 x_i 为输入的哈希网络的输出，W 代表哈希网络参数。$\cosh(a) = \frac{e^a + e^{-a}}{2}$；$\text{sgn}(\cdot)$ 是一个符号函数，如果元素是正的，则返回 1，否则返回 -1。

通过最小化式（3.34），其目标是使 $\frac{1}{l} b_i^T b_j = s_{ij}$，即可以使两个完全相似的点之间的汉明距离尽可能小，使两个完全不相似的点之间的汉明距离尽可能大。同时，它使部分相似的图像对 x_i 和 x_j 所对应的哈希码之间的相似性与所定义的相似性 s_{ij} 保持一致。

然而，$\text{sgn}(\cdot)$ 函数在零处是不可微分的，对于非零输入，它的导数为零。这意味着在最小化损失函数 L_1 时，哈希模型的参数将不会被反向传播算法更新。因此，我们直接舍弃 $\text{sgn}(\cdot)$ 函数，以确保我们的哈希模型的参数可以被更新，并使用 $\tanh(\cdot)$ 来近似 $\text{sgn}(\cdot)$ 函数，使哈希网络输出的每个元素可以接近于"$+1$"或"-1"。那么最终的目标函数可以表述如下：

$$\min_W L_1 = \sum_{i=1}^n \sum_{j=1}^n \lg\left(\cosh\left(\frac{1}{l} \hat{b}_i^T \hat{b}_j - s_{ij}\right)\right) \quad (3.35)$$
$$\text{s.t.} \quad \hat{b}_i = \tanh(F(x_i; W))$$

2）优化

为了优化所提出的哈希模型，MLS³RDUH 首先通过式（3.33）构建相似性矩阵，然后通过小批量随机梯度下降最小化式（3.35），并通过反向传播算法更新哈希模型的参数。训练过程的细节见 Algorithm 3。

在构建了相似性矩阵 S 后，MLS³RDUH 方法使用小批量 SGD 算法来学习哈希网络参数 W。具体来说，损失函数 L 与 $\hat{\boldsymbol{b}}_i$ 的梯度如下：

$$\frac{\partial L}{\partial \hat{\boldsymbol{b}}_i} = \frac{2}{l} \sum_{j=1}^{n} \tanh\left(\frac{1}{l}\hat{\boldsymbol{b}}_i^\mathrm{T}\boldsymbol{b}_j - s_{ij}\right)\hat{\boldsymbol{b}}_j \tag{3.36}$$

式中，$\tanh(a) = \dfrac{\mathrm{e}^a - \mathrm{e}^{-a}}{\mathrm{e}^a + \mathrm{e}^{-a}}$。

然后通过使用链式规则，损失函数 L 相对于参数 W 的梯度可以按式（3.37）计算如下：

$$\frac{\partial L}{\partial W} = \frac{\partial L}{\partial \hat{\boldsymbol{b}}_i} \cdot \frac{\partial \boldsymbol{b}_i}{\partial W} \tag{3.37}$$

Algorithm 3 MLS³RDUH 算法

输入：图像 X，哈希码长度 k

输出：哈希网络参数 W，哈希码 B

1：初始化参数：W，α，k，o；学习率：lr，迭代次数：T；Mini – batch 大小：z

2：利用 ImageNet 上预训练的 AlexNet 模型提取 4 096 维图像特征

3：通过式（3.33）构建相似性矩阵 S

4：for $i = 1$：T do

5：for $j = 1$：$\dfrac{n}{z}$ do

6：从数据集中随机采集 z 个图像作为一个 Mini – batch

7：在哈希网络中输入图像 x_i 生成 $\hat{\boldsymbol{b}}_i$

8：通过式（3.37）利用反向传播更新哈希网络参数 W

9：end for

10：end for

11：生成图像哈希码 B

3）评估标准实验

在本节中，MLS³RDUH 在三个常用的图像检索数据集上进行了广泛的实验，以比较该方法与当时较好的哈希算法的好坏。数据集及其设置：实验主要在三个基准图像检索数据集上进行，即 NUS – WIDE、MS COCO 以及 CIFAR –

10,下面将逐一介绍。

NUS-WIDE 数据集包含 269 648 张从 Flickr 上选取的图像。每张图像都用 81 个概念标签中的一个或多个标签进行注释。为了确保每个类别有足够的样本,我们的实验只选择属于 21 个最频繁的概念的 195 834 张图像。我们随机抽取 5 000 张图像作为测试集,并将剩余的图像作为数据库,将数据库中的 10 500 张图像作为训练集。

数据集 MS COCO 包含 82 783 张训练图像和 40 504 张验证图像,其中每张图像都被 80 个类别中的某些类别所标示。在除去没有类别信息的图像后,我们通过合并训练和验证图像得到 122 218 张图像。我们随机抽取 5 000 张图像作为测试集,并将其他图像作为数据库,将数据库中的 10 000 张图像作为训练集。

CIFAR-10 数据集是一个流行的图像数据集,它包含 10 个类别的 60 000 张图像。我们随机抽取 1 000 张图像作为测试集,并将剩余的图像作为数据库,将数据库中的 5 000 张图像作为训练集。

MLS^{3}RDUH 是一种无监督算法,将它与 8 种经典的和最先进的无监督哈希算法进行比较:4 种传统的浅层无监督算法 LSH、SH、PCAH 和 CBE;4 种无监督深度哈希算法 Deepbit、UTH、SSDH 和 DistillHash。4 种传统的浅层无监督哈希算法使用 512 维的图像 GIST 特征向量作为所有数据集的输入,而 4 种深层哈希算法使用原始图像作为其输入。为了公平比较,我们对所有的深度哈希算法采用 AlexNet 架构。此外,通过在 ImageNet 数据集上训练好的 AlexNet 模型提取 4 096 维的深度特征向量作为 4 个浅层哈希算法的输入,并分别表示为 LSH+CNN、SH+CNN、PCAH+CNN 和 CBE+CNN。

在我们实现 MLS^{3}RDUH 的过程中,利用 AlexNet 架构,并基于 PyTorch 框架实现。哈希模型前 7 层的参数用在 ImageNet 上预训练好的 AlexNet 前 7 层的参数初始化,哈希模型第 8 层的参数由 Xavier 初始化。我们使用小批量随机梯度下降法,动量为 0.9,学习率固定为 0.04,迭代次数为 150。我们将图像的小批量大小固定为 128,权重衰减参数为 10^{-5}。我们设定 $k=0.06n$,$o=0.06n$,其中 n 为训练数据点的数量,并将超参数 α 设定为 0.99。

根据三个评估指标来评估检索质量:mAP、与顶级返回结果数量有关的 $p@n$ 曲线和 P-R 曲线。前两个标准是基于汉明排序,即根据与查询数据点的汉明距离对数据点进行排序。具体来说,mAP 是评估检索准确性的最广泛使用的标准之一。给定一个查询和一个 R 排名的检索结果列表,可以计算这个查询的平均精确率。mAP 是所有查询的平均精确率。$p@n$ 被定义为前 n 个检索实例的精确率。在我们的实验中，R 被设置为 5 000，n 被设置为 1 000。P-R 曲线是基于哈希查找的，其目的是返回与查询数据点有一定汉明距离的半径内的检索数据。

此外，在我们的实验中，如果两张图像至少有一个共同的标签，那么它们就被认为是相似的，否则就是不相似的。

4）实验结果

对于汉明排序，MLS³RDUH 和所有基线在三个数据集上的 mAP 结果显示在表 3.6 中，哈希码长度为 16~64 bit 不等，拟议方法和所有基线在三个数据集上 64 bit 的 $p@n$ 曲线显示在图 3.12 中，如图 3.12（a）、图 3.12（c）和图 3.12（e）分别所示。一般来说，由表 3.6 和图 3.12（a）、图 3.12（c）和图 3.12（e）可以得到以下三个结论。

①对于不同长度的哈希码，我们提出的方法优于所有的基线。例如，在 NUS-WIDE 数据集上，当哈希码长度为 64 bit 时，与检索效果最好的传统哈希算法 PCAH+CNN 相比，MLS³RDUH 的 mAP 提升了 13.4%，与检索效果最好的深度哈希算法 DistillHash 相比，MLS³RDUH 的 mAP 提升了 7.9%。此外，如图 3.12 所示，在三个数据集上，本书提出的算法 MLS³RDUH 的 $p@n$ 曲线都优于所有基线哈希算法。

②大多数以深度特征为输入的浅层哈希算法的性能都优于以手工制作的特征为输入的算法。例如，在 MS COCO 数据集上，使用深度特征作为输入的 SH+CNN 比输入为手工制作的特征的 SH 在哈希码长度为 16 bit 时提升了 11%。

③当没有足够的监督信号时，深度哈希算法可能不会优于以深度特征为输入的浅层结构哈希算法。例如，在 CIFAR-10 数据集上，SH+CNN 和 PCAH+CNN 这些以深度特征为输入的浅层结构哈希算法的 mAP 结果高于深度哈希算法 DeepBit 和 UTH 的结果。

对于哈希查找，所提出的算法和所有基线在 64 bit 数据集上的 P-R 曲线显示在图 3.12（b）、图 3.12（d）和图 3.12（f）中。可以发现，MLS³RDUH 的曲线总体上高于所有基线的曲线，这表明 MLS³RDUH 在哈希查询方面优于所有基线。

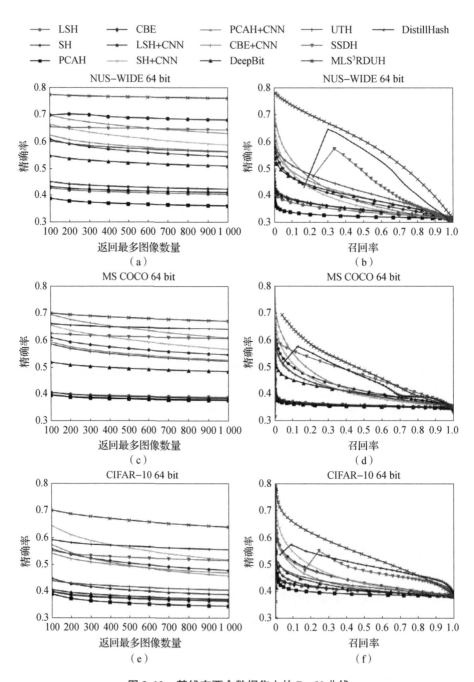

图 3.12 基线在两个数据集上的 P - N 曲线

表 3.6 三个数据集上不同哈希码长度的 mAP 值

算法	NUS-WIDE			MS COCO			CIFAR-10		
	16 bit	32 bit	64 bit	16 bit	32 bit	64 bit	16 bit	32 bit	64 bit
LSH	0.369	0.386	0.396	0.359	0.380	0.382	0.126	0.143	0.162
SH	0.412	0.402	0.418	0.377	0.381	0.383	0.173	0.178	0.182
PCAH	0.352	0.356	0.358	0.366	0.370	0.375	0.135	0.143	0.143
CBE	0.345	0.391	0.407	0.360	0.372	0.377	0.132	0.152	0.160
LSH+CNN	0.408	0.449	0.523	0.429	0.456	0.526	0.171	0.189	0.261
SH+CNN	0.571	0.551	0.565	0.487	0.510	0.535	0.280	0.284	0.295
PCAH+CNN	0.614	0.608	0.616	0.551	0.563	0.584	0.238	0.237	0.243
CBE+CNN	0.408	0.460	0.546	0.418	0.462	0.511	0.164	0.203	0.254
DeepBit	0.391	0.406	0.499	0.399	0.410	0.475	0.115	0.161	0.165
UTH	0.450	0.495	0.549	0.438	0.465	0.508	0.175	0.206	0.215
SSDH	0.580	0.593	0.610	0.540	0.562	0.586	0.262	0.271	0.280
DistillHash	0.627	0.656	0.671	0.546	0.566	0.593	0.285	0.294	0.308
MLS^{3}RDUH	0.713	0.727	0.750	0.607	0.622	0.641	0.369	0.394	0.412

5) 消融实验

我们研究了 MLS^{3}RDUH 的两个变体：MLS^{3}RDUH-1 是 MLS^{3}RDUH 的第一个变体，它只使用基于流形的重构局部语义相似性，即 $\hat{s}_{ij}$，作为指导信息；MLS^{3}RDUH-2 是 MLS^{3}RDUH 的第二个变体，只使用数据点之间的余弦相似性，即不使用基于流形的重构局部语义相似性部分作为指导信息。三个数据集上 64 bit 的 mAP 结果如表 3.7 所示。从结果来看，有两点可以观察到：

表 3.7 MLS^{3}RDUH 及其变体在三个图片数据集上 64 bit 的 mAP 比较

算法	NUS-WIDE	MS COCO	CIFAR-10
MLS^{3}RDUH	0.750	0.641	0.412
MLS^{3}RDUH-1	0.691	0.596	0.349
MLS^{3}RDUH-2	0.687	0.573	0.328

①基于流形的重构局部语义相似性可以提高检索性能。例如,在 NUS - WIDE 数据集、MS COCO 数据集和 CIFAR - 10 数据集上,MLS³RDUH 的 mAP 比 MLS³RDUH - 2 分别高出 0.063、0.068 和 0.084。

②由预训练的 CNN 提取的图像深度特征包含了语义信息,可用于提高检索性能。例如,与 MLS³RDUH - 1 相比,使用深度特征的余弦相似性作为额外指导信息的 MLS³RDUH 在 NUS - WIDE 数据集、MS COCO 数据集和 CIFAR - 10 数据集上 mAP 值分别增加了 5.9%、4.5% 和 6.3%。**对超参数的敏感性**:我们研究了超参数 k 和 o 的影响。图 3.13 所示为这两个超参数在哈希码长度为 64 bit 时在 NUS - WIDE 数据集的实验结果。为了研究 k 的影响,我们固定 $o = k$,并通过改变 k 从 $0.01N$ 到 $0.5N$(其中 N 为训练数据点的数量)来评估所提算法的 mAP 值。结果显示,在图 3.13(a)中可以发现,随着 k 的变化,性能首先增加,然后减少,在 $[0.05N, 0.07N]$ 的范围内可以获得良好的性能。为了研究 o 的影响,我们设定 $k = 0.06N$,并将 o 和 k 之间的比率从 0.25 变化到 16。结果在图 3.13(b)中显示,可以发现,当比例等于 1 时,即 $k = o$,MLS³RDUH 可以获得最佳性能。对于所提出的方法,参数 k 和 o 都被设定为 $0.06N$。

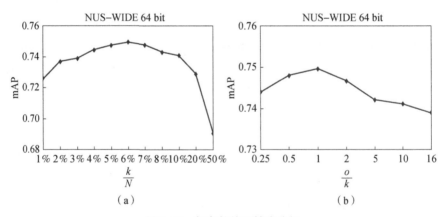

图 3.13 超参数的灵敏度分析

3.2.3 基于大规模图像检索的图规整化无监督深度哈希算法

本小节介绍一种新的无监督深度哈希算法,称为 USDH。如图 3.14 所示,模型的框架分为两个阶段:在第一阶段,进行 K - means 聚类,构建 KNN 图,得到伪标签和图拉普拉斯矩阵;在第二阶段,首先使用分类和量化损失来直接优化二进制哈希码。然后,根据伪标签、KNN 图和优化后的二值哈希码设计一个总目标函数。最后,我们通过反向传播法更新参数。更具体地说,首先使用预先训练好的 VGG19 网络提取每个图像的特征。然后，对这些特征进行聚类，聚类的结果被视为假的类标签。然而，由于单一聚类算法的限制，流形空间上一些相邻的数据点会被归入不同的类别。为了克服这个问题，根据两个特征之间的欧式距离来计算每个图像的 K 近邻。有了伪类标签，我们可以设计一个能保留成对和点状相似性的损失函数，并通过反向传播优化深度网络的权重。此外，我们直接优化二进制哈希码，以减少量化损失。在本节中，我们使用全连接神经网络（CNN–F），并在最后一个全连接层之后添加一个哈希层。哈希层的节点数与哈希码的数量相同。

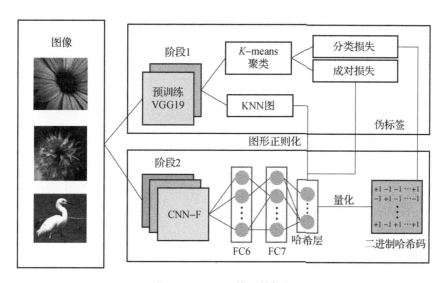

图 3.14　USDH 模型的框架

下面将介绍更多的算法技术细节。

1）问题描述

假设一个数据集有 N 个图像，记为 $\boldsymbol{X} = \{\boldsymbol{x}_i\}_{i=1}^{N} \in \mathbf{R}^{d \times N}$。我们的目标是学习一个可以保留语义相似性的 l 二值制哈希码 $\boldsymbol{B} = \{\boldsymbol{b}_1, \boldsymbol{b}_2, \cdots, \boldsymbol{b}_N\} \in \{-1, +1\}^{l \times N}$。哈希函数可以记作 $h(\cdot)$，对于每个图像 $\boldsymbol{x}_i$，其相应的二值哈希码为 $\boldsymbol{b}_i = \mathrm{sgn}(h(\boldsymbol{x}_i))$，其中 $\mathrm{sgn}(\cdot)$ 表示符号函数。二值哈希码之间的汉明距离定义如下：

$$d_{\mathrm{H}}(\boldsymbol{b}_i, \boldsymbol{b}_j) = \frac{1}{2}(l - \boldsymbol{b}_i^{\mathrm{T}} \boldsymbol{b}_j) \tag{3.38}$$

2）语义信息提取

与有监督算法不同的是，我们的训练数据没有任何人工注释，而有监督的算法有准确的语义标签。因此，我们首先使用预先训练好的 VGG19 生成深度特征。然后，我们通过 $K-$means 等聚类算法将深度特征分成 K 个聚类。聚类索引被看作图像的语义类标签。如果两幅图像属于同一个聚类，我们认为它们是相似的，即 $s_{ij}=1$。否则，它们是不相似的，$s_{ij}=0$。通过这种方式，我们得到一个成对的相似性矩阵 $S \in \mathbf{R}^{N \times N}$。很明显，聚类算法不能对所有的点进行明确的分类，尤其是在边界上。作为补充，我们假设二值哈希码可以进一步保留局部几何结构。更具体地说，我们计算数据点之间的欧几里得距离，并计算每个数据点的 K 个最近的邻居。相邻矩阵 A 可以被计算为

$$A_{ij} = \begin{cases} \mathrm{e}^{-\frac{\|z_i - z_j\|^2}{\varepsilon}}, & j \in N^K(i) \\ 0, & \text{其他} \end{cases} \quad (3.39)$$

式中，ε 是根据数据决定的比例参数；z_i 表示数据点 x_i 的深层特征；$N^K(i)$ 表示第 i 个数据点的 K 个最近的邻居。另一方面，我们得到标签矩阵 $Y = \{y_i\}_{i=1}^{N} \in \mathbf{R}^{K \times N}$，其中 $y_i \in \{0,1\}^K$ 和 $y_{im} = 1$ 表示样本 x_i 属于第 m 个集群，K 是所有集群的数量。

3）损失函数

在上一节中，我们得到了成对的相似性和类别标签。如果两幅图像相似，它们之间的汉明距离应该更小。根据汉明距离公式，为了达到更小的距离，b_i 和 b_j 的乘积应该更大。因此，给定 S 中估计的成对标签，我们可以取它们的负对数似然，因此可以定义以下损失：

$$\min_{B} J_1 = -\lg p(S|B) = -\sum_{s_{ij} \in S} [s_{ij} \Omega_{ij} - \lg(1 + \mathrm{e}^{\Omega_{ij}})] \quad (3.40)$$

式中，b_i 是前面提到的第 i 张图像的二值哈希码，$\Omega_{ij} = \frac{1}{2} b_i^{\mathrm{T}} b_j$；$B$ 是二值哈希码组成的矩阵。

除了不同数据点之间的成对相似性，点上的类别标签信息也很有价值。与 SDH（Supervised Discrete Hashing，SDH）类似，我们使用一个简单的线性分类器来模拟所学二进制代码和标签信息之间的关系：

$$\min_{B,W} J_2 = \|Y - W^{\mathrm{T}} B\|_2^2 + \lambda \|W\|_F^2 \quad (3.41)$$

式中，$W \in \mathbf{R}^{l \times K}$ 是学习到的分类权重矩阵，Y 是由之前计算的 One-hot 向量组成的矩阵。

之后，我们认为二进制哈希码应该保留 KNN 图结构。因此，根据文献研究结果我们对以下损失进行最小化处理：

$$\min_{B} J_3 = \frac{1}{2}\sum_{i,j=1}^{N} \| b_i - b_j \|^2 A_{ij} = \mathrm{tr}(BLB^{\mathrm{T}}) \tag{3.42}$$

式中，$\mathrm{tr}(\cdot)$ 表示矩阵的迹。$L = D - A$，其中 $D_{ij} = \sum_j A_{ij}$ 是一个 $N \times N$ 的对角矩阵。结合式（3.40）~式（3.42），得到总目标函数：

$$\min_{B,W} J = J_1 + \gamma_1 J_2 + \gamma_2 J_3 \tag{3.43}$$

4）优化

由于哈希码 B 的二值约束，优化上述损失函数是一个 NP 难问题。为此，以前的许多算法直接将二值哈希码放宽为连续的向量，导致所学的哈希码是次优的。在本书中，我们使用一种叫作离散循环坐标下降（Discrete Cycle Coordinate，DCC）的算法来逐行迭代运算 B。由于 DCC 不能用于优化似然损失部分，我们引入了一个中间变量，并将式（3.43）重新表述如下：

$$\begin{aligned}\min_{B,W,\theta} J = & -\sum_{s_{ij}\in S}\left[s_{ij}\phi_{ij} - \lg(1 + \mathrm{e}^{\phi_{ij}})\right] + \\ & \gamma_1(\| Y - W^{\mathrm{T}}B \|_2^2 + \lambda \| W \|_F^2) + \\ & \gamma_2 \mathrm{tr}(ULU^{\mathrm{T}}) + v\sum_{i=1}^{N} \| b_i - u_i \|_2^2\end{aligned} \tag{3.44}$$

式中，u_i 是深层网络最后一层的输出，可以表示为 $u_i = h(x_i;\theta)$ 和 $\phi_{ij} = \frac{1}{2}u_i^{\mathrm{T}}u_j$。此外，$b_i = \mathrm{sgn}(u_i)$。对于所有的数据点，$U = \{u_1, u_2, \cdots, u_N\} \in \mathbf{R}^{l\times N}$ 中表示为 $U = h(X;\theta)$，θ 表示深度网络的权重，X 表示输入图像原始像素。

(1) 优化 B

当除 B 以外的其他参数固定时，式（3.44）变为

$$\begin{aligned}&\min_{B} \gamma_1 \| Y - W^{\mathrm{T}}B \|_2^2 + v \| B - U \|_2^2 \\ &\text{s. t.} \quad B \in \{-1, +1\}^{l\times N}\end{aligned} \tag{3.45}$$

等价于

$$\min_{B} \| W^{\mathrm{T}}B \|_2^2 - 2\mathrm{tr}(B^{\mathrm{T}}P), \quad \text{s. t.} \quad B \in \{-1, +1\}^{l\times N} \tag{3.46}$$

式中，$P = WY + vU$。这里使用离散循环坐标下降法来逐位更新 B。也就是说，通过固定所有其他的行来更新 B 的每一行。让 z^{T} 为 B 的第 m 行，B' 为不包括 z 的矩阵；p^{T} 为 P 的第 l 行，P' 为不包括 p 的矩阵；w^{T} 为 W 的第 l 行，W' 为不包括 w 的矩阵。那么可以通过以下方式计算每个 z：

$$z = \mathrm{sgn}(p - B'^{\mathrm{T}}W'w) \tag{3.47}$$

因此，可以迭代地更新 $\boldsymbol{B}$ 的每一位。

（2）优化 $\boldsymbol{W}$

由于其他参数是固定的，所以很容易解决 $\boldsymbol{W}$，它可以被看作是一个最小二乘法问题，并且有一个封闭形式的解：

$$\boldsymbol{W} = (\boldsymbol{BB}^\mathrm{T} + \lambda \boldsymbol{I})^{-1} \boldsymbol{BY}^\mathrm{T} \tag{3.48}$$

（3）优化 $\boldsymbol{\theta}$

固定 $\boldsymbol{B}$ 和 $\boldsymbol{W}$，式（3.44）可以看作

$$\min_{\boldsymbol{\theta}} L = -\sum_{s_{ij} \in S} [s_{ij} \phi_{ij} - \lg(1 + e^{\phi_{ij}})] + \gamma_2 \mathrm{tr}(\boldsymbol{ULU}^\mathrm{T}) + v \|\boldsymbol{B} - \boldsymbol{U}\|_2^2 \tag{3.49}$$

我们可以通过利用反向传播算法来更新 $\boldsymbol{\theta}$。

$$\frac{\partial L}{\partial \boldsymbol{\theta}} = \frac{\partial L}{\partial \boldsymbol{U}} \frac{\partial \boldsymbol{U}}{\partial \boldsymbol{\theta}} \tag{3.50}$$

5）实验

为了证明我们提出的模型的性能，我们在两个公共基准数据集上进行了实验。CIFAR-10 包含 60 000 张分辨率为 32×32 的彩色图像，分为 10 类，每类包含 6 000 张图像。Flickr-25k 是一个网络数据集，包含 25 000 张从 Flickr 收集的彩色图像。每张图像都用 38 个概念中的一个或多个标签进行了注释。对于 CIFAR-10 数据集，我们从每个类别中随机选择 500 张图像作为训练集，每个类别选择 100 张图像作为测试集。对于 Flickr-25k 数据集，我们使用了与 38 个概念相关的 24 581 张图像的子集。我们随机选择 5 000 张图像作为训练集，1 000 张图像作为测试查询集，使用 VGG19 深度特征来进行 K-means 聚类和 KNN 图的构建。然后，我们设计一个深度网络，用预训练的 CNN-F 初始化 CONV1-CONV5、FC6 和 FC7。此外，我们添加 FC8 并随机初始化该层的权重。我们使用 SGD 来更新参数，权重衰减被固定为 0.000 5。学习率被初始化为 10^{-2} 和 10^{-6} 之间的对数空间。每个小训练批次的大小被设定为 128。

超参数是根据交叉验证来设置的。对于 CIFAR-10 数据集，聚类的数量被设置为 10，KNN 图由 100 个最近的邻居组成。对于 Flickr-25k 数据集，聚类的数量被设置为 5，最近的邻居数量为 250。对于这两个数据集，超参数 γ_1、γ_2、λ、v 分别根据经验设置为 1、10、0.1 和 55。

（1）实验设置

我们使用测试集作为查询集，检索除测试集以外的整个数据集上的图像。采用平均精确率指标来评估为语义图像检索任务而学习的哈希码。我们分别考

虑前 5 000 个返回的邻居和所有返回的数据点。此外，我们还绘制了 R@n、p@n 和 P-R 曲线来进一步评估性能。如果返回结果与查询图像至少共享一个语义类别标签，则认为查询结果是正确的，否则为错误的。

我们将提出的方法与效果较好的无监督哈希算法进行比较，其中包括 6 种浅层算法 ITQ、KMH、LSH、SH、BRE 和 SpH 以及一种深度算法 UH-BDNN。对于浅层算法，我们对从 VGG19 网络中提取的 CNN 特征进行了不同的实验。此外，在没有图拉普拉斯正则项的情况下对我们的算法进行了实验，以测试和验证流形结构的效果。我们从目标函数中删除了式（3.42）中定义的图拉普拉斯项，并使用新的函数来指导哈希码训练。这种修改后的方法被称为 USDH-D。

（2）图像检索结果

表 3.8 所示为我们的算法和其他基线无监督哈希算法在 CIFAR-10 上 8 bit、16 bit、32 bit、64 bit 的 mAP@ all 和 mAP@ top 5000 的返回项。我们把深度 VGG19 特征作为浅层和深层基线的输入，把 224×224 的原始图像作为我们算法的输入。很明显，我们的算法在 mAP@ all 和 mAP@ top 5000 上都优于其他算法。我们的算法在 8 bit、16 bit、32 bit 和 64 bit 的 mAP@ all 上分别提高了 7.29%、9.54%、8.74% 和 8.09% 的最佳检索性能。在 8 bit、16 bit、32 bit 和 64 bit 方面，我们的算法分别以 4.87%、5.69%、3.75% 和 2.57% 的 mAP@ top 5000 大幅提高了最佳检索性能。此外，mAP 随着哈希码长度的增加而增长得更好。请注意，USDH-D 表示在没有图拉普拉斯正则器的情况下实现我们的算法。USDH-D 的结果比完整模型略低，表明保留流形结构在无监督哈希中是有用的。

表 3.8 在 CIFAR-10 数据集上基于所有返回的邻居和前 5 000 张检索结果的 mAP 值

算法	CIFAR-10 mAP@ all				CIFAR-10 mAP@ top 5000			
	8 bit	16 bit	32 bit	64 bit	8 bit	16 bit	32 bit	64 bit
LSH + CNN	0.1695	0.1581	0.1742	0.2353	0.2579	0.2203	0.2499	0.3456
KMH + CNN	0.3134	0.2769	0.2723	0.2664	0.4288	0.3886	0.3950	0.4052
ITQ + CNN	0.3743	0.3992	0.4219	0.4381	0.4656	0.5070	0.5426	0.5669
SH + CNN	0.2764	0.2472	0.2342	0.2345	0.3957	0.3751	0.3762	0.3892
SpH + CNN	0.2324	0.2454	0.2955	0.3389	0.3232	0.3519	0.4323	0.4852
BRE + CNN	0.2192	0.2900	0.3176	0.3556	0.3009	0.3834	0.4164	0.4673

续表

算法	CIFAR-10 mAP@ all				CIFAR-10 mAP@ top 5000			
	8 bit	16 bit	32 bit	64 bit	8 bit	16 bit	32 bit	64 bit
UH-BDNN+CNN	0.3703	0.3847	0.4010	0.4046	0.4624	0.4973	0.5319	0.5470
USDH-D	0.4163	0.4884	0.5093	0.4768	0.4994	0.5639	0.5729	0.5893
USDH	0.4472	0.4946	0.5093	0.5190	0.5143	0.5671	0.5801	0.5926

表 3.9 所示为我们的算法和其他基线无监督哈希算法在 Flickr-25k 上的 mAP@ all 和 mAP@ top 5 000 的实验结果。类似于表 3.8，深度 VGG 19 特征向量被用作基线算法的输入来测试浅层和深层哈希模型。该方法应用原始图像像素作为深度神经网络的输入。此种算法性能的提高并不像在 CIFAR-10 上那么明显，但在大多数情况下，仍然是最好的。在基线方法中，ITQ 在两个数据集上的表现都明显优于其他浅层方法。深度基线 UH-BDNN 也显示出有竞争力的结果。USDH-D 表示我们的方法没有用图拉普拉斯正则项。

表 3.9 在 Flickr-25k 数据集上基于所有返回的邻居和前 5 000 张检索结果的 mAP 值

算法	Flickr-25k mAP@ all				Flickr-25k mAP@ top 5000			
	8 bit	16 bit	32 bit	64 bit	8 bit	16 bit	32 bit	64 bit
LSH+CNN	0.6094	0.5903	0.6185	0.6362	0.6432	0.6244	0.6745	0.7070
KMH+CNN	0.6492	0.6448	0.6505	0.6446	0.7339	0.7276	0.7454	0.7420
ITQ+CNN	0.7008	0.6932	0.6928	0.6964	0.7885	0.7885	0.7910	0.7996
SH+CNN	0.6404	0.6242	0.6101	0.6042	0.7236	0.7014	0.6816	0.6728
SpH+CNN	0.6325	0.6486	0.6576	0.6701	0.6918	0.7245	0.7414	0.7612
BRE+CNN	0.6477	0.6475	0.6729	0.3113	0.6945	0.7106	0.7512	0.7850
UH-BDNN+CNN	0.6982	0.6938	0.6837	0.6740	0.7899	0.7894	0.7823	0.7778
USDH-D	0.6793	0.6890	0.7018	0.7006	0.7657	0.7848	0.7911	0.7991
USDH	0.6827	0.7027	0.7042	0.7095	0.7639	0.7815	0.7940	0.8078

为了进一步分析，图 3.15（a）和图 3.15（b）分别绘制了在 CIFAR-10 上哈希码长度为 32 bit 时汉明排序的召回率和精确率曲线。我们计算了不同数量的返回样本的召回率和精确率。图 3.16 所示为 P-R 曲线，其中考虑了在 CIFAR-10 和 Flickr-25k 上所有给定查询中从数据集中检索到的样本。在所有的图中，绿色的曲线表示我们方法的相应结果。

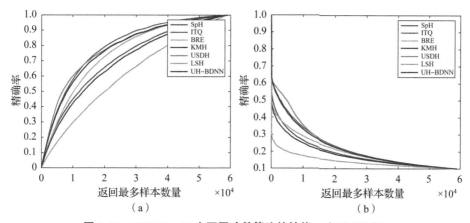

图 3.15　CIFAR-10 上不同哈希算法的性能（书后附彩插）

(a) 召回率@32；(b) 精确率@32

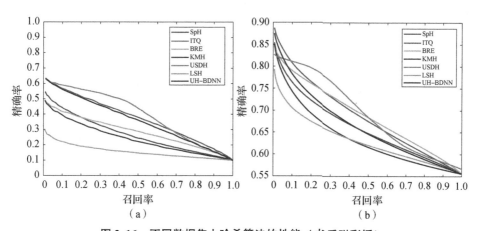

图 3.16　不同数据集上哈希算法的性能（书后附彩插）

(a) CIFAR-10 上的 P-R 曲线@32；(b) Flickr-25k 上的 P-R 曲线@32

3.2.4　基于局部聚合的无监督哈希算法

当前最新的无监督深度哈希算法大多是利用预训练好的模型生成图像的特征向量，然后使用无监督数据挖掘的手段构造伪标签，将伪标签作为监督信息来训练哈希函数。这种算法相比最早期的深度无监督哈希算法，如直接将量化损失和哈希码的平衡性等作为损失进行优化，或者利用二元自动编码机等，利用了数据之间更复杂的语义结构，效果有一定提升。然而这种算法存在一些问题，不同的数据集之间数据分布不同，预训练好的模型在一定程度上可以捕捉图像的语义信息，但是不完全适合特定的数据集。而无监督表示学习领域，尤其是自监督学习方向，近年来提出了许多优秀的模型，可以得到更适合应用于下游任务的深度特征表示，其中部分模型在一些任务上的表现甚至与有监督模型相差无几。

与有监督学习不同的是，无监督学习中没有准确标注的标签，这就意味着没有准确的监督信息，显然给无监督学习任务带来了巨大的挑战。所幸，我们可以通过一些预定义的任务来人为地构造标签，如预测图像块（Patch）的位置、图像打乱后拼图、预测图像的旋转角度和将每个图像实例单独作为一个类别然后进行分类等。本节采用的是最后一种任务，即将每个图像所属的实例作为它的类别标签，区分不同实例。显然，每个类别只有单独一个图像并不够，因此可以采用数据增强的算法扩充每个类别内数据的数量，经数据增强后的图像应该与原图像属于同一实例类别，特征向量之间也应该相近。图像数据增强操作包括缩放与裁剪、水平或竖直翻转、颜色变换、旋转、剪切、增加噪声、高斯模糊和索贝尔滤波器等，如图 3.17 所示。

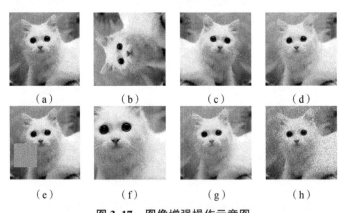

图 3.17　图像增强操作示意图

(a) 原图；(b) 旋转；(c) 翻转；(d) 颜色扭曲（抖动）；(e) 剪切；
(f) 缩放与裁剪；(g) 灰度；(h) 噪声

相比于直接用预训练好的深度卷积神经网络产生的向量，利用经过自监督任务训练过的模型重新生成的向量，能更好地捕捉数据集中图像的语义信息。此时，我们便可以挖掘出每个图像的局部近邻簇，作为正样本，将数据集中的其他图像作为负样本。局部近邻簇的挖掘使用的是无监督聚类的算法，为了降低聚类的随机性带来的影响而进行了多次聚类。得到相似性矩阵后，便可以使用有监督哈希里的损失函数来定义模型的目标函数，对哈希函数和特征提取部分同时进行训练。下面将展开阐述基于局部聚合的无监督深度哈希算法 LAH。

1) 模型设计

基于局部聚合的无监督深度哈希算法 LAH 分为两个阶段：深度特征表示向量的学习与哈希函数的学习。在第一阶段，首先以自监督学习的方式用训练数据集在预训练好的模型上进行微调。然后通过发现数据的局部聚合簇，得到语义标签，作为监督信息，用于训练哈希码的网络。LAH 算法的整体框架如图 3.18 所示。首先，对图像进行数据增强，得到增强后的图像数据集，然后将原图和增强后的图像经由同样的卷积神经网络得到经过 L2 正则化的向量，向量的乘积即余弦相似性。这一步的目标是希望经过变换的图像和原图像的向量距离更近，而不同的图像之间的距离更远，如图 3.18 中黄色和蓝色的圆点所示。以此为目标对神经网络进行训练，得到新的特征。在进行聚类时，我们使用的不是最后一个全连接层输出的低维特征（如 128 维），而是倒数第二个全连接层输出的高维特征（2 048 维或 4 096 维），因为实验证明，使用更浅层的特征效果会更好。我们通过重复多次无监督聚类，得到每个点的局部近邻

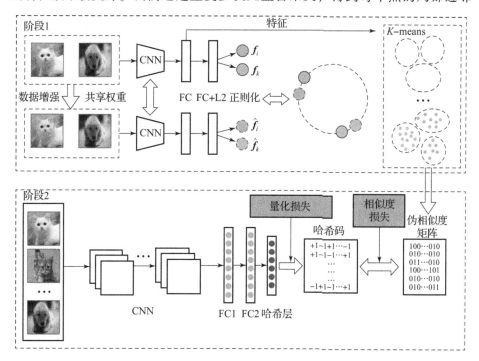

图 3.18　LAH 算法框架（书后附彩插）

簇, 在图 3.18 中, 灰色和蓝色点集分别表示在不同的聚类中, 点 x_i (星标点) 的局部近邻, 取它们的并集作为点 x_i 的局部近邻簇, 由此可以得到伪相似性矩阵, 如果点 x_j 是点 x_i 的局部近邻, 则它们之间的相似性为 1, 否则为 0。通过相似性损失可以约束哈希码之间的距离关系, 此外还添加了量化误差进一步约束哈希码, 进而训练网络。

2) 问题描述

对于给定的包含 n 个数据点的图像数据集 $X = \{x_1, x_2, \cdots, x_n\}$, 要学习得到合适的哈希函数 $h_\theta(\cdot)$ 将输入的 X 映射成哈希码 $B = \{h_1, h_2, \cdots, h_n\} \in \{+1, -1\}^k$, k 表示哈希码的长度, 且 $B = \mathrm{sgn}(h_\theta(X))$。$\mathrm{sgn}(\cdot)$ 为符号函数, 将所有大于等于 0 的值量化为 1, 小于 0 的值量化为 -1。在本节中, $h_\theta(\cdot)$ 是由深度卷积神经网络实现的, θ 表示神经网络的参数。

3) 无监督深度特征学习

诚然, 我们可以直接用在 ImageNet 数据集上预训练好的深度模型直接提取图像的深度特征表示, 然后用于挖掘图像之间的语义关系。但是不同数据集的图像分布之间存在差异, 如果我们能在训练数据集上对模型进行微调 (Fine-tune), 那么将得到更好的深度特征表示。因此, 我们利用了图像变换后特征表示的不变性, 对网络进行了初步的训练。具体来说, 经过不同数据变换 (如缩放、平移、去色等) 后的图像, 应该和原始图像一起属于同一个实例类别。在每次循环中, 从数据集中随机采样 m 个样本, 用 $\{x_1, x_2, \cdots, x_m\}$ 来表示, 用 $f_\omega(\cdot)$ 表示用于特征提取的神经网络, ω 表示网络的参数。我们用 $T(\cdot)$ 来表示随机的图像增强操作, 则 $\hat{x}_i = T(x_i)$ 表示增强后的图像。$\hat{x}_i$ 属于第 i 个类别的概率为

$$P(i|\hat{x}_i) = \frac{\exp(w_i^\mathrm{T} \hat{f}_i)}{\sum_{k=1}^n \exp(w_k^\mathrm{T} \hat{f}_i)} \tag{3.51}$$

可以看到, 这是一个典型的 Softmax 分类函数。当数据集规模较小时, 我们可以直接这样训练分类器。但是当数据集中的样本数增大, 甚至达到几百万时, 就变成一个类别数巨大的分类问题, Softmax 分类器的参数将会过多, 导致难以实现。因此, 我们可以采用合理的方法来避免巨大的参数量, 那就是采用非参的 Softmax 分类器, 直接用每个实例的图像深度向量来替代每个实例的分类权重, 那么图像 $\hat{x}_i$ 属于第 i 个类别的概率则可以表示为

$$P(i|\hat{\boldsymbol{x}}_i) = \frac{\exp(\boldsymbol{f}_i^{\mathrm{T}}\hat{\boldsymbol{f}}_i/\tau)}{\sum_{k=1}^{m}\exp(\boldsymbol{f}_k^{\mathrm{T}}\hat{\boldsymbol{f}}_i/\tau)} \quad (3.52)$$

式中，τ 是温度参数。可以从另一个角度证明上述概率公式是有效的。因为在 LAH 中，会在网络的最后一个输出层之后对每个向量进行 L2 归一化，那么 $\boldsymbol{f}_i^{\mathrm{T}}\hat{\boldsymbol{f}}_i$ 可以认为是图像 $\boldsymbol{x}_i$ 和 $\hat{\boldsymbol{x}}_i$ 之间的余弦相似性，同理，$\boldsymbol{f}_k^{\mathrm{T}}\hat{\boldsymbol{f}}_i$ 则表示 $\hat{\boldsymbol{x}}_i$ 和其他实例类别里图像的余弦相似性。前面提到，经数据增强后的图像深度特征表示应该与原图像的深度特征表示保持一致，也就是特征向量 $\hat{\boldsymbol{f}}_i=f_\omega(\hat{\boldsymbol{x}}_i)$ 和 $\boldsymbol{f}_i=f_\omega(\boldsymbol{x}_i)$ 间距离较小，而不同实例的图像深度特征之间距离应该更远。

另一方面，属于其他实例类别的图像 $\boldsymbol{x}_j$ 属于类别 i 的概率为

$$P(i|\boldsymbol{x}_j) = \frac{\exp(\boldsymbol{f}_i^{\mathrm{T}}\boldsymbol{f}_j/\tau)}{\sum_{k=1}^{m}\exp(\boldsymbol{f}_k^{\mathrm{T}}\boldsymbol{f}_j/\tau)}, \; j\neq i \quad (3.53)$$

我们可以把它看作一个二分类问题，用极大似然估计（Maximum Likelihood Estimation，MLE）进行求解。即我们希望最大化 $\hat{\boldsymbol{x}}_i$ 属于类别 i 的概率，同时最小化 $\boldsymbol{x}_j$，$j\neq i$ 属于类别 i 的概率，假设这些概率的分布是相互独立的，则可以得到如下联合概率分布：

$$P_i = P(i|\hat{\boldsymbol{x}}_i)\prod_{j\neq i}(1-P(i|\boldsymbol{x}_j)) \quad (3.54)$$

对所有样本的概率取负对数似然并求和，可得到最终的损失函数：

$$L_{\text{consistency}} = -\sum_i \lg[P(i|\hat{\boldsymbol{x}}_i) - \sum_i\sum_{j\neq i}\lg(1-P(i|\boldsymbol{x}_j))] \quad (3.55)$$

通过使用梯度下降法（Gradient Descent）最小化上述损失函数，并结合反向传播算法对神经网络的参数进行优化，可以得到更优的特征表示。本算法采用了小样本随机梯度下降法（Mini-batch Gradient Descent，Mini-batch SGD）来作为优化方法。此外，我们还应用了动量（Momentum）算法，对参数的公式更新如下：

$$\begin{aligned}\Delta\omega &= \beta\Delta v + (1-\beta)\frac{\partial L}{\partial\omega},\\ \omega &= \omega - \eta\Delta\omega\end{aligned} \quad (3.56)$$

式中，$\Delta\omega$ 是本次更新的梯度，由上一次的梯度 Δv 和本次计算出的目标函数对参数 ω 的梯度叠加得到。

4）哈希函数学习

相比于传统的手工特征，图像的深度特征包含了更丰富的语义信息，它们之间的距离在一定程度上可以表示图像在语义层次上的远近关系，而不仅仅是

视觉上的相似与否。对于每一个样本,可以找到其周围的若干个相近数据点,形成局部子簇,认为在同一个簇内的样本具有较高的相似性,而不在同一簇内的样本则认为它们之间不相似。子簇的形成可以采用局部聚合的方式,典型的方法是采用无监督聚类的方式。但单次聚类结果存在偶然性,为了减小噪声干扰,本实验结合了多次聚类的结果。假设单次聚类将数据划分成了 K 个簇,即 $G = \{G_1, G_2, \cdots, G_K\}$,那么重复 H 次不同的聚类,可以得到 $\{G\}^{(j)}$,$j \in \{1, 2, \cdots, H\}$,对于数据 x_i,定义其近邻数据点为 $C_i = \cup_{j=1}^{H} G_{g^{(j)}(f_i)}^{(j)}$,其中 $g^{(j)}(f_i)$ 表示 f_i 在第 j 次聚类时所属的簇的标签。在本实验中采用的聚类方法是经典的 $K-$means 聚类算法。$K-$means 聚类算法速度快、效果好,是最常用的聚类算法之一。

本实验用于聚类的向量是神经网络倒数第二个全连接层的输出向量(4 096维),为了降低向量维度,便于聚类,我们对高维向量使用了主成分分析来降维。在得到每个数据点的局部近邻簇后,可以定义对应的相似性矩阵 $\hat{S}$,矩阵的每个元素 $\hat{s}_{ij}$ 表示点 x_j 是否属于点 x_i 的近邻簇,定义如下:

$$\hat{s}_{ij} = \begin{cases} 1, & f_j \in C_i \\ 0, & \text{其他} \end{cases} \tag{3.57}$$

得到相似性矩阵后,则可以用有监督的方式训练哈希函数。图像 x_i 和 x_j 的哈希码分别用 b_i,$b_j \in \{+1, -1\}^L$ 表示,则哈希码之间的汉明距离可以定义成

$$d_H(i,j) = \frac{L - b_i^T b_j}{2} \tag{3.58}$$

令 $\theta_{ij} = b_i^T b_j$,当 θ_{ij} 越大时,i 和 j 之间的哈希码距离越小;反之,当 θ_{ij} 越小时,i 和 j 之间的哈希码距离越大。因此,参考 LFH,可以得到如下概率公式:

$$p(\hat{s}_{ij} | B) = \begin{cases} \sigma(\Omega_{ij}), & \hat{s}_{ij} = 1 \\ 1 - \sigma(\Omega_{ij}), & \hat{s}_{ij} = 0 \end{cases} \tag{3.59}$$

式中,$\Omega_{ij} = \frac{1}{2} b_i^T b_j$,而 $\sigma(\Omega_{ij}) = \frac{1}{1 + e^{-\Omega_{ij}}}$,由于 b_i 和 b_j 都是离散向量,因此最大化上述似然是一个离散优化问题,难以直接进行求解。所以引入了连续松弛变量 u_i 和 u_j 分别来代替,可得如下目标函数:

$$L_{\text{hash}} = -\sum_{\hat{s}_{ij} \in S} [\hat{s}_{ij} \Theta_{ij} - \lg(1 + e^{\Theta_{ij}})] + \lambda \| b_i - u_i \|_2^2 \tag{3.60}$$

式中,$\Theta_{ij} = \frac{1}{2} u_i^T u_j$,$u_i \in \mathbf{R}^{L \times 1}$,上述损失函数的最后一项表示引入松弛变量带来的量化误差。通过对上述目标函数进行求导,可以得到关于 u_i 的梯度,更

新 u_i 并用反向传播的方法向前传递梯度,使用 Mini-batch SGD 对神经网络的参数进行优化,而 b_i 通过对 u_i 量化后得到。由于二元相似性误差存在正负样例不均衡的问题,即在相似性矩阵 $\hat{S}$ 中,$\hat{s}_{ij}=0$ 的数目和 $\hat{s}_{ij}=1$ 的数目差距较大。因此,我们对负样本进行了采样,即对于每个数据点 x_i,在计算损失时,考虑所有与它相似的正样本,而从与它不相似的负样本中随机选取部分负样本。

(1) 实验设置

我们在两个公开数据集上进行了实验,选取了若干个无监督的深度与非深度的哈希算法作为基准进行对比,证明了我们提出的算法的有效性。我们使用了均值平均精确率作为评价指标,并绘制了精确率-召回率曲线和召回率曲线。

(2) 数据集介绍

本实验使用了图像检索常用的两个公开数据集 CIFAR-10(多伦多大学计算机学院网站发布 Phototour 项目数据集)和 NUS-WIDE(新加坡 NUS 的 LMS 多媒体研究小组发布)来评估基于局部聚合的深度无监督哈希算法的有效性。

CIFAR-10 由多伦多大学的 Geoffrey Hinton 团队整理收集。数据集总共由 60 000 张彩色 RGB 图像组成,分辨率是 32 像素×32 像素,被人工标注成 10 个类别,每个类别包含 6 000 张图像。我们从每个类别中分别随机选取 1 000 张图像(共 10 000 张)作为训练集,从每个类别中分别随机选取了 100 张图像(共 1 000 张)作为测试集进行查询,其余图像均作为检索数据库图像以供检索。

NUS-WIDE 数据集是由从社交网站上收集的将近 270 000 张的图像组成的。它是一个多标签数据集,每张图像被人工标注了一个或多个标签,总共有 81 个类别标签。我们选取了出现频率最高的前 21 个类别所关联的全部图像,共 190 000 余张,每个类别所包含的图像不少于 5 000 张。我们随机选取了 21 000 张图像作为训练集,1 000 张图像作为测试集,并将测试集数据作为待查询项(Query),其余图像作为检索数据库图像。

(3) 算法实现细节

本实验采用了 VGG11 作为基准网络结构,并将最后一个用于分类的全连接层替换成具有 L(哈希码的长度)个节点的全连接层,将该层的输出量化后作为最终哈希码。在具体实验中,我们每次随机进行批采样,选取 128 张训练图像,分别对其进行随机的数据增强。数据增强操作包括随机缩放与裁剪、图像色彩空间变换、随机水平翻转和图像灰度变换等。

在用自监督网络进行预训练时,学习率设置为 0.9。由于要进行多次聚类,为了提高聚类的效率,我们使用了 Facebook 公司开源的高维向量相似性检索和聚类库 Faiss。Faiss 在进行高维向量聚类时具有很高的性能,能减少聚类花费的时间。在聚类之前,我们同样使用了 Faiss 进行 PCA 降维,将向量投影成 256 维。每次迭代选取的批量大小设置为 64。对于 CIFAR-10 数据集,我们进行了 5 次聚类,每次聚类选取的类别数 K 为 10。超参数 $\lambda=50$,初始学习率设置为 0.01,学习率每隔 30 个 Epoches 乘以 0.1 的系数进行衰减,权重衰减系数设置为 $10e^{-5}$。对于 NUS-WIDE 数据集,我们选取的类别数 K 为 20,重复 3 次聚类,超参数 $\lambda=100$,初始学习率设置为 0.005,学习率每隔 30 个 Epoches 乘以 0.1 的系数进行衰减,权重衰减系数设置为 $10e^{-5}$。用于训练哈希码的网络具体配置如表 3.10 所示,其中卷积核 $64\times3\times3$ 表示 64 个尺寸为 3×3 的卷积核,选用的激活函数是整顿线性单元(Retified Linear Unit, ReLU)。而用于聚类向量预训练的模型将表 3.10 的最后一个哈希层替换成了 128 维的全连接层且对输出进行了 L2 归一化,其他配置均相同。本模型使用了 PyTorch 深度学习框架进行实现,算法代码用 Python 语言编写。算法运行在 64 位的 Linux 服务器上,CPU 型号为 Intel(R)Xeon(R)E5-2683 v3,GPU 型号为 NVIDIA Corporation GM200。

表 3.10 模型网络结构参数

神经网络层	网络配置详情
输入层	原始图像
卷积层 1	卷积核 $64\times3\times3$,步幅 1×1,填充 (1, 1),ReLU,最大池化 2×2
卷积层 2	卷积核 $128\times3\times3$,步幅 1×1,填充 (1, 1),ReLU,最大池化 2×2
卷积层 3	卷积核 $256\times3\times3$,步幅 1×1,填充 (1, 1),ReLU,最大池化 2×2 卷积核 $256\times3\times3$,步幅 1×1,填充 (1, 1),ReLU,最大池化 2×2
卷积层 4	卷积核 $512\times3\times3$,步幅 1×1,填充 (1, 1),ReLU,最大池化 2×2 卷积核 $512\times3\times3$,步幅 1×1,填充 (1, 1),ReLU,最大池化 2×2
卷积层 5	卷积核 $512\times3\times3$,步幅 1×1,填充 (1, 1),ReLU,最大池化 2×2 卷积核 $512\times3\times3$,步幅 1×1,填充 (1, 1),ReLU,最大池化 2×2
全连接层 1	输入 $=25088$,输出 $=4096$,ReLU
全连接层 2	输入 $=4096$,输出 $=4096$,ReLU
哈希层	输入 $=4096$,输出 $=L$

本实验采用了 7 个非深度的经典无监督哈希算法和一个无监督深度哈希算法作为基准进行对比实验。其中，非深度的算法包括 ITQ、KMH、AGH、LSH、BRE、SH、SpH，深度算法则选取了 UH-BDNN。

（4）实验结果和分析

我们首先在两个数据集上分别进行了对比实验。作为基准的对比算法（包括 AGH、SH、SpH、LSH、ITQ、PCAH、BRE）是使用了蔡登老师提供的代码包来实现的，KMH 和深度算法 UH-BDNN 则是使用了原作者提供的代码进行实验。为了最大化这些算法的效果，我们的参数设置均与原文相同。在具体实验中，我们采用了在 ImageNet 上预训练好的 VGG11 模型的 FC7 输出向量作为非深度模型和 UH-BDNN 的输入向量。对于我们自己的算法，则是直接采用了原始图像的像素值作为输入，为了契合 VGG 网络的输入，图像尺寸被放缩为 224×224。

我们首先展示了在 CIFAR-10 数据集上的 mAP 结果，如表 3.11 所示。分别计算了在不同哈希码长度下各个算法在 CIFAR-10 数据集上的标准 mAP。其中 LAH 是我们提出的算法，通过对结果进行观察可以得出如下结论。

表 3.11 CIFAR-10 数据集上的 mAP 实验结果

算法	mAP				
	12 bit	24 bit	32 bit	64 bit	128 bit
AGH	0.3222	0.2639	0.2445	0.2263	0.2143
LSH	0.1515	0.1614	0.1760	0.1819	0.2224
BRE	0.2339	0.2553	0.2839	0.3156	0.3422
SH	0.2291	0.2034	0.1938	0.2015	0.2022
SpH	0.2118	0.2346	0.2554	0.2741	0.2935
KMH	0.2156	0.2066	0.2164	0.2286	0.2183
ITQ	0.3119	0.3398	0.3491	0.3591	0.3742
UH-BDNN	0.3043	0.3203	0.3232	0.3230	0.3336
LAH	0.3552	0.3936	0.3996	0.4145	0.4199

① 在不同哈希码长下,我们提出的算法都表现最好,而 LSH 作为数据独立的算法,其性能指标在大多数情况下都是最低的。LAH 与平均表现最好的基准方法 ITQ 相比,在哈希码长度为 12 bit、24 bit、32 bit、64 bit 和 128 bit 时,mAP 分别提升了 4.33%、5.38%、5.05%、5.54% 和 4.57%。

② 通过对比深度算法和非深度算法的结果,可以看出,深度算法的表现会优于绝大多数非深度算法,且效果差距明显。深度算法 UH-BDNN 比大多数非深度算法效果都好,仅次于 ITQ。

③ 大多数算法随着哈希码长度的增加,效果逐渐增加。其中比较特殊的算法是 AGH,在哈希码长度较短时,AGH 的表现优异,是除了我们的算法之外表现最好的算法,而随着哈希码长度的增加,它的效果逐渐降低。

④ 经过对比分析,我们推测 ITQ 表现良好的原因在于通过旋转矩阵有效地减少了量化误差。而降低量化误差的操作在我们的算法中是通过直接计算二值哈希码和实值向量的差值来实现的,或许可以通过进一步的研究更好地控制量化误差,从而取得更好的效果。

表 3.12 所示为 NUS-WIDE 数据集上 mAP 的结果。此处 mAP 的计算方式和 CIFAR-10 略有不同,我们计算了结果列表前 5 000 个返回结果的 mAP。从结果表格中数据可以得到如下结论。

表 3.12　NUS-WIDE 数据集上的 mAP 实验结果

算法	mAP				
	12 bit	24 bit	32 bit	64 bit	128 bit
AGH	0.710 5	0.730 4	0.742 0	0.741 4	0.734 0
LSH	0.396 9	0.478 6	0.477 9	0.570 1	0.633 5
BRE	0.494 0	0.582 8	0.610 7	0.659 7	0.685 6
SH	0.679 5	0.678 5	0.674 8	0.679 2	0.678 2
SpH	0.586 8	0.632 6	0.669 0	0.700 8	0.727 0
KMH	0.645 6	0.657 8	0.652 2	0.666 7	0.671 7
ITQ	0.715 7	0.728 9	0.742 0	0.755 8	0.768 8
UH-BDNN	0.717 1	0.735 7	0.736 6	0.748 4	0.761 0
LAH	0.722 0	0.745 9	0.751 6	0.769 9	0.779 0

①非深度算法中仍然是 ITQ 表现最为优异，而深度算法 UH – BDNN 的结果也很突出，和 ITQ 不相上下。LAH 仍然是表现最好的算法，和 UH – BDNN 相比，分别提升了 0.49%、1.02%、1.5%、2.15% 和 1.8%。

②深度算法在 NUS – WIDE 数据集上的效果提升没有在 CIFAR – 10 上明显，这可能是由于 NUS – WIDE 是多标签数据集，数据之间的语义结构更加复杂。

此外，我们还分别绘制了在两个数据集上的精确率随召回率变化的 P – R 曲线。图 3.19 所示为 CIFAR – 10 数据集上的结果，图 3.19（a）~图 3.19(e) 分别表示哈希码长度为 12 bit、24 bit、32 bit、64 bit 和 128 bit 时的结果。其中，浅蓝色实线表示的是我们的算法曲线，浅棕色实线则表示的是另一个深度算法 UH – BDNN 的结果。其余虚线则是非深度算法的结果曲线，位于上方 P – R 曲线表示的算法性能更加优越。可以看出，和 mAP 的结果一致，我们的算法仍然是表现最好的。而图 3.20（a）~图 3.20(e) 则展示了在 NUS – WIDE 数据集上的结果，浅蓝色实线展示的是我们的算法 LAH 的结果，依然可以看到，LAH 的性能明显优于其他算法。

图 3.21 和图 3.22 绘制的是在 CIFAR – 10 和 NUS – WIDE 两个数据集上的召回率曲线。我们总共选取了到当前查询点汉明距离最近的前 50 000 个返回结果，计算了不同返回结果数目下的召回率。图中浅蓝色实线表示我们的算法 LAH，浅棕色实线表示深度算法 UH – BNDD，虚线表示其他非深度算法的结果。观察图 3.22（a）~图 3.22(e) 可以发现，在任意哈希码长下，我们的算法的结果曲线都位于最上方，这意味着在返回同样数量的结果的情况下，我们的算法能返回更多的正确结果。

5）消融实验

为了验证使用自监督网络进行预训练来抽取向量的必要性，我们还进行了对比实验：直接对在 ImageNet 数据集上预训练好的 VGG11 网络的 FC7 输出进行聚类，用以构造语义相似性矩阵，而其余步骤不变。实验结果如表 3.13 所示，LAH – D 表示使用未经过微调的向量。可以看到，未经过微调的算法效果明显下降，相比原算法降低了 4%~5%，这证明了用自监督学习的算法来对深度向量进行微调是有必要的。

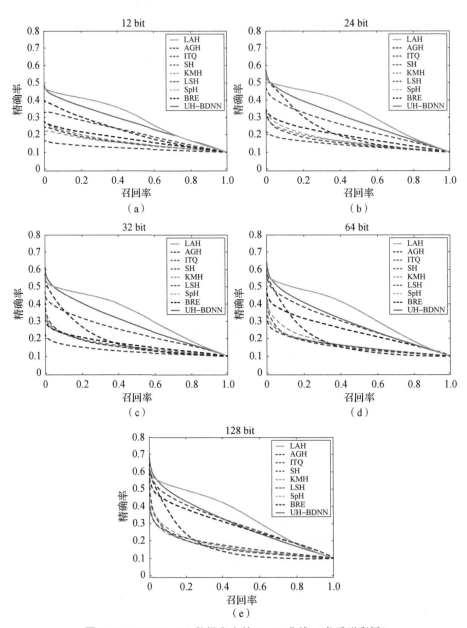

图 3.19　CIFAR-10 数据集上的 P-R 曲线（书后附彩插）

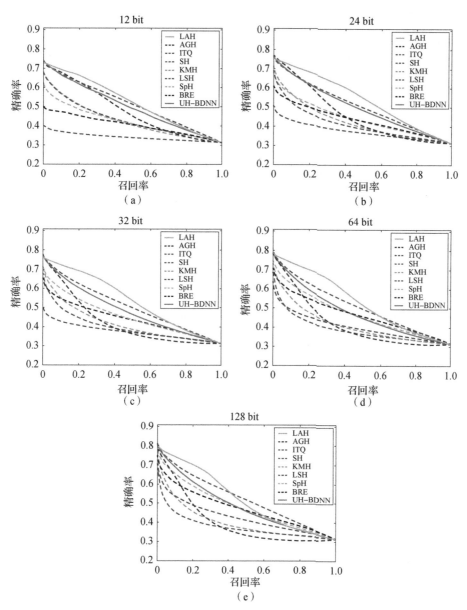

图 3.20 NUS – WIDE 数据集上的 P – R 曲线（书后附彩插）

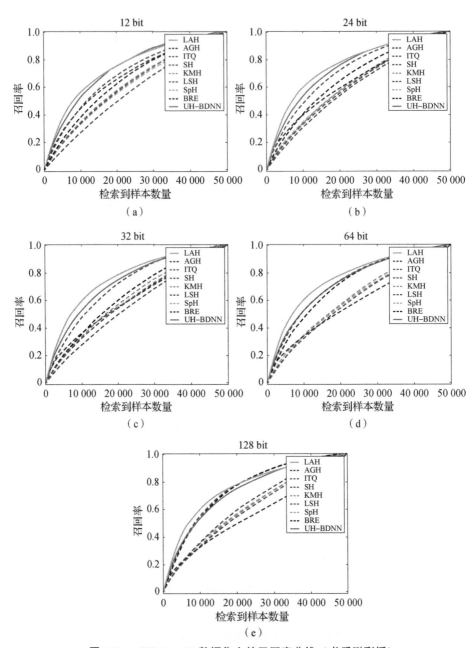

图 3.21　CIFAR-10 数据集上的召回率曲线（书后附彩插）

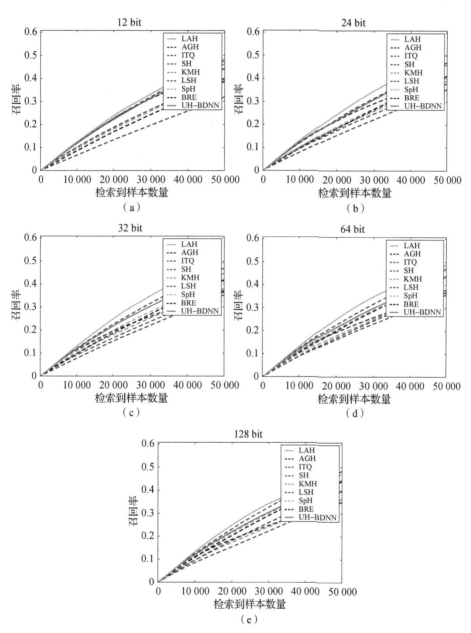

图 3.22 NUS – WIDE 数据集上的召回率曲线（书后附彩插）

表 3.13　CIFAR－10 数据集上的消融实验结果

算法	mAP				
	12 bit	24 bit	32 bit	64 bit	128 bit
LAH－D	0.3070	0.3339	0.3589	0.3776	0.3896
LAH	0.3552	0.3936	0.3996	0.4145	0.4199

3.2.5　通过自适应聚类和实例识别的深度无监督哈希算法

1) 方法介绍

给定一个图像数据集 $X = \{x_1, x_2, \cdots, x_N\}$，目的是学习二进制哈希码 $B = \{b_1, b_2, \cdots, b_N\} \in \{-1, +1\}^L = \mathrm{sgn}(h_\theta(X))$。该模型通过应用各种数据增强变换来生成每个原始图像的正样本。数据增强后的图像集合表示为 $\hat{X} = \{\hat{x}_1, \hat{x}_2, \cdots, \hat{x}_N\}$，相应的哈希码矩阵为 $\hat{B} = \{\hat{b}_1, \hat{b}_2, \cdots, \hat{b}_n\} \in \{-1, +1\}^L = \mathrm{sgn}(h_\theta(\hat{X}))$，其中 $\hat{x}_i = T(x_i)$ 和 $T(\cdot)$ 表示随机数据增量操作，如翻转、裁剪等。正如介绍中所述，哈希码在不同的数据增强下应该是不变的，即 $B = \hat{B}$。跟随大多数作品，AlexNet 被用作我们架构中的骨干网络。它可以很容易地被任何其他网络取代。我们所提出的算法 LAH 的整体框架如图 3.23 所示。全连接层的输出 f_i 用于无监督聚类，哈希层的输出 h_i 用于生成哈希码。Softmax 层的最终输出是每个样本的类别预测值 y_i。该模型包括两个阶段：聚类程序和网络训练程序。更多细节将在以下几个小节中解释。

2) 哈希码不变性

如上所述，属于同一实例类别的增强样本和原始图像的哈希码应该是一致的，而不同实例的哈希码应该是分散的。实例相似的图像的哈希码应该集中在一起，而不相似的图像的哈希码应该分开。因此，在文献［189］的启发下，采用了 Softmax 变体来学习紧凑的哈希码。与面临正负样本不平衡的成对损失函数和三联损失函数不同，我们的损失函数自然具有判别能力。哈希码 b_i 和 $\hat{b}_i$ 接近的概率应该是最大的：

$$P(b_i, \hat{b}_i) = \frac{\exp(b_i^\mathrm{T} \hat{b}_i / \tau)}{\sum_{k=1}^M \exp(b_k^\mathrm{T} \hat{b}_i / \tau)} \tag{3.61}$$

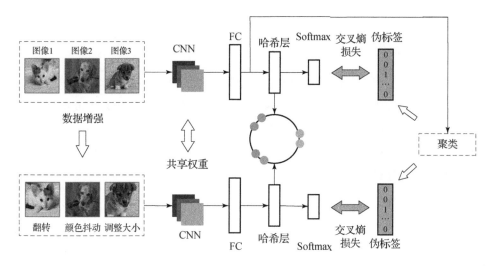

图 3.23　LAH 的模型框架

式中，b_k 表示从数据集中随机抽取的负样本的哈希码；M 是所选负样本的数量。我们选择小批量而不是完整的数据集来动态地更新代码。另一方面，$\hat{b}_i$ 和其他实例哈希码 $b_j(j\neq i)$ 分离的概率应该是最大的：

$$1 - P(\boldsymbol{b}_j, \hat{\boldsymbol{b}}_i) = 1 - \frac{\exp(\boldsymbol{b}_j^\mathrm{T}\hat{\boldsymbol{b}}_i/\tau)}{\sum_{k=1}^{M}\exp(\boldsymbol{b}_k^\mathrm{T}\hat{\boldsymbol{b}}_i/\tau)} \tag{3.62}$$

通过取这些概率的负对数似然，问题就变成了最小化损失函数：

$$L_\mathrm{H} = -\sum_i \lg P(\boldsymbol{b}_i, \hat{\boldsymbol{b}}_i) - \sum_i \sum_{j\neq i} \lg(1 - P(\boldsymbol{b}_j, \hat{\boldsymbol{b}}_i)) \tag{3.63}$$

根据汉明距离的定义：$d_\mathrm{H}(i,j) = \frac{k - \boldsymbol{b}_i^\mathrm{T}\boldsymbol{b}_j}{2}$，式中 k 是哈希码的长度。当 $\boldsymbol{b}_i^\mathrm{T}\boldsymbol{b}_j$ 的值变大时，两个哈希码之间的汉明距离变小，哈希码更加集中。相反，随着 $\boldsymbol{b}_i^\mathrm{T}\boldsymbol{b}_j$ 的数值变小，哈希码变得更加分离。在另一种观点中，$(\boldsymbol{b}_i^\mathrm{T}\boldsymbol{b}_j)/k$ 可以被视为哈希码 $\boldsymbol{b}_i$ 和 $\boldsymbol{b}_j$ 之间的余弦相似性，因为每个代码的 k 正则化后被固定为 $\sqrt{k}$，因此，余弦相似性也可以用来评估哈希码之间的距离。

直接优化离散码是一个 NP 难问题，所以引入松弛变量来代替二值哈希码，那么损失函数就变成

$$\begin{aligned}J_1 = \alpha_1 &\left[-\sum_i \lg P(\boldsymbol{u}_i, \hat{\boldsymbol{u}}_i) - \sum_i \sum_{j\neq i} \lg(1 - P(\boldsymbol{u}_j, \hat{\boldsymbol{u}}_i))\right] + \\ &\alpha_2(\|\boldsymbol{B} - \boldsymbol{U}\|_2^2 + \|\boldsymbol{B} - \hat{\boldsymbol{U}}\|_2^2)\end{aligned} \tag{3.64}$$

式中，u_i 是连续向量，它是 L2 正则化后的结果；$B = \mathrm{sgn}\left(\dfrac{\boldsymbol{U}+\hat{\boldsymbol{U}}}{2}\right)\in \{+1, -$

$1\}^{N \times L}$ 是哈希码矩阵。

3) 分类损失

哈希码是为了保留原始空间的语义结构。由于没有语义标签，该模型必须从无标签的图像中学习语义关系。这里，无监督聚类算法被用来生成伪分类标签。在得到原始图像的初始深度特征后 $F^{(0)} = \{f_1^{(0)}, f_2^{(0)}, \cdots, f_N^{(0)}\}$，初始集群中心点 $C^{(0)} = \{c_1^{(0)}, c_2^{(0)}, \cdots, c_k^{(0)}\}$ 可以通过 K-means 算法计算。对于每个样本 x_i，其伪标签为 $y_i' = \underset{k}{\mathrm{argmin}}\ \mathrm{dist}(c_k^{(0)}, f_i^{(0)})$。

然后，伪标签将被用作监督来训练分类器，即使预测值 y_i 和伪类标签 y_i' 的交叉熵损失最小：

$$L_C = \sum_{i=1}^{N} l_{\mathrm{CrossEntropy}}(y_i, y_i') \tag{3.65}$$

至于扩增图像 $\hat{x}_i$ 的类别预测，y_i' 和 $\hat{y}_i$ 的交叉熵损失也被计算出来：

$$\hat{L}_C = \sum_{i=1}^{N} l_{\mathrm{CrossEntropy}}(\hat{y}_i, y_i') \tag{3.66}$$

请注意，x_i 和 $\hat{x}_i$ 的伪标签应该是一样的，因为它们事实上代表了同样的东西。结合上述损失函数，最终的分类损失函数定义为

$$J_2 = L_C + \hat{L}_C \tag{3.67}$$

4) 局部结构保存

另一方面，样本的局部相似性也应得到保留。特别是，同一聚类中图像的哈希码应该比不同聚类中的图像更接近。一个新的损失函数被用来保留这种语义关系。我们的损失函数与其他传统语义损失函数的区别如图 3.24 所示。

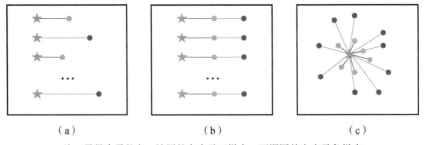

注：星星表示基点，淡圆的点表示正样本，而深圆的点表示负样本

图 3.24 各种损失函数之间的差异

(a) 成对损失；(b) 三联对的损失；(c) 我们的损失

请注意，成对的相似性损失是单独计算每个相似/不相似的数据对的损失。同样地，三联对损失也是独立计算每个三联对的损失。与这些损失不同的是，对于每个样本，我们的损失函数将所有正数对和负数对放在一起考虑。损失函数可以写成

$$L_A = -\sum_i \lg \frac{\sum_{j \in A} \exp(\boldsymbol{u}_j^{\mathrm{T}} \boldsymbol{u}_i / \tau)}{\sum_{k=1}^{M} \exp(\boldsymbol{u}_k^{\mathrm{T}} \boldsymbol{u}_i / \tau)} \tag{3.68}$$

式中，图像集 A 由随机选择的批次中的图像组成，这些图像属于第 i 个图像所属的群组。为优化目的，使用连续向量 U 代替离散的二进制代码 B。数据增强型图像的损失函数为

$$\hat{L}_A = -\sum_i \lg \frac{\sum_{j \in A} \exp(\hat{\boldsymbol{u}}_j^{\mathrm{T}} \hat{\boldsymbol{u}}_i / \tau)}{\sum_{k=1}^{M} \exp(\hat{\boldsymbol{u}}_k^{\mathrm{T}} \hat{\boldsymbol{u}}_i / \tau)} \tag{3.69}$$

因此，最终的局部结构损失函数为

$$J_3 = L_A + \hat{L}_A \tag{3.70}$$

结合式（3.64）、式（3.67）和式（3.70），最终的目标方程为

$$\min J = J_1 + \beta J_2 + \gamma J_3 \tag{3.71}$$

为了优化上述目标函数，我们计算梯度并使用小批量随机梯度下降算法来训练网络。

5）聚类重新分配

在更新网络参数后，原始图像的深层特征可以重新计算为 $F^{(1)} = \{f_1^{(1)}, f_2^{(1)}, \cdots, f_n^{(1)}\}$，通过计算每个簇中向量的平均值将中心点更新为 $C^{(1)}$。然后，根据中心点和数据点之间的距离，将每个样本重新分配到其最近的聚类：

$$y_i^{(1)} = \underset{k}{\operatorname{argmin}} \; \mathrm{dist}(C_k^{(1)}, f_i^{(1)}) \tag{3.72}$$

在得到新的伪标签后，网络可以通过计算式（3.71）的梯度再次进行训练。整个学习过程在 Algorithm 4 中进行了总结。

Algorithm 4 基于深度聚类的无监督哈希算法

输入：训练集 $X = \{x_1, x_2, \cdots, x_N\}$，Mini-batch 大小 M，超参数 α_1，α_2，β，γ 以及哈希码长度 L

输出：哈希码 B

1：初始化网络参数

续

Algorithm 4 基于深度聚类的无监督哈希算法
2：提取图像特征并利用聚类算法生成聚类初始化
3：for epoch = 0 to max_epoch do
4：for iter = 0 to max_iter do
5：从训练集中随机采样一个 Mini – batch
6：原始图像和数据增强图像同时输入给前向传播网络，预测类别标签并计算哈希码
7：最小化式（3.71），利用反向传播更新网络参数
8：end for
9：重新计算网络特征，并更新聚类
10：end for
11：返回 B

6）实验

我们在几个公共基准数据集上进行了实验，并在本节中展示了结果。我们首先介绍设置细节，然后分析实验结果。

（1）数据集

我们选择了三个常用的图像检索任务数据集，即 CIFAR – 10、Flickr – 25k（莱顿高级计算机科学研究所网站发布）和 MS COCO（微软通用对象背景情况数据集）。

①CIFAR – 10 是一个标准的数据集，包含 60 000 张 RGB 图像，分为 10 个类别，每个类包含 6 000 张大小为 32 × 32 的图像。我们从每个类别中随机选择 100 张图像作为查询集，从每个类别中选择 1 000 张图像作为训练集。除测试集外的所有图像都被视为检索集。

②Flickr 包含从 Flickr 网站上收集的 25 000 张图像，每张图像都有 38 个概念中的至少一个。我们随机抽取 2 000 张图像作为测试集，其余的图像作为检索集。从检索集中随机选择 10 000 张图像作为训练集。

③MS COCO 是一个用于图像识别、分割和说明的数据集。目前的版本包含 82 783 张训练图像和 40 504 张验证图像。每张图像都是由 80 个类别中的某些类别来标记的，与文献 [10] 一样，我们将训练和验证图像结合起来，在除去了没有类别信息的图像后，得到 122 218 张图像。我们随机选择 5 000 张

图像作为查询集,其余的图像作为检索集,从中随机抽取 10 000 张图像作为训练集。

(2) 基线算法与评价指标

将 DCUH 与几种效果较好的算法进行比较,即 6 种浅层算法:AGH、LSH、BRE、SH、SpH 和 ITQ;4 种无监督深度哈希算法:UH – BDNN、DeepBit、SSDH 和 DistillHash。

对于所有的浅层算法,用 MATLAB 实现的代码是由作者提供的。对于深层算法 UH – BDNN,我们用发布的代码进行了实验。为了有一个公平的比较,我们引用了文献中 DeepBit、SSDH 和 DistillHash 在 CIFAR – 10 和 Flickr 上的结果。

为了评估所有哈希算法的性能,我们采用了三个评价指标:mAP、P – R 和 $p@n$ 曲线。

实现细节 我们使用在 ImageNet 上预训练的 AlexNet 初始化 CONV1 ~ CONV5 和 FC6、FC7 的参数。我们添加一个全连接的哈希层和一个 Softmax 分类层。哈希层的节点数是哈希码的长度。我们将 CIFAR – 10、Flickr 和 MS COCO 的聚类数量分别设置为 $K = 10$,$K = 5$ 和 $K = 50$。学习率固定为 0.001,动量、批量大小和权重衰减分别设置为 0.9、512 和 0.000 5。设置超参数 α_1、α_2、β_1 和 γ 为 1、0.5、1.8 和 1。

为了公平比较,我们采用从所有浅层算法和 UH – BDNN 的预训练 AlexNet 的 FC7 层中提取的深度特征作为输入,原始像素作为模型的输入。我们将图像的大小调整为 224×224。我们提出的模型是在 PyTorch 中实现的。数据增强的方法包括 PyTorch 中的随机长宽比裁剪(RandomResizedCrop)、随机灰度化(RandomGrayscale)、颜色抖动(ColorJitter)和随机水平翻转(Random – HorizontalFlip)(详见 PyTorch 官方网站)。

(3) 结果分析

在三个基准数据集上,不同哈希码长度的 mAP 结果如表 3.14 所示,从该表可以得出以下结论。

①很明显,我们的方法在所有的数据集上都优于所有的基线算法。例如,对于 CIFAR – 10 数据集,与最好的无监督非深度哈希算法 ITQ 相比,DCUH 在 32 bit、64 bit 和 128 bit 上分别实现了 8.11%、9.11% 和 7.07% 的提升。对于 Flickr 数据集,DCUH 在 32 bit、64 bit 和 128 bit 上分别实现了 2.76%、3.17% 和 3.84% 的提升。而对于 MS COCO 数据集,DCUH 在 32 bit、64 bit 和 128 bit 上分别实现了 1.56%、2.63% 和 3.36% 的提升。

表 3.14　不同哈希码长度的汉明排序的 mAP

算法	CIFAR-10			Flickr			MS COCO		
	32 bit	64 bit	128 bit	32 bit	64 bit	128 bit	32 bit	64 bit	128 bit
AGH	0.2332	0.2057	0.1966	0.6147	0.6124	0.5953	0.4363	0.4201	0.4254
LSH	0.1539	0.1734	0.1937	0.5646	0.5765	0.5912	0.3792	0.4042	0.4172
BRE	0.2277	0.2537	0.2564	0.5948	0.6175	0.6344	0.4270	0.4358	0.4710
SH	0.1823	0.1816	0.1797	0.5821	0.5792	0.5751	0.4002	0.4043	0.4020
SpH	0.2150	0.2259	0.2376	0.5982	0.6097	0.6170	0.4267	0.4399	0.4540
ITQ	0.2761	0.2910	0.3050	0.6290	0.6298	0.6347	0.4752	0.4865	0.4927
UH-BDNN	0.2623	0.2720	0.2913	0.6228	0.6229	0.6248	0.4700	0.4836	0.4841
DCUH	0.3572	0.3821	0.3757	0.6566	0.6615	0.6731	0.4908	0.5128	0.5263

②对于大多数算法来说，随着哈希码长度的增长，性能先是明显增加，然后慢慢下降甚至开始减少。然而，AGH 是这些算法中比较特殊的一种，当哈希码长度较短时，其性能较好。

③在大多数情况下，深度算法的性能较好。通过比较浅层算法和深层算法，可以看到深层算法 UH-BDNN 可以超过除 ITQ 以外的浅层算法。

④通过分析三个数据集的实验结果发现，我们的模型可以在单标签数据集上取得比多标签数据集更大的改进。例如，在 CIFAR-10 数据集上的改进比在 MS COCO 上的改进要显著得多，也许这是因为在单标签数据集中发现语义信息比多标签数据集更有帮助。

另外，我们在图 3.25 和图 3.26 中画出了所有算法的精确率-召回率和 $p@n$ 曲线，实线表示深度算法，虚线表示浅层模型。很明显，在这些数字中，DCUH 以很大的幅度超过了其他算法。例如，图 3.25（a）~图 3.25(b) 所示为 CIFAR-10 数据集上在哈希码长度为 32 bit、64 bit 和 128 bit 时的精确率和精确率-召回率曲线，其中 n 为 1~5 000。图 3.26（a）~图 3.26(d) 所示为在 Flickr 数据集上哈希码长度为 32 bit 和 64 bit 时的精确曲线和精确率-召回率曲线，其中 n 为 1~5 000。图 3.26（e）~图 3.26(h) 所示为 MS COCO 数据集上哈希码长度为 32 bit 和 64 bit 时的前 n 个近邻的精确结果，其中 n 为 1~20 000。在所有的数字中，我们的算法的结果曲线（蓝色）总是最好的一个。

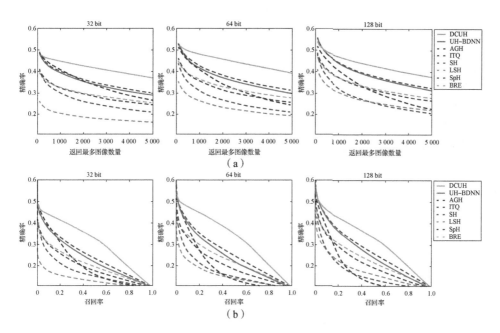

图 3.25 数据集上 DCUH 和其他算法的曲线图（书后附彩插）

（a）$p@n$ 曲线；（b）精确率–召回率曲线

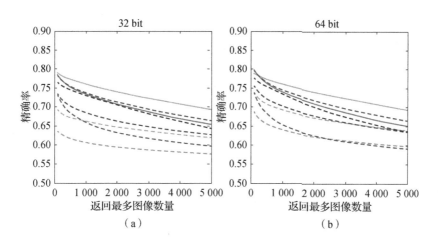

图 3.26 Flickr 和 MS COCO 数据集上的精确率曲线（书后附彩插）

（a）$p@n$ 曲线@32；（b）$p@n$ 曲线@64

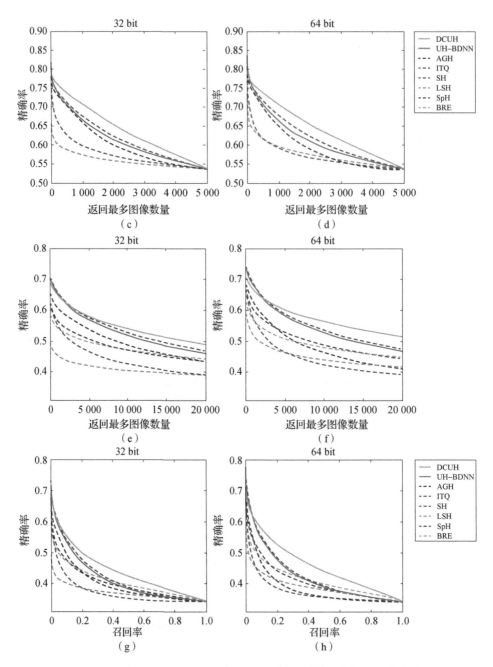

图 3.26 Flickr 和 MS COCO 数据集上的精确率曲线（续）（书后附彩插）

(c) 精确率 – 召回率曲线@32；
(d) 精确率 – 召回率曲线@64；(e) p@n 曲线@32；(f) p@n 曲线@64；
(g) 精确率 – 召回率曲线@32；(f) 精确率 – 召回率曲线@64

有一些研究结果表明，无监督学习比有监督学习更受益于更大的模型。因此，我们也在 CIFAR-10 和 Flickr 数据集上用 VGG16 测试我们的模型。使用 VGG16 的深度算法的结果显示在表 3.15 中。我们的实验设置与 DistillHash 相同。很明显，我们的算法优于最先进的深度哈希算法。从表 3.15 可以得出以下结论。

① 与 DistillHash 相比，我们在 CIFAR-10 和 Flickr 数据集上对不同哈希码长度的 mAP 分别实现了 15.8%、3.05% 的提升。我们认为主要原因是 DistillHash 中的蒸馏过程可以帮助得到更多的相似或不相似的对，但它会失去很多有效的语义信息。

② 与 DeepBit 相比，我们在 CIFAR-10 和 Flickr 数据集上对不同哈希码长度的 mAP 分别实现了 21%、11.25% 的提升。DeepBit 只保持旋转图像的哈希码不变，但它忽略了对不同实例哈希码的区分。

③ 与 SSDH 相比，我们在 CIFAR-10 和 Flickr 数据集上在不同哈希码长度的 mAP 分别取得了 19.5%、5.98% 的提升。SSDH 试图通过评估数据点之间的距离来构建相似性图，并根据固定的阈值来决定两个样本是相似还是不同。我们的模型和 SSDH 之间的性能差异证明了适应性地调整所学到的语义结构是很重要的。

表 3.15 在不同数据集上深度学习算法的 mAP 比较

算法	CIFAR-10				Flickr			
	16 bit	32 bit	64 bit	128 bit	16 bit	32 bit	64 bit	128 bit
DeepBit	0.2204	0.2410	0.2521	0.2530	0.5934	0.5933	0.6199	0.6349
SSDH	0.2568	0.2560	0.2587	0.2601	0.6621	0.6733	0.6732	0.6771
DistillHash	0.2844	0.2853	0.2867	0.2895	0.6964	0.7056	0.7075	0.6995
DCUH	0.3957	0.4509	0.4708	0.4990	0.7206	0.7204	0.7388	0.7514

（4）讨论

可视化 我们将 DCUH、ITQ 和 UH-BDNN 产生的哈希码以 t-SNE 的方式展示在图 3.27 中。可以清楚地看到，DCUH 生成的哈希码比 ITQ 和 UH-BDNN 生成得更好，不同类别图像的哈希码分离得更远。

消融实验 在本节中，我们分析了损失函数中不同部分的影响：哈希码不变损失、分类损失和局部结构损失。我们分别从目标函数中移除它们，结果如表 3.16 所示。DCUH-LH 意味着在应用我们的模型时，从目标函数中去除哈

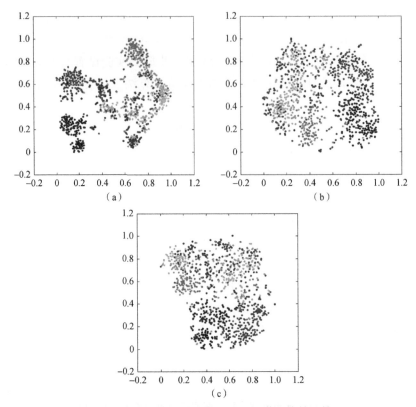

图3.27 用DCUH、ITQ 和 UH-BDNN 学习哈希码的 t-SNE
(a) DCUH；(b) ITQ；(c) UH-BDNN

希码不变损失。在 32 bit、64 bit 和 128 bit 的情况下，性能分别下降了 2.56%、2.98% 和 1.38%。DCUH-LA 是指去除局部结构损失后，其结果略低于完整模型。DCUH-LC 指的是应用没有分类损失的模型。在 32 bit、64 bit 和 128 bit 的情况下，性能分别急剧下降了 7.55%、9.42% 和 7.67%。通过分析结果，可以发现，分类损失是最重要的。

表3.16 CIFAR-10 数据集上 DCUH 的消融实验

算法	mAP		
	32 bit	64 bit	128 bit
DCUH-LH	0.3316	0.3523	0.3619
DCUH-LA	0.3447	0.3660	0.3676
DCUH-LC	0.2817	0.2879	0.2990
DCUH	0.3572	0.3821	0.3757

第4章 有监督哈希算法

相比于无监督哈希算法,有监督哈希算法通过利用数据的标签信息来监督哈希函数的学习,从而得到更为有效、紧凑的哈希码。本章节依旧依据模型结构将现有的有监督哈希算法分为浅层和深度哈希算法,并对目前主流的有监督深度哈希算法的建模方法以及应用进行详细的介绍。

4.1 有监督浅层哈希算法

有监督浅层哈希算法是针对有标签信息的数据提出的一类浅层哈希算法,一般通过传统的机器学习方法采用标签辅助的形式来提取数据特征并挖掘数据特征的固有流形结构。例如,最小损失哈希(Minimal Loss Hashing,MLH)借鉴了支持向量机(Support Vector Machine,SVM)中的铰链损失,在相似数据点间汉明距离大于某个阈值或不相似数据点间汉明距离小于另一个阈值时,损失函数会加以惩罚。有监督核哈希(Kernels Supervised Hashing,KSH)加入了核函数来处理线性不可分的数据,还利用了汉明距离和编码内积的代数等效性,提出的损失函数巧妙地处理了编码内积,从而更高效地优化汉明距离。隐变量哈希(Supervised Hashing with Latent Factor Models,LFH)提出了一种基于隐变量的哈希算法,将离散哈希码松弛成连续变量(隐变量),提出了形似交叉熵损失的目标函数,在之后的有监督算法中被广泛应用。两步哈希(Two-step Hashing，TSH）将哈希码的学习过程拆成两步，第一步学习哈希码，然后根据学到的哈希码训练哈希函数。哈希码的学习过程可以看作一个典型的二元二次方程问题，第二步则可以通过一个标准二元分类器来完成。该算法很好地解决了难以同时优化哈希码和哈希函数的问题。快速有监督决策树哈希不同于以往采用核函数来获得非线性的算法，该算法采用了增益决策树来实现非线性哈希函数，在训练和评估时速度更快。也因此，该算法在处理高维数据时，在训练时间上展现出了明显的优势。有监督离散哈希中引入了松弛变量，使用离散循环坐标下降法对哈希进行离散的优化。列采样离散哈希（Column Sampling Discrete Supervised Hashing，COSDISH）使用了非对称的方式来训练哈希码，每次从训练集中随机采取部分样本，然后将训练集中剩余的数据划分成另一部分，最后可以直接离散地更新这两部分的哈希码。在学习到训练集所有数据的哈希码后，以哈希码为目标分别训练线性分类器和增益决策树分类器。

4.2 有监督深度哈希算法

为了利用深度神经网络强大的特征提取及挖掘能力，近年来，也有许多无监督深度跨模态哈希被提出来，本小节将详细介绍几种代表性的有监督深度哈希算法的建模过程以及应用。

4.2.1 分层标记数据监督下的深度哈希算法

目前存在的有监督哈希算法主要可以用来处理非层次化标签的数据。然而，现实世界中有很多分层标签的数据，如 ImageNet、IAPRTC-12（imageclef 官网发布）和 CIFAR-100。直观地说，我们可以简单地把分层标记的数据当作非分层标记的数据，然后利用现有的算法进行处理。显然，这不能达到最佳性能，因为大多数现有的算法基本上是为处理非层次标记数据而设计的，没有考虑层次标记数据的特殊性。例如，在图 4.1 中，如果把分层标记的数据当作非分层标记的数据，图像 I_a 和 I_b 有相同的标签"玫瑰"，图像 I_c 的标签是"葵花"，而 I_d 和 I_e 的标签分别是"橡树"和"老虎"。给定一个带有"玫瑰"标签的查询 I_q 集，不考虑层次结构时，检索到的结果按降序排列可能是"I_a、I_b、I_e、I_d 和 I_c"。图像 I_e 和 I_d 的排名位置高于 I_c 是没有意义的，因为图像 I_c 虽然不是玫瑰，但也是一种花。

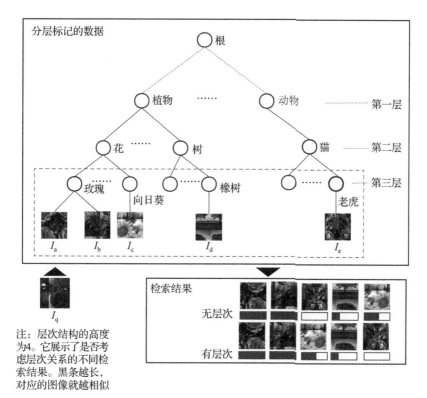

图 4.1 一个分层的标记数据集

为了解决上述问题,我们提出了一种有监督的分层深度哈希算法,用于分层标记的数据,表示为 SHDH。具体来说,我们通过对每一层加权,为分层标记数据定义了一个新的相似性公式,并设计了一个深度神经网络来获得每个数据点的哈希码。在两个真实世界的公共数据集上进行的广泛的实验表明,所提出的算法在图像检索任务中均优于最先进的基线。

1) 层次相似性

由图 4.1 可以发现"根"节点是所有数据点的祖先,因此它没有鉴别能力,在层次相似性的定义中不会被纳入考虑范围。此外,在本节中,与树形数据结构中的层次定义不同,一个节点的层次是由该节点到根节点的边数来定义的。因此,层次结构的级别从上到下可以表示为第一层、第二层,以此类推。例如,在图 4.1 中,"植物"节点位于第一层。

在一个层次结构中,图像在不同层次上有明显的相似性是合理的。例如,在图 4.1 中,图像 I_a 和 I_c 在第二层是相似的,因为它们都是花。然而,它们在第三层是不相似的,因为 I_a 属于玫瑰,而 I_c 属于向日葵。鉴于此,我们必须为分层标记数据中的两幅图像定义分层相似性。为了定义层次相似性，首先介绍两个定义：层次相似性和层次权重。

定义2　水平相似性：对于图像 i 和 j，在层次结构中第 k 层水平的相似性被定义为

$$s_{ij}^k = \begin{cases} 1, & \text{Ancestor}_k(i) = \text{Ancestor}_k(j) \\ 0, & \text{其他} \end{cases} \quad (4.1)$$

式中，$\text{Ancestor}_k(i)$ 是图像 i 在第 k 层的祖先节点。

式（4.1）意味着，如果图像 i 和 j 在第 k 层有共同的祖先节点，它们在这一层是相似的；反之，它们是不相似的。例如，在图 4.1 中，图像 I_a 和 I_c 在不同层次上的相似性为 $s_{I_aI_c}^1 = 1$，$s_{I_aI_c}^2 = 1$，$s_{I_aI_c}^3 = 0$。

直观地讲，较高的级别更为重要，因为如果我们选择了错误的祖先，就无法到达正确的后裔节点。因此，我们必须考虑层次结构中每一级的权重。任何满足以下两个条件的函数都可以作为层次权重：$u_k > u_{k+1}$，其中 $k \in [1, 2, \cdots, K-1]$，它满足了祖先节点的影响大于后代节点的影响的要求；$\text{sum}_{k=1}^K u_k = 1$。因此，我们将水平权重定义如下。

定义3　水平权重：层次结构中第 k 层的重要性，在层数为 K 的情况下，可以估计为

$$u_k = \frac{2(K+1-k)}{K(K+1)} \quad (4.2)$$

式中，$k \in [1, 2, \cdots, K]$。

基于上述两个定义，图像 i 和 j 之间的最终层次相似性可以通过以下定义计算。

定义4　层次相似性：对于层次结构中的两幅图像 i 和 j，其中层次数为 K，它们的层次相似性为

$$s_{ij} = 2\sum_{k=1}^K u_k s_{ij}^k - 1 \quad (4.3)$$

式（4.3）将最终的层次相似性扩展为一个介于 -1 和 1 之间的实值，它反映了图像对拥有的共同层次标签越多，它们就越相似。

2）有监督的分层深度哈希

图 4.2 所示为 SHDH 的深度学习架构。SHDH 模型由两部分组成：特征学习和哈希函数学习。特征学习部分包括一个卷积神经网络组件和两个全连接的层。CNN 组件包含 5 个卷积层。具体来说，第一个卷积层用 64 个大小为 11×11 的卷积核过滤输入图像，跨度为 4 像素。第一个卷积层的输出将被响应归

一化和最大池化（大小为2×2），成为第二个卷积层的输入。第二个卷积层有256个大小为5×5的卷积核，步长为1像素，填充大小为2像素。它的输出将被响应归一化和最大池化（大小为2×2），成为第三个卷积层的输入。第三、第四和第五个卷积层有256个大小为3×3的卷积核，步长为1像素，填充大小为1像素。第五个卷积层有一个最大集合层，卷积核的大小为2×2。在CNN组件之后，该架构拥有两个全连接层，有4 096个隐藏单元。这一部分使用的激活函数是整顿线性单元。

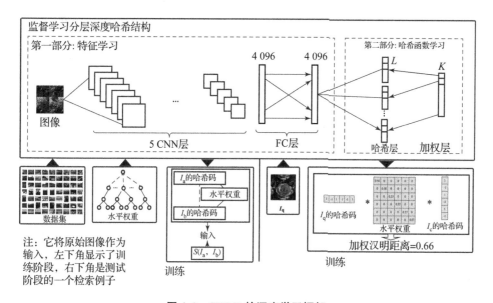

图4.2　SHDH的深度学习框架

哈希函数学习部分包括一个哈希层和一个独立加权层。哈希函数由哈希层学习，其大小为哈希码的长度。在这个层中没有使用激活函数。请注意，哈希层分为K段，K是层次结构中的层数。第一至第$(K-1)$段碎片的大小是$\left[\dfrac{L}{K}\right]$，其中$L$是哈希码的长度。最后一段的大小为$L-\left[\dfrac{L}{K}\right]\times(K-1)$。$L_k$用来表示第$k$段的大小，其中$k\in[1,2,\cdots,K]$。这里，有一个隐含的假设，即$L$大于$K$。这是一个合理的假设，因为分层标签数据的高度通常较小，而哈希码的长度通常较大，如16 bit、32 bit和128 bit。此外，加权层中的数值是由分层标记数据中的式（4.2）计算出的权重，用于调整分段哈希码之间的汉明距离。加权层中的每个值都对哈希层中的相应段进行加权。

3）目标函数

给定一个分层标记的数据集 $X = \{x_i\}_{i=1}^N$，其中 x_i 是第 i 个数据点，N 是数据点的数量。其语义矩阵 $S = \{s_{ij}\}$ 可以通过式（4.3）建立，其中 $s_{ij} \in [-1, 1]$。SHDH 的目标是，对于每个点 x_i 学习一个 L 位的二进制代码向量 $h_i \in \{-1, 1\}^L$，L 是哈希码的长度。

假设在深度网络中有 $M+1$ 层，其中 $M-1$ 层用于特征学习，一个哈希层和一个权重层。在图 4.2 中，$M=8$。整个网络的输出是：$b_i = W^T f(x_i; \theta) + v \in \mathbf{R}^L$，其中映射 $f: \mathbf{R}^d \to \mathbf{R}^{4096}$ 的参数为 θ，代表特征学习部分的参数。$W \in \mathbf{R}^{4096 \times L}$ 是要在网络的第 M 层学习的投影矩阵，$v \in \mathbf{R}^L$ 是偏置。

现在，我们可以在网络的顶层对输出的 b_i 进行哈希映射，以获得如下的二进制代码向量，$h_i = \mathrm{sgn}(b_i)$。上面的程序是向前的。为了学习我们网络的参数，必须定义一个目标函数。

首先，对于一个图像 x_i 来说，它的哈希码是 $h_i \in \{-1, 1\}^L$，由 h_i^k 组成，其中 h_i^k 是第 k 段的哈希码，$k \in \{1, 2, \cdots, K\}$。因此，图像 x_i 和 x_j 在特征空间中的距离可以定义为

$$d_H(h_i, h_j) = \frac{1}{2}\left[L - \sum_{k=1}^{K} u_k (h_i^k)^T h_j^k\right] \tag{4.4}$$

我们定义了保留相似性的目标函数：

$$L_1 = \sum_{k=1}^{K} \left[\frac{1}{L_k} u_k (h_i^k)^T h_j^k - s_{ij}^k\right]^2 \tag{4.5}$$

式（4.5）用于确保相似的图像可以在每个片段中共享相同的哈希码，并且应该最小化。

其次，为了使每个哈希位的信息最大化，每个哈希位应该是数据集的一个平衡分区。因此，我们用熵来衡量平衡能力，就像下面这样：

$$L_2 = \sum_{k=1}^{K} u_k \mathrm{tr}(h_i^k (h_j^k)^T) \tag{4.6}$$

E_2 应该是最大的，这意味着"$-E_2$"应该是最小的。因此，我们最终将式（4.5）和式（4.6）合并，得到总目标函数：

$$\begin{aligned} L &= \min E_1 - \alpha E_2 \\ &= \min \sum_{k=1}^{K} \left(\frac{1}{L_k} u_k (h_i^k)^T h_j^k - s_{ij}^k\right)^2 - \alpha \sum_{k=1}^{K} u_k \mathrm{tr}(h_i^k (h_j^k)^T) \end{aligned} \tag{4.7}$$

式中，α 是超参数。

假设 H 是 N 个数据点的所有哈希码，其中 $H = [h_1, h_2, \cdots, h_N]^T$。由于 H

中的元素是离散的整数，L 是不可推导的。因此，我们通过去除符号函数，将其作为 B 从离散到连续放宽。因此，目标函数（4.7）可以转化为如下矩阵形式：

$$L = \min \| BAB^T - LS \|_F^2 - \alpha \mathrm{tr}(BAB^T) \tag{4.8}$$

式中，$A \in \mathbf{R}^{L \times L}$ 是一个对角矩阵。它可以被分为 K 个大小为 $L_k \times L_k$ 的小对角线矩阵，而且 $\{A_{k_{ij}}\}_{j=1}^{L_k} = u_k$。

随机梯度下降法被用来学习参数，学习速率 η 的初始值是 0.01，通过 $\eta \leftarrow \frac{2}{3}\eta$ 经验更新。特别是，在每次迭代中都会抽出一个小批数据进行学习。式（4.8）相对于 B 的导数由以下公式给出：

$$\frac{\partial L}{\partial B} = 2(BA^T B^T BA + BAB^T BA^T - S^T BA - SBA^T) - \alpha BA^T - \alpha BA \tag{4.9}$$

然后，导数值可以通过反向传播算法送入底层网络，以更新所有参数。Algorithm 5 中描述了所提出的监督分层深度哈希的概要。

Algorithm 5 SHDH

输入：图像训练集 $X = \{x_i\}_{i=1}^N$，图像的层次标签，哈希码长度 L，标签层次的数量 K，最大迭代次数 T，Mini-batch 大小设为 128

输出：所有图像的哈希码

1：初始化网络参数
2：初始化学习率 η 为 0.01
3：$S \leftarrow$ 式（4.3），$S \in \mathbf{R}^{N \times N}$
4：重复以上操作
5：经验性地每循环 20 次更新一次学习率：$\eta \leftarrow \frac{2}{3} \times \eta$
6：从数据集 X 中随机采集一个 Mini-batch
　　针对每个图像 x_i，进行如下操作
7：for $k = 1, 2, \cdots, K$ do
8：利用网络前向传播计算网络针对图像 x_i 输出的 h_i^k
9：end for
10：融合 $\{h_i^k\}_{k=1}^K$，到 H
11：反向传播更新参数 $\{W, v, \theta\}$
12：到 T
13：通过学习的模型得到所有图像的哈希码

4）实验

（1）数据集及其设置

我们在两个公共基准数据集上进行了实验：CIFAR-100 数据集和 IAPRTC-12 数据集。CIFAR-100 是一个图像数据集，包含 60 000 张 32 像素×32 像素的彩色图像。它有 100 个类别，每个类别包含 600 张图像。CIFAR-100 中的 100 个类被归入 20 个超类。每张图像都有一个"精细"标签（它所属的类）和一个"粗略"标签（它所属的超类）。因此，CIFAR-100 中带有"根"节点的分层标签的高度为 3。IAPRTC-12 数据集有 20 000 张分割的图像，每张图像都是手工分割的，并根据预先定义的标签词汇对所产生的区域进行了注释。词汇是根据概念的层次结构来组织的。IAPRTC-12 中的层次标签的高度是 7。对于这两个数据集，我们随机选择了 90% 的图像作为训练集，10% 的图像作为测试集。

SHDH 中的超参数 α 根据经验设置为 1。特征学习部分的权重和偏置被初始化为 VGG-F 中预先训练的值。哈希层中包括权重 W 和偏置 v 在内的参数被初始化为 0~0.001 的小实数。学习率 η 被初始化为 0.01。

将我们的算法与六个最先进的哈希算法进行了比较，其中四个是有监督的，另外两个是无监督的。四个有监督算法包括 DPSH、COSDISH、LFH 和 KSH，两个无监督算法是 KMH 和 ITQ。对于这六条基线，都采用了原作者提供的实现方式，并使用了相应论文推荐的默认参数。此外，为了单独研究层次标签的影响，我们用层次相似性替换了 KSH 和 COSDISH 的相似性矩阵中的值，以获得两种新的算法：KSH+H 和 COSDISH+H。"H"是指层次化的版本。ITQ 和 KMH 不能被修改为"H"版本，因为它们是无监督的。LFH 和 DPSH 不能被修改为"H"版本，因为当相似性是除 0 和 1 以外的实值时，使用的似然函数是没有意义的。

我们将所有图像的大小调整为 224 像素×224 像素，直接将原始图像作为深度哈希算法的输入，包括 SHDH 和 DPSH。其余六种算法使用手工制作的特征，如原始论文中所述。我们在 CIFAR-100 和 IAPRTC-12 中用一个 512-D 的 GIST 向量来表示每个图像。

（2）评价指标

蔡登教授声称，如果使用多个哈希表，一些哈希算法（如 LSH）的性能可以很容易得到提升，这是一个重要因素，而现有的大多数论文都没有正确测量搜索时间，这对 ANN 搜索问题来说是至关重要的。然而，哈希表并不是哈希的标准配置，它可以被其他数据结构所取代。此外，数据结构，如哈希表的数量、哈希表的索引和哈希表的层次结构,将对搜索时间的评估产生重大影响。我们工作的主要目的是研究分层标签数据中的分层对哈希的影响,而不是专注于其他研究可以研究的效率。因此,我们把重点放在有效性评价上。为了保证评价的公平性,对于所有的算法和不同的哈希码长度,数据点和查询之间的距离将通过暴力搜索计算。

为了验证哈希码的有效性,我们通过平均累积增益、折现累积增益、归一化折现累积增益来衡量不同算法的检索列表的排名质量和加权召回率(Weighted Recall)。请注意,我们提出了加权召回率指标来衡量分层标记数据情况下的召回率,定义为

$$\text{Weighted Recall}(q)@n = \frac{\sum_{i=1}^{n} s_{qi}}{\sum_{i=1}^{N} s_{qi}} \tag{4.10}$$

式中,n 是返回的顶级数据点的数量;s_{qi} 代表查询集 q 与排名列表中第 i 个数据点的相似性;N 是排名列表的长度。

(3) CIFAR-100 数据集上的结果

表 4.1 所示为不同哈希算法在 CIFAR-100 数据集上的比较结果。

表 4.1 CIFAR-100 数据集上的结果,排名结果由 ACG、DCG 和 NDCG@n($n=100$) 衡量

算法	CIFAR-100								
	ACG@100			DCG@100			NDCG@100		
	32 bit	48 bit	64 bit	32 bit	48 bit	64 bit	32 bit	48 bit	64 bit
KMH	0.2023	—	0.2261	6.0749	—	6.7295	0.4169	—	0.4189
ITQ	0.2091	0.2312	0.2427	6.1814	6.7583	7.0593	0.4197	0.4243	0.4272
COSDISH+H	0.1345	0.1860	0.2008	4.2678	5.5619	5.9169	0.4072	0.4417	0.4523
KSH+H	0.1611	0.1576	0.1718	4.9904	4.9282	5.3378	0.3940	0.3897	0.3924
DPSH	0.4643	0.4973	0.5140	11.5129	12.2878	12.7072	0.5650	0.5693	0.5751
COSDISH	0.1366	0.1428	0.1501	4.5079	4.6957	4.8601	0.4063	0.4156	0.4127
LFH	0.1152	0.1291	0.1271	3.7847	4.3299	4.3239	0.3924	0.4008	0.4011
KSH	0.1291	0.1393	0.1509	3.3520	4.3009	4.8293	0.3711	0.3766	0.3763
SHDH	0.5225	0.5724	0.6084	12.7460	13.9575	14.7861	0.6141	0.6281	0.6406

由表4.1中的几个数据可知：①我们的SHDH在不同的哈希码长度上优于其他有监督和无监督的基线。例如，与最好的竞争者DPSH相比，我们的SHDH的结果在ACG上有12.5%~18.4%的相对增加，在DCG上有10.7%~16.7%的相对增加，在NDCG上有8.7%~11.4%的相对增加。

②分层语义标签可以提高哈希算法的性能。例如，COSDISH+H和KSH+H的性能分别比COSDISH和KSH要好。这意味着固有的层次信息对提高哈希性能很有价值。

③在所有的监督算法中，基于深度学习的算法，如SHDH和DPSH给出了相对更好的结果，这也证实了通过深度网络从原始图像中学习到的特征比手工制作的特征学习哈希码更有效。图4.3（a）~图4.3(c)分别是不同算法在32 bit、48 bit和64 bit的不同加权汉明距离上的加权召回率曲线，这表明我们的算法比基线有一致的优势。图4.3（g）~图4.3(i)是对前n个检索结果的加权召回结果，其中n为1~5000。我们的算法也优于其他最先进的哈希算法。图4.4（a）所示为不同长度的哈希码的加权召回曲线，从图中可以看出，我们的SHDH模型比基线表现得更好，特别是当哈希码长度增加时。这是因为当哈希码长度增加时，学习到的哈希函数可以提高对图像之间层次相似性的判别能力。

(4) IAPRTC-12数据集上的结果

表4.2所示为不同哈希算法在IAPRTC-12数据集上的性能比较，无论哈希码的长度如何，我们的SHDH都比其他算法表现得更好。很明显，可以发现所有的基线都不能使分层标记的数据达到最佳性能。图4.3（j）~图4.3(l)是对前n个返回邻居的加权召回率结果，其中n为1~5000。这些曲线显示了对基线的一致优势。此外，我们的SHDH在不同的哈希码长度下提供了最好的性能，如图4.4（b）所示。

不同加权汉明距离的加权召回率的结果如图4.3（d）~图4.3(f)所示。在这些数字中，我们的算法不是最好的算法。原因是我们的SHDH在相同的加权汉明距离下有更好的判别能力，这是因为考虑了层次关系。例如，当加权汉明距离为零且哈希码长度为64 bit时，DPSH返回4 483个数据点，而我们的SHDH只返回了2 065个点。因此，较好的判别能力得到了较好的精确率（表4.2），但加权召回率不是很好。

(5) 超参敏感性

图4.5所示为超参数α对CIFAR-100的敏感性。我们可以发现，SHDH对α并不敏感。例如，SHDH在两个数据集上都能达到良好的性能，$0.5 \leqslant \alpha \leqslant 2$。我们在IAPRTC-12数据集上也能得到类似的结论，由于篇幅限制，本书没有包括该图。

第 4 章 有监督哈希算法 99

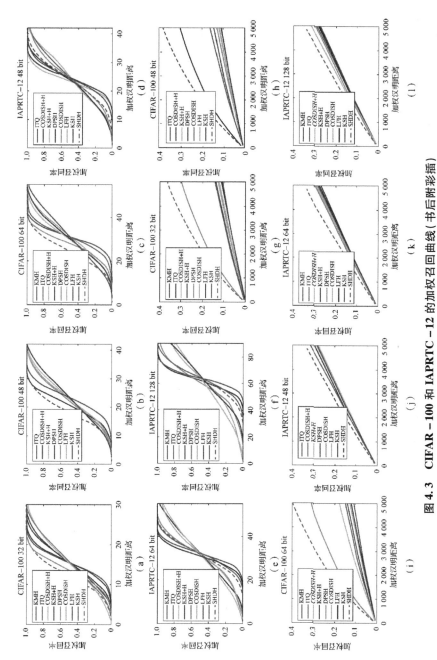

图 4.3 CIFAR–100 和 IAPRTC–12 的加权召回曲线（书后附彩插）

（a）～（f）不同哈希码长度下各种加权汉明距离内的加权召回率；（g）～（l）不同哈希码长度下的加权召回率@n

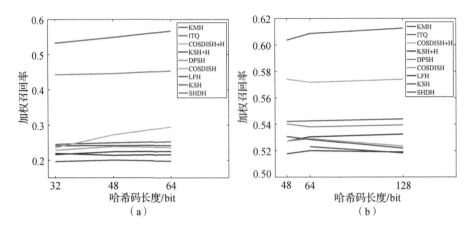

图 4.4 CIFAR-100 和 IAPRTC-12 的加权召回率@n（$n=10\,000$）（书后附彩插）
(a) CIFAR-100; (b) IAPRTC-12

表 4.2 IAPRTC-12 数据集的结果

算法	IAPRTC-12								
	ACG@100			DCG@100			NDCG@100		
	48/bit	64/bit	128/bit	48/bit	64/bit	128/bit	48/bit	64/bit	128/bit
KMH	—	3.7716	3.7446	—	87.5121	87.0493	—	0.6427	0.6373
ITQ	3.8351	3.8502	3.8609	88.5562	88.9057	89.2016	0.6626	0.6633	0.6652
COSDISH+H	3.8249	3.7245	3.8448	88.3121	86.3037	88.5056	0.6957	0.6885	0.6970
KSH+H	3.7304	3.7535	3.7779	86.5606	87.0894	87.5743	0.6459	0.6494	0.6518
DPSH	4.0085	4.0227	4.0980	91.4972	92.0570	93.4613	0.6618	0.6607	0.6630
COSDISH	3.6856	3.6781	3.7018	85.2368	85.1622	85.7606	0.6412	0.6443	0.6408
LFH	3.7076	3.6851	3.6988	85.7599	85.2662	85.6601	0.6390	0.6365	0.6400
KSH	3.8357	3.8317	3.7909	88.5041	88.5589	87.8282	0.6507	0.6482	0.6408
SHDH	4.4870	4.5284	4.5869	100.6373	101.4812	102.6919	0.7372	0.7440	0.7489

注：排名结果由 ACG、DCG 和 HDCG@n（$n=100$）进行评估

4.2.2 具有动态加权方案的深度监督哈希算法

基于学习的哈希算法的核心是构建与数据相关的哈希函数，将高维数据映射为低维哈希码，同时保留相似性。在一个有监督的基于学习的哈希系统中，

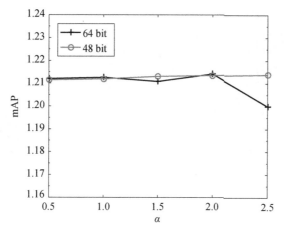

图 4.5 超参数 α 对 CIFAR-100 的敏感性

通常提供一组 M 个项目 $\{item_j\}_{j=1}^{M}$，每个项目由一个高维矩阵编码，作为训练集。对于每一对物品（$item_i$，$item_j$）都有一个相似性标签 s_{ij}，其中 $s_{ij}=1$ 表示 $item_i$ 和 $item_j$ 彼此相似，$s_{ij}=0$ 表示 $item_i$ 和 $item_j$ 不相似。深度神经网络用于学习非线性哈希函数 $hc = f_{NN}(x)$，该函数将每个项目 $item_j$ 映射为对应的 K 位哈希码 $hc_j \in \{-1,1\}^K$，同时保留了原始项目的相似性。在本节中，我们遵循标准协议，从语义标签中构建监督性的相似性信息。

为了缩小离散哈希码和宽松的连续哈希码之间的量化差距，本节提出了 DHDW，一种在训练期间利用汉明相似性的新型深度哈希算法。DHDW 的结构如图 4.6 所示。整个深度哈希架构将成对的数据（$item_i$，$item_j$，s_{ij}）作为输入，通过深度神经网络管道进行处理。该网络由以下 6 个重要部分组成。

①在 ImageNet 上预训练的卷积神经网络，用于从每张图像中提取深层特征。

②前馈全连接层，用于执行特征的组合。

③全连接哈希层，用于将深层表示转换为 K 维的连续表示。

④双曲正切激活层，用于将哈希层的输出压缩到（-1, 1）以内。

⑤加权交叉熵损失，用于从不平衡数据中进行相似性保护学习。

⑥在反向传播之前，对训练数据的每个小批量应用新型动态加权模块。通过应用动态加权模块，小批量中的所有数据对在训练期间将有不同的权重，这可能会使梯度下降。实验表明，利用加权模块的模型比其他模型表现得更好。

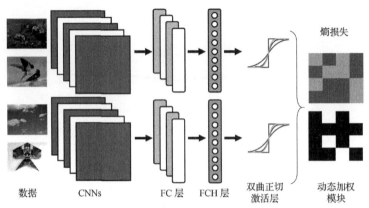

图 4.6 DHDW 的结构

1) 算法

正如许多现有的深度哈希算法一样，DHDW 使用预先训练好的 AlexNet 作为骨干架构。AlexNet 由 5 个卷积层（CONV1～CONV5）和 3 个全连接层（FC6～FC8）组成。整流单元激活函数在每个层 CONV1～FC7 之后被应用，最后一层 FC8 被一个新的哈希层 FCH 取代，该层有 K 个隐藏单元，然后是渐进式双曲正切激活层 P_i，它将 FC7 的输出转化为 K 维的连续哈希码 $c_j \in \mathbf{R}^K$，$\{c_j\}_{j=1}^M$，然后在评估过程中被转化为离散哈希码，$hc_j = (c_j)$。

我们使用加权最大似然估计法生成松散的连续哈希码，同时保留成对数据的相似性。为了进行反向传播，我们使用基于内积的距离函数作为汉明距离函数的宽松近似值，由于它们之间的关系，$D_H(hc_i, hc_j) = \frac{1}{2}(K - \langle hc_i, hc_j \rangle)$。

鉴于由语义标签信息构建的成对相似性矩阵 S，连续哈希码 $HC = [hc_1, hc_2, \cdots, hc_M]$ 的加权最大似然估计为

$$\lg P(S|HC) = \sum_{s_{ij} \in S} dw_{ij} w_{ij} \lg P(s_{ij}|hc_i, hc_j) \quad (4.11)$$

式中，$P(S|HC)$ 表示加权最大似然，dw_{ij} 是建议的动态加权模块，将在下一小节详细说明。对于每一对数据，w_{ij} 是成对训练数据（$item_i$, $item_j$, s_{ij}）的权重，解决了数据不平衡的问题，因为在一些数据集中，不相似的数据对的数量可能远远大于相似的数量。我们设定：

$$w_{ij} = \begin{cases} |S|/|S_1|, & s_{ij} = 1 \\ |S|/|S_0|, & s_{ij} = 0 \end{cases} \quad (4.12)$$

式中，$|S|$ 表示所有数据对的数量；$|S_0|$ 表示不相似数据对的数量；$|S_1|$ 表示相似数据对的数量。对于每一对数据，$P(s_{ij}|hc_i, hc_j)$ 是给出哈希码（bc_i,

bc_j) 时 s_{ij} 的条件概率，通常被定义为成对的逻辑函数：

$$P(s_{ij}|\boldsymbol{bc}_i,\boldsymbol{bc}_j) = \begin{cases} \sigma(\langle \boldsymbol{bc}_i,\boldsymbol{bc}_j \rangle), & s_{ij}=1 \\ (1-\sigma(\langle \boldsymbol{bc}_i,\boldsymbol{bc}_j \rangle)), & s_{ij}=0 \end{cases} \qquad (4.13)$$
$$= \sigma(\langle \boldsymbol{bc}_i,\boldsymbol{bc}_j \rangle)^{s_{ij}}(1-\sigma(\langle \boldsymbol{bc}_i,\boldsymbol{bc}_j \rangle))^{1-s_{ij}}$$

式中，$\sigma(x) = [1+\exp(-\alpha x)]^{-1}$ 是带超参数的 Sigmoid 函数，用于控制激活区。为了使优化更有效，设定 $\alpha<1$，而不是 $\alpha=1$。当汉明距离 $D_H(\boldsymbol{bc}_i,\boldsymbol{bc}_j)$ 变大时，内积 $\langle \boldsymbol{bc}_i,\boldsymbol{bc}_j \rangle$ 变小，条件概率 $P(s_{ij}=0|\boldsymbol{bc}_i,\boldsymbol{bc}_j)$ 变大，这意味着 $\boldsymbol{bc}_i$ 和 $\boldsymbol{bc}_j$ 应该是不相似的。当汉明距离变小时，内积变大，所以条件概率 $P(s_{ij}=1|\boldsymbol{bc}_i,\boldsymbol{bc}_j)$ 变大，意味着 $\boldsymbol{bc}_i$ 和 $\boldsymbol{bc}_j$ 应该相似。将式（4.13）放入式（4.11）中，用连续哈希码 $\boldsymbol{C} = [c_1,c_2,\cdots,c_M]$ 代替离散哈希码，就得到了 DHDW 的最终优化方程：

$$\min_{\boldsymbol{\theta}_{NN}} \sum hm_{ij}w_{ij}[(1+\exp(\alpha\langle c_i,c_j'\rangle)) - \alpha s_{ij}\langle c_i,c_j'\rangle] \qquad (4.14)$$

式中，$\boldsymbol{\theta}_{NN}$ 表示深度神经网络（Neural Network，NN）的所有可训练参数。

2）动态加权模块

离散哈希码和连续哈希码之间的量化差距使得深度哈希算法难以实现更好的性能。大多数现有的算法都不能解决这个问题。为了缓解量化差距，我们提出了一个名为动态加权模块（Dynamic Weight，DW）的新模块。首先，计算小批量数据中所有成对的（$\boldsymbol{item}_i$，$\boldsymbol{item}_j$，s_{ij}）的离散汉明距离和汉明稳定性。其次，根据汉明距离和汉明稳定性信息构建加权模块。最后，在损失计算和反向传播之前，将该模块应用于所有的小批量处理。通过在训练阶段引入实时的汉明距离和稳定性信息，动态加权模块大大缓解了量化差距。动态加权模块的定义如下：

$$hw_{ij} = DW(\boldsymbol{hc}_i,\boldsymbol{hc}_j,s_{ij})$$
$$= -D(\boldsymbol{hc}_i,\boldsymbol{hc}_j,s_{ij})ST(\boldsymbol{hc}_i,\boldsymbol{hc}_j) + T_{DW} \qquad (4.15)$$

式中，$D(\boldsymbol{hc}_i,\boldsymbol{hc}_j,s_{ij})$ 为汉明距离权重方程：

$$D(\boldsymbol{hc}_i,\boldsymbol{hc}_j,s_{ij}) = \begin{cases} v_{b_{on}}, & d_H(\boldsymbol{hc}_i,\boldsymbol{hc}_j)<th_0 \wedge s_{ij}=1 \\ v_{b_{on}}, & d_H(\boldsymbol{hc}_i,\boldsymbol{hc}_j)>th_1 \wedge s_{ij}=0 \\ v_{b_{off}}, & d_H(\boldsymbol{hc}_i,\boldsymbol{hc}_j)\geq th_0 \wedge s_{ij}=1 \\ v_{b_{off}}, & d_H(\boldsymbol{hc}_i,\boldsymbol{hc}_j)\leq th_1 \wedge s_{ij}=0 \end{cases} \qquad (4.16)$$

$ST(\boldsymbol{hc}_i,\boldsymbol{hc}_j)$ 为汉明稳定加权函数，定义如下：

$$ST(\boldsymbol{bc}_i,\boldsymbol{bc}_j) = \begin{cases} 1, & \langle |\boldsymbol{bc}_i|,|\boldsymbol{bc}_j| \rangle \geq tb_s \\ 0, & \langle |\boldsymbol{bc}_i|,|\boldsymbol{bc}_j| \rangle < tb_s \end{cases} \qquad (4.17)$$

th_0、th_1 和 th_s 为控制模块的阈值；T_{DW}、$v_{b_{on}}$ 和 $v_{b_{off}}$ 为超参数。汉明距离权重函数决定了一对项目是否被正确压缩。如果它们对应的哈希码有一个合适的汉明距离，它们就被认为是被正确压缩了。汉明稳定性权重函数决定了一个数据对是否稳定。如果离散的哈希码之间的汉明距离对梯度下降不敏感，它们就被认为是稳定的。如果一个数据对既被正确压缩又稳定，则被认为不重要。加权模块为那些既稳定又被正确压缩的数据对调低了权重，并迫使深度学习架构关注不稳定和压缩不良的数据。最简单的加权模块版本只是防止一小部分稳定、正确压缩的数据影响优化。例如，通过设置 $T_{DW}=1$，$v_{b_{on}}=1$，$v_{b_{off}}=0$，$th_0=2$，$th_1=K-2$ 和 $th_s=\dfrac{K}{2}$，动态加权模块可以防止（所有汉明距离小于 2 的稳定相似对和所有汉明距离大于 $K-2$ 的稳定不相似）对影响小批量训练。请注意，动态加权模块可以应用于几乎所有现有的成对深度学习的哈希算法。

3）实验

我们进行了广泛的实验，在三个标准的基准和数据库上对 DHDW 与几个最常用的基线进行了评估。

（1）设置

评估是在三个广泛使用的图像检索数据集上进行的：NUS – WIDE、MS COCO 和 CIFAR – 10。

NUS – WIDE 是一个大规模的标记图像数据集，包含 269 648 张从 Flickr 网站上收集的图像。原始数据集包含 81 个基础真理概念，每张图像都与其中一个或一些概念匹配。在我们的实验中，使用了一个常用的 NUS – WIDE 的平衡子集，它包含 21 个基础真理概念和 205 843 张图像来进行评估。5 000 张图像被随机抽样作为查询集，10 000 张图像作为训练集，其余的 190 843 张图像作为数据集。如果两张图像至少有一个共同的概念，那么它们就被认为是彼此相似的。

MS COCO 是一个通常用于物体识别的数据集。该数据集共包含 123 287 张图像，每张图像都由 80 个类别中的某些类别来标记。我们删除了没有类别信息的图像，之后得到 122 218 张图像。我们随机抽取 5 000 张图像作为查询集，10 000 张图像作为训练集，其余的图像被用作数据库。如果两张图像至少同属一个类别，则认为它们彼此相似。

CIFAR – 10 是最流行的图像分类数据集之一。它包含 65 000 张图像，每张图像属于 10 个类别中的一个。我们在每个类别中随机选择 100 张图片作为查询集，每个类别中选择 500 张图像作为训练集，其他的图像被作为数据库使用。如果两张图像属于同一类别，则认为它们彼此相似。

为了进行综合评价，我们在实验中使用了两个不同的评价指标，即前

5 000个项目的平均精确度（mAP@5000）和所有项目的平均精确度（mAP@all），这两个指标分别有在不同的位数下的结果比较。

我们将DHDW的性能与8个经典的或最先进的学习哈希算法进行比较：DCH、HashNet、DHN、ITQ、LSH、PCAH、SGH、SH。平均精确度指标被用来评估检索质量。为了进行全面评估，我们同时报告了前5 000个数据的mAP（mAP@5000）和所有数据的mAP（mAP@all）。

DHDW将AlexNet在ImageNet上的预训练被用作骨干架构。为了探索DHDW的下限，我们通过设置$T_{DW}=1$，$v_{b_{on}}=1$，$v_{b_{off}}\approx 0$，$th_0=2$，$th_1=K-2$和$th_s=\frac{K}{2}$来实验最简单的动态加权模块。

在浅层学习哈希基线算法中仅仅使用在ImageNet上预训练的AlexNet的卷积神经网络层所提取的图像特征。对于深度学习的哈希基线，所有的算法都使用相同的深度架构，即预先训练好的AlexNet，其最后一个全连接层被替换为全连接哈希层。所有直接从AlexNet复制的层都经过微调，全连接的哈希层则从头开始训练。我们使用小批量的随机梯度下降法与动量和学习率退火法来训练深度模型。

（2）结果

mAP@5000的结果如表4.3所示，由表可知DHDW优于所有其他算法。具体来说，DHDW比最先进的算法DCH高出大约1%。与浅层算法相比，DHDW在NUS-WIDE、MS COCO和CIFAR-10上分别比最好的浅层哈希算法ITQ平均高出8%、3%和45%。请注意，DHDW的结构和损失函数与HashNet大致相同，但DHDW的性能比HashNet大约高出3%，这意味着即使是最简单的动态加权模块也能有效提高配对深度学习的哈希算法的性能。mAP@all的结果报告见表4.4。可以看出，DHDW的表现也优于其他算法。请注意，动态加权模块与任何成对的深度学习的哈希算法都是兼容的。

4.2.3 基于高斯权重的汉明哈希算法

尽管对数据点的二值哈希码进行线性扫描比对数据点的原始高维表示进行搜索更有效，但对于非常大的数据集来说，线性时间复杂性仍然是不可接受的。因此，最好的办法是进行汉明空间检索，通过哈希表查询来实现恒定时间检索，而不是线性扫描。在进行汉明空间检索时，对于每个查询数据点，都有一个以查询数据点为中心的汉明球，只有在汉明球内的数据点才会被作为相关数据点返回，而超出的数据点则直接被丢弃。因此，为了进一步提高检索性能，减少汉明球内的不相似数据点是汉明哈希算法的一个关键点。

表 4.3 在三个数据集上不同哈希码长度的 mAP@5000

算法	NUS-WIDE				MS COCO				CIFAR-10			
	16 bit	32 bit	48 bit	64 bit	16 bit	32 bit	48 bit	64 bit	16 bit	32 bit	48 bit	64 bit
SGH	0.3234	0.3327	0.3427	0.3537	0.3623	0.3685	0.3758	0.3847	0.1057	0.1122	0.1198	0.1270
SH	0.5793	0.5575	0.5642	0.5688	0.4944	0.5252	0.5392	0.5474	0.2279	0.2817	0.2888	0.2927
PCAH	0.6258	0.6184	0.6193	0.6223	0.5591	0.5730	0.5827	0.5880	0.2297	0.2305	0.2329	0.2383
LSH	0.3984	0.4993	0.4982	0.5350	0.4069	0.4409	0.4862	0.5172	0.1717	0.2041	0.2362	0.2617
ITQ	0.6895	0.7135	0.7230	0.7306	0.6134	0.6499	0.6710	0.6803	0.3125	0.3373	0.3508	0.3710
DHN	0.7170	0.7322	0.7480	0.7507	0.6089	0.6401	0.6612	0.6783	0.7030	0.7252	0.7403	0.7493
HashNet	0.7581	0.7717	0.7836	0.7848	0.6428	0.6710	0.6839	0.6897	0.7530	0.7592	0.7627	0.7814
DCH	0.7653	0.7770	0.7821	0.7980	0.6527	0.6807	0.6896	0.6907	0.7778	0.7816	0.7889	0.7933
DHDW	0.7795	0.7969	0.8045	0.8075	0.6550	0.6814	0.6955	0.7024	0.7825	0.7892	0.7938	0.7984

表 4.4 在三个数据集上不同哈希码长度的 mAP@all

算法	NUS-WIDE				MS COCO				CIFAR-10			
	16 bit	32 bit	48 bit	64 bit	16 bit	32 bit	48 bit	64 bit	16 bit	32 bit	48 bit	64 bit
PCAH	0.4337	0.4076	0.3957	0.3886	0.4379	0.4311	0.4300	0.4274	0.1585	0.1504	0.1472	0.1462
SGH	0.3148	0.3156	0.3162	0.3170	0.3548	0.3555	0.3564	0.3575	0.1011	0.1022	0.1034	0.1043
SH	0.3985	0.3752	0.3720	0.3698	0.3932	0.4046	0.4087	0.4095	0.1862	0.1779	0.1756	0.1738
LSH	0.3439	0.3933	0.3754	0.3896	0.3695	0.3790	0.3998	0.4111	0.1330	0.1488	0.1625	0.1784
ITQ	0.5239	0.5291	0.5321	0.5363	0.4865	0.5015	0.5127	0.5181	0.2279	0.2417	0.2504	0.2662
DHN	0.6358	0.6423	0.6602	0.6719	0.5104	0.5517	0.5609	0.5723	0.6872	0.6926	0.7133	0.7205
HashNet	0.6730	0.6861	0.6956	0.7072	0.5593	0.5808	0.5852	0.5993	0.7124	0.7229	0.7283	0.7440
DCH	0.6869	0.7011	0.7093	0.7176	0.5796	0.5919	0.5950	0.6012	0.7381	0.7503	0.7555	0.7596
DHDW	0.6971	0.7114	0.7173	0.7200	0.5839	0.5994	0.6077	0.6117	0.7474	0.7554	0.7625	0.7673

为了能有效地减少汉明球内的不相似数据点，一种新的基于加权高斯损失的汉明哈希被提出来，简称 WGLHH，它引入了加权高斯损失来优化哈希模型。具体来说，加权高斯损失由三部分组成：一个新的基于高斯分布的损失，一个针对未训练好图像对的注意机制和一个量化损失。基于高斯分布的损失被提出来以有效惩罚在汉明球内的不相似图像对。针对未训练好图像对的注意机制被提出来为每个数据对分配一个权重，对那些哈希码不能很好地保持原始相似性的数据对给予更多的权重，而对那些已经处理得很好的数据对则给予较少的权重。量化损失被用来减少量化误差。通过整合这三个部分，所提出的加权高斯损失将能更好地集中惩罚在汉明球内的不相似的数据对，使它们的哈希码之间的汉明距离大于汉明球半径，以进一步提高检索性能。

1) 提出的方法

(1) 问题描述

假设一个数据集有 n 张图像 $\boldsymbol{X} = \{\boldsymbol{x}_i\}_{i=1}^n$，并且它的标签信息可以被表示为 $\boldsymbol{L} = \{\boldsymbol{l}_i\}_{i=1}^n \in \{0,1\}^{c \times n}$，其中 c 表示数据集中类别的总数量，第 i 张图像被表示为 $\boldsymbol{x}_i$，并且它对应的标签信息被表示为 $\boldsymbol{l}_i = [l_{i1}, l_{i2}, \cdots, l_{ic}]^T$。如果 $\boldsymbol{x}_i$ 属于第 j 类，那么 $l_{ij} = 1$，否则 $l_{ij} = 0$。此外，有了标签信息，相似性矩阵被定义为 $\boldsymbol{S} = \{s_{ij}\} \in \{0,1\}^{n \times n}$，其中 s_{ij} 表示第 i 张图像和第 j 张图像的相似性。如果第 i 张图像和第 j 张图像共享至少一个类别信息，它们就是语义相似的，那么 $s_{ij} = 1$，否则 $s_{ij} = 0$。深度哈希的目标是学习一个映射 $\mathcal{H}: \boldsymbol{x}_i \to \boldsymbol{b}_i \in \{-1,1\}^k$，其中 k 是哈希码的长度，k 位的哈希码 $\boldsymbol{b}_i$ 代表的是图像 $\boldsymbol{x}_i$ 对应的二值哈希码。

汉明空间检索指的是通过哈希查找而不是线性扫描直接返回汉明半径 h 内的数据点的检索方案。对于二值哈希码，需要检查的不同哈希桶的数量是 $N(k,h) = \sum_{i=0}^{h} \binom{k}{i}$，其中 h 是汉明半径。当汉明半径 $h \leqslant 2$ 时，$N(k,h)$ 很小，每次查询只需要固定的时间就能找到汉明球内的所有邻居。当 $k > 2$ 时，$N(k,h)$ 随 h 呈指数级增长，检索 $N(k,h)$ 个桶是很耗时的。因此，对于大多数汉明空间的检索场景，汉明球半径 h 被设定为 2。

(2) 架构图

WGLHH 的架构如图 4.7 所示。具体来说，一个深度卷积网络被用来将每个图像 $\boldsymbol{x}_i$ 转化为 k 维的连续代码 $\boldsymbol{f}_i \in \boldsymbol{R}^k$。深度卷积网络是将 VGG16 中的最后一个分类器层替换为一个具有 k 个单元的全连接层构成。此外，双曲正切函数被用作最后一层的激活函数。在使用最小化加权高斯损失来训练哈希模型后，图像的二值哈希码可以通过 $\boldsymbol{b}_i = \text{sgn}(\boldsymbol{f}_i)$ 得到，其中 $\text{sgn}(\cdot)$ 是一个元素级的符号函数,如果元素是正数,则返回"1",否则返回"−1"。接下来,将详细介绍作者提出的加权高斯损失。

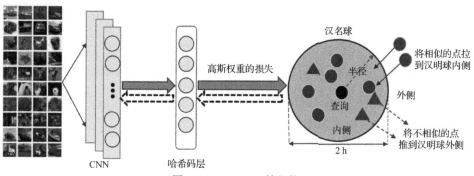

图 4.7 WGLHH 的架构

(3) 加权高斯损失

加权高斯损失主要对在汉明球内的不相似对实施较大的惩罚,以使它们的哈希码之间的汉明距离大于汉明球半径。具体来说,它是由一个基于高斯分布的损失、一个针对未训练好图像对的注意机制以及一个量化损失构成的。

基于高斯分布的损失 假设 P 表示图像原始高维空间中的联合概率分布,Q 表示所学哈希码在低维汉明空间中的联合概率分布。为了使学习到的哈希码保留原始语义相似性信息,一种常见的方法是使概率 Q 尽可能地与概率 P 相似。那么,为了最小化 Q 和 P 之间的不匹配,一个常用的方法是 KL 散度:

$$\text{dist}_{\text{KL}} = \sum_{i=1}^{n} \sum_{j=1}^{n} q_{ij} \lg \frac{p_{ij}}{q_{ij}} \tag{4.18}$$

式中,n 为图像的数量;概率 p_{ij} 表示图像 x_i 和图像 x_j 之间的原始语义相似性,概率 q_{ij} 表示哈希码 b_i 和 b_j 之间的相似性。具体来说,由于图像对之间的相似性矩阵 S 在监督哈希中是已知的先验知识,故设置 $p_{ij} = s_{ij}$。

然而,KL 散度本质上是不对称的,它没有一个有限的上界。这意味着 KL 散度很难准确衡量概率 Q 和概率 P 之间的差异。因此,与之前的工作类似,使用 JS 散度来构建损失函数,它是对称的并且有一个有限的上界,其定义为

$$\text{dist}_{\text{JS}} = \sum_{i=1}^{n} \sum_{j=1}^{n} q_{ij} \lg \frac{2q_{ij}}{q_{ij}+p_{ij}} + \sum_{i=1}^{n} \sum_{j=1}^{n} p_{ij} \lg \frac{2p_{ij}}{p_{ij}+q_{ij}} \tag{4.19}$$

式中,概率 P 是固定的,即 $p_{ij} = s_{ij}$。这意味着只需学习概率 Q,使其与 P 尽可能相似,即如果 $p_{ij} = 1$,q_{ij} 应接近于 1,否则 q_{ij} 应接近于 0。此外,对于每个概率 q_{ij},它是由哈希码 b_i 和 b_j 之间的汉明距离 d_{H} 计算得到的。因此,为了使学习到的哈希码保持原有的语义相似性,如果 q_{ij} 接近于 1,b_i 和 b_j 之间的汉明距离 d_{H} 应该很小,否则应该很大。

原则上，任何概率函数都可以用在哈希模型中来生成概率 q_{ij}，但哈希模型的性能会有所不同。图 4.8（a）所示为几个与汉明距离 d_H 有关的概率函数。具体来说，黑线显示的是 Sigmoid 函数 $q_{ij} = \dfrac{1}{1 + e^{d_H - \frac{1}{2}k}}$，它被用于很多哈希算法，如 HashNet 和 DPSH。绿线表示基于柯西分布的函数 $q_{ij} = \dfrac{1}{1 + d_H}$，由 DCH 提出。紫色和蓝色线条分别表示相似对的和不相似对的基于最大边际 t 分布概率函数，这是由 MMHH 提出的，它可以被表述为

$$q_{ij} = \begin{cases} \dfrac{1}{1 + \max(0, d_H - h)}, & s_{ij} = 1 \\ \dfrac{1}{1 + \max(h, d_H)}, & s_{ij} = 0 \end{cases} \quad (4.20)$$

式中，h 是汉明球的半径，在大多数情况下 $h = 2$。此外，图 4.8（b）和图 4.8（c）所示为基于不同概率函数的相似和不相似数据对的损失。

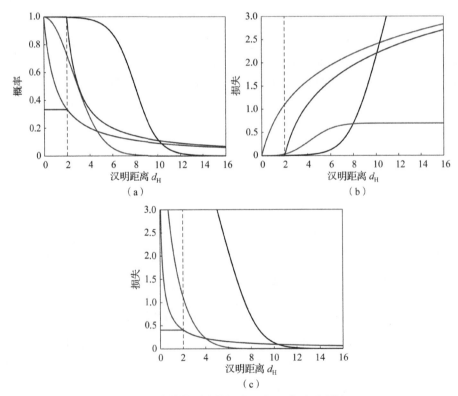

图 4.8 哈希模型中的概率函数（书后附彩插）
（a）概率函数；（b）相似对的损失；（c）不相似对的损失

然而，上面提到的所有基于概率函数的损失函数不能有效惩罚在汉明球内的不相似对，以将它们很好地推出汉明球。例如，如图 4.8（c）中的绿色线所示，其表示基于柯西分布概率函数对不相似图像对的损失，当 d_H 小于汉明半径 $h=2$ 时，它随着汉明距离 d_H 的增加而迅速减少；当 d_H 大于 2 时，损失随着 d_H 的增加而缓慢减少；当 $d_H \gg h$ 时仍有损失。然而，由于在训练阶段，大多数不相似的数据对的哈希码的汉明距离是大于汉明半径的。因此，尽管汉明距离大于汉明半径 2 的不相似对的损失很小，但所有不相似对的损失将占总损失的很大一部分。这意味着损失更倾向于使正确位置的不相似数据对的汉明距离进一步变大，而不注重惩罚错误位置的不相似数据对。另外，对于基于最大边际 t 分布的损失函数，它也有同样的问题。如图 4.8（c）中的蓝线所示，它将错误位置的不相似数据对的损失截断为一个常数，那么这个损失只惩罚正确位置不相似数据对。对于基于 Sigmoid 的损失函数，它不能将相似数据对的汉明距离拉到小于 2，这意味着它不适合于汉明空间检索。

因此，我们提出了一种基于高斯分布的损失，它利用了基于高斯分布的概率函数。如图 4.8（a）所示，当汉明距离 $d_H \leqslant h$ 时，基于高斯分布的概率函数（红线）将具有较高的概率，而当 $d_H \geqslant h$ 时，概率将随着 d_H 的增加而快速下降。此外，它可以被表述为

$$q_{ij} = e^{-\alpha d_H^2} \tag{4.21}$$

式中，α 是一个超参数。通过将式（4.21）代入式（4.19），可以得到基于高斯分布的损失，它可以被表述为

$$L_{GL} = \sum_{i=1}^{n}\sum_{j=1}^{n} w_{ij} s_{ij} \lg \frac{2 s_{ij}}{e^{-\alpha d_H^2} + s_{ij}} + \sum_{i=1}^{n}\sum_{j=1}^{n} w_{ij} e^{-\alpha d_H^2} \lg \frac{2 e^{-\alpha d_H^2}}{e^{-\alpha d_H^2} + s_{ij}} \tag{4.22}$$

式中，w_{ij} 是每个训练对 x_i 和 x_j 的权重，将其设置为不相似的数据对与相似的数据对的比率，以缓解数据不平衡问题。此外，它对相似和不相似的数据对的损失在图 4.8（b）和图 4.8（c）中用红线表示。

具体来说，如图 4.8（b）所示，当 d_H 小于汉明半径 2 时，相似对的损失 L_{GL}（红线）几乎等于 0，而当汉明距离 d_H 大于 2 时，随着 d_H 的增加，损失先增加后稳定，这可以有效惩罚 d_H 大于 2 的相似对以将它们拉入汉明球中。另一方面，如图 4.8（c）中的红线所示，当汉明距离 d_H 小于 2 时，不相似对的损失 L_{GL} 很大，并随着 d_H 的增加而缓慢下降；当 d_H 大于 2 时，随着 d_H 的增加，它迅速下降到 0。因此，与上述其他基于概率分布的损失函数相比，我们提出的基于高斯分布的损失可以更好地集中惩罚错误位置的不相似对。

针对未训练好图像对的注意机制 在训练阶段，对于现有的哈希算法，它们通常对每个数据对进行平等处理，然而，这是不合理的。因为有些数据对被

训练得很好，而有些数据对被训练得很差。直观地说，通过对训练不好的数据对给予更多惩罚，会使哈希网络学到更多的语义信息。因此，在本书中，提出了一种针对未训练好图像对的注意机制，为每个数据对分配一个权重，对那些哈希码不能很好地保存原始相似性的数据对给予更多的权重，而对那些已经处理得很好的数据对则给予较少的权重。具体来说，对于一个数据对 $(\boldsymbol{x}_i, \boldsymbol{x}_j)$，其相应的权重 a_{ij} 的计算如下式所示：

$$a_{ij} = e^{\frac{|2s_{ij} - \cos<f_i, f_j> - 1|}{2}} \quad (4.23)$$

式中，$\boldsymbol{f}_i = F(\boldsymbol{x}_i; \boldsymbol{W})$ 是图像 $\boldsymbol{x}_i$ 的连续哈希码，也就是说，哈希网络输入为图像 $\boldsymbol{x}_i$ 时的输出；$F(\cdot; \boldsymbol{W})$ 表示哈希网络，$\boldsymbol{W}$ 是哈希网络的参数集。$\cos<\boldsymbol{f}_i, \boldsymbol{f}_j> \in [-1,1]$ 表示 $\boldsymbol{f}_i$ 和 $\boldsymbol{f}_j$ 之间的余弦相似性。可以发现，如果生成的连续哈希码 $\boldsymbol{f}_i$，$\boldsymbol{f}_j$ 不能保持原来的语义相似性，a_{ij} 的值就会很大。

然后，通过结合式（4.22）和式（4.23），得到损失函数：

$$L = \sum_{i=1}^{n} \sum_{j=1}^{n} a_{ij} w_{ij} s_{ij} \lg \frac{2s_{ij}}{e^{-\alpha d_H^2} + s_{ij}} + \sum_{i=1}^{n} \sum_{j=1}^{n} a_{ij} w_{ij} e^{-\alpha d_H^2} \lg \frac{2e^{-\alpha d_H^2}}{e^{-\alpha d_H^2} + s_{ij}} \quad (4.24)$$

可以发现，在针对未训练好图像对的注意机制，损失函数 L 可以对汉明球内不相似数据对进行惩罚。

量化损失 由于符号函数 $\text{sgn}(\cdot)$ 的梯度不理想，$\boldsymbol{b}_i = \text{sgn}(\boldsymbol{f}_i)$。按照以前的工作，用连续哈希码 $\boldsymbol{f}_i$ 和 $\boldsymbol{f}_j$ 代替哈希码 $\boldsymbol{b}_i$ 和 $\boldsymbol{b}_j$ 来近似地计算汉明距离：

$$d_H(\boldsymbol{b}_i, \boldsymbol{b}_j) = \frac{k}{4} \left\| \frac{\boldsymbol{f}_i}{\|\boldsymbol{f}_i\|} - \frac{\boldsymbol{f}_j}{\|\boldsymbol{f}_j\|} \right\|_2^2$$

$$= \frac{k}{2}(1 - \cos<\boldsymbol{f}_i, \boldsymbol{f}_j>) \quad (4.25)$$

式中，k 是哈希码的长度；$\cos<\boldsymbol{f}_i, \boldsymbol{f}_j> = \frac{\boldsymbol{f}_i \cdot \boldsymbol{f}_j}{\|\boldsymbol{f}_i\| \|\boldsymbol{f}_j\|}$ 是 $\boldsymbol{f}_i$ 和 $\boldsymbol{f}_j$ 的余弦相似性。

此外，为了控制将连续码转换为二值哈希码时产生的量化误差，使用了一个量化损失函数，其表述如下：

$$L_q = \|\text{sgn}(\boldsymbol{f}_i) - \boldsymbol{f}_i\|_2^2 \quad (4.26)$$

最后，通过结合损失 L 和量化损失 L_q，可以得到 WGLHH 的最终加权高斯损失，如下所示：

$$L_{\text{WGL}} = L + \gamma \quad (4.27)$$

式中，γ 是平衡 L_{WGL} 和 L_q 的一个超参数。通过最小化损失 L，哈希网络的参数可以通过反向传播算法进行更新。经过良好的训练，对于一幅图像 $\boldsymbol{x}_i$，其 k 维二值哈希码 $\boldsymbol{b}_i$ 可以通过 $\boldsymbol{b}_i = \text{sgn}(\boldsymbol{f}_i)$ 得到。

2）实验

（1）数据集

两个基准图像检索数据集被用于评估，即 MS COCO 和 ImageNet。

MS COCO 是一个多标签数据集，它包含大约 82 783 张训练图像和 40 504 张验证图像。这个数据集有 80 个类别，每张图像都是由 80 个类别中的至少一个标记的。在除去没有类别信息的图像后，通过合并训练和验证图像得到120 000 张图像。我们从验证图像中随机抽取 5 000 张图像作为测试集，并将剩余的图像作为数据集，将数据集中的 10 000 张图像作为训练集。

ImageNet 数据集是一个用于大规模视觉识别挑战的图像数据集，包含超过 120 万张图像。它是一个单标签数据集，每张图像都由 1 000 个类别中的一个来标记。

如果两张图像 x_i 和 x_j 至少有一个共同的类别，它们就是相似的图像对，即 $s_{ij}=1$；否则它们就是不相似的图像对，$s_{ij}=0$。

（2）基线和设置

将作者提出的算法与 8 个经典或效果较好的哈希算法进行了比较：1 个有监督的浅层算法 LFH，以及 7 个深度监督算法，即 DHN、DPSH、HashNet、DHLH、DCH、MMHH 和 CQS。

为了公平比较，我们通过 VGG16 模型提取 4 096 维深度特征，该模型在 ImageNet 数据集上预先训练过，作为浅层哈希算法的输入。我们使用原始图像作为深度哈希算法的输入。为了公平比较，所有深度哈希算法采用相同的网络结构，即将 VGG16 最后一层由 k 维全连接层取代。

在我们对 WGLHH 的实现过程中，利用了 VGG16 架构并基于 PyTorch 框架实现。除了最后一个全连接层之外，哈希网络的参数都是用在 ImageNet 上预训练的 VGG16 模型的参数初始化的。我们使用了小批量随机梯度下降法，并在 $10^{-1.5}\sim 10^{-5}$ 范围内交叉验证学习率。由于哈希网络的最后一层是从头开始训练的，它的学习率是其他层的 10 倍。我们将图像的小批量大小固定为 64，权重衰减参数设定为 10^4。超参数 γ 被设置为 0.001，超参数 α 被设置为 0.1。

（3）评价标准

汉明空间检索的评价流程如下两个阶段所示：修剪——对于每个查询数据点，它搜索哈希查找表，并返回汉明半径 h 以内的数据点；重新排序——它对返回的数据点的连续编码按其与查询数据点的距离升序进行重新排序。为了评估汉明空间检索的有效性，使用两个标准评价指标来衡量汉明半径为 $h=2$ 的学习哈希码的质量。汉明半径 2 内的平均精确率（mAP@$h \leqslant 2$）和汉明半径 2 内的精确率（p@$h \leqslant 2$）。

（4）实验结果

mAP@$h \leqslant 2$ 的结果如表 4.5 和表 4.6 所示。p@$h \leqslant 2$ 的结果如图 4.9 所示。由表 4.6 和图 4.9 可以看出：

表 4.5 MS COCO 数据集上不同哈希码长度在汉明空间内检索的 mAP 结果

算法	MS COCO			
	24 bit	32 bit	48 bit	64 bit
LFH	0.553	0.559	0.526	0.380
DHN	0.806	0.785	0.730	0.717
DPSH	0.768	0.700	0.562	0.487
HashNet	0.776	0.754	0.651	0.533
DHLH	0.753	0.755	0.754	0.760
DCH	0.829	0.813	0.780	0.750
MMHH	0.806	0.794	0.792	0.796
CQS	0.877	0.862	0.824	0.767
WGLHH	0.863	0.862	0.845	0.831

表 4.6 ImageNet 数据集上不同哈希码长度在汉明空间内检索的 mAP 结果

算法	ImageNet			
	24 bit	32 bit	48 bit	64 bit
LFH	0.041	0.038	0.039	0.032
DHN	0.423	0.413	0.457	0.575
DPSH	0.485	0.328	0.283	0.122
HashNet	0.669	0.692	0.587	0.465
DHLH	0.786	0.784	0.783	0.775
DCH	0.783	0.780	0.766	0.777
MMHH	0.789	0.791	0.795	0.798
CQS	0.822	0.807	0.794	0.764
WGLHH	0.839	0.844	0.836	0.841

①WGLHH 的 mAP 结果优于所有的基线哈希算法。例如，在不同哈希码长度的 MS COCO 数据集上，与基于 Sigmoid 函数的哈希算法 DHN 相比，WGLHH 的 mAP@$h \leqslant 2$ 平均增长了 7.9%。在 ImageNet 数据集上，与 DCH 相比，WGLHH 的 mAP@$h \leqslant 2$ 实现了 6.4% 的平均增长。这些结果表明，WGLHH 能生成紧凑和高质量的哈希码以提升汉明空间检索效果。

②WGLHH 在 p@$h \leqslant 2$ 评价指标上取得了最佳性能。如图 4.8（a）所示，在 MS COCO 数据集上，在不同的哈希码长度下，WGLHH 都能实现最佳的精确率。此外，在 ImageNet 数据集上，如图 4.9（b）所示，WGLHH 的精确率曲线是最高的。这些结果意味着在返回的数据点中，不相似的数据点的比例要小于所有基线。这表明，我们提出的加权高斯损失在惩罚错误位置的不相似数据点以将它们挤出汉明球方面具有优势。

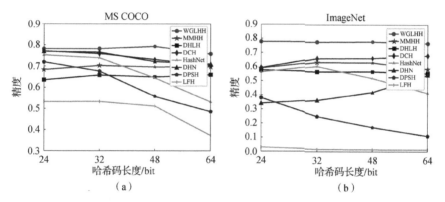

图 4.9　在两个基准数据集上，WGLHH 和基线算法在汉明半径 2 内的精确率曲线（p@$h \leqslant 2$）
（a）MS COCO；（b）ImageNet

③大多数基于 Sigmoid 函数的方法的汉明检索性能可能随着哈希码长度的增加而变差。如表 4.6 所示，在 ImageNet 数据集上，当哈希码长度从 24 bit 到 64 bit 变化时，DPSH（一种基于 Sigmoid 函数的算法）的 mAP 结果从 0.485 下降到 0.122。此外，如图 4.9 所示，HashNet 和 DPSH 等基于 Sigmoid 函数的算法的 p@$h \leqslant 2$ 曲线随着哈希码长度的增加而迅速下降。这些结果表明，基于 Sigmoid 函数的损失不能将相似的数据点拉入汉明球中以提高长哈希码的汉明检索性能。

（5）讨论

消融实验　我们研究了算法 WGLHH–A，它是 WGLHH 的一个变体，没有采用针对未训练好图像对的注意机制。WGLHH 及其变体在两个数据集上 mAP@$h \leqslant 2$ 的结果如表 4.7 所示。

表 4.7　WGLHH 及其变体的 mAP 结果

数据集	算法	24 bit	32 bit	48 bit	64 bit
MS COCO	WGLHH	0.863	0.862	0.845	0.831
	WGLHH – A	0.842	0.844	0.834	0.827
ImageNet	WGLHH	0.839	0.844	0.836	0.841
	WGLHH – A	0.837	0.836	0.829	0.826

基于高斯分布损失的重要性　通过比较表 4.6 中所有基线在 32 bit 上的 mAP 结果和表 4.7 中 WGLHH – A 的 mAP 结果可以发现，只使用基于高斯分布的损失的 WGLHH – A 也能达到最佳性能。这意味着我们提出的基于高斯分布的损失可以集中惩罚错误位置的不相似对，以提高检索性能。

针对未训练好图像对的注意机制的重要性　通过采用针对未训练好图像对的注意机制，与 WGLHH – A 相比，WGLHH 在 MS COCO 和 ImageNet 上分别实现了 1.1%、0.8% 的增长。这些结果表明，通过采用所提出的针对未训练好图像对的注意机制，哈希网络能对未训练好的数据对进行重点训练。

收敛性分析　WGLHH 的损失函数收敛情况如图 4.10 所示。如图 4.10 (a) 所示，损失函数值先迅速下降，然后逐渐收敛。在图 4.10 (b) 中可以发现，检索任务的 mAP@$h \leqslant 2$ 值随着模型的训练而增加，最后达到稳定状态。

超参敏感性分析　我们在两个图像数据集上研究了两个超参数 α 和 γ 的敏感性，哈希码长度为 32 bit。在每次实验中，我们改变两个超参数中的一个，而另一个超参数则固定不变。具体来说，图 4.11 (a) 所示为 mAP@$h \leqslant 2$ 随着 α 在 0.01~0.6 以内变化时的曲线。可以发现，模型检索性能首先增加，然后随着 α 在 0.1~0.6 以内的变化而降低，当 $\alpha = 0.1$ 时可以获得最佳性能。图 4.10 (b) 所示为 mAP@$h \leqslant 2$ 随着 γ 在 0~1 以内变化时的曲线，可以发现 PHCCH 在 $0.0001 \leqslant \gamma \leqslant 0.001$ 时取得了良好的性能。

此外，我们还研究了在不同汉明半径下模型的检索精确率和召回率对 α 的敏感性。图 4.12 (a) 所示为 $\alpha = [0.01, \cdots, 0.6]$ 时不同汉明半径下的检索精确率曲线，图 4.12 (b) 所示为 $\alpha = [0.01, \cdots, 0.6]$ 时不同汉明半径下的召回率曲线。可以看出，较大的汉明半径需要较小的 α 值以保证最高的精确率。但是对于一定大小的汉明半径，召回率会随着 α 的增加而下降。考虑到为了建立一个哈希查询表来找出所有的邻居表，以便在恒定的时间内找出汉明球内的所有邻居，汉明半径 h 应该是足够小，通常是 $h \leqslant 2$，因此，我们设置 $\alpha = 0.1$，当 $h \leqslant 2$ 时，可以使模型能取得不错的检索精确率，同时也有一个很好的召回率。

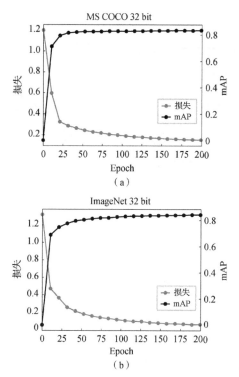

图 4.10　WGLHH 在两个数据集上的损失函数值和 mAP，哈希码长度为 **32 bit**

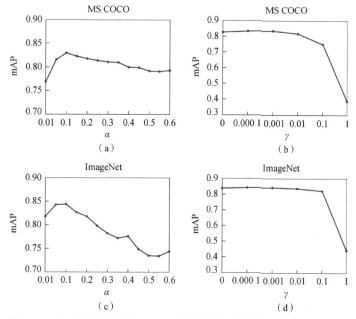

图 4.11　在哈希码长度为 **32 bit** 的情况下关于超参 α 和 γ 实验结果

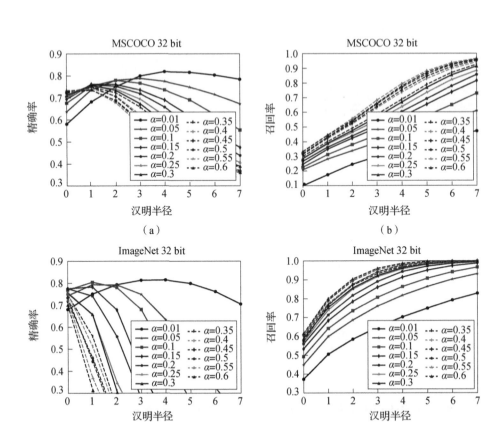

图 4.12 在哈希码长度为 32 bit 的情况下，
α 在不同汉明半径下的精确率和召回率的实验结果

4.2.4 基于图像属性的保留相似性深度哈希算法

目前，有监督的哈希算法通常利用种类标签来构建数据点之间的相似关系。种类标签构建的相似关系可以作为监督信息，用来优化网络参数，达到监督哈希函数学习的目的。在现有的研究中，种类标签构建的相似关系通常有三大类：第一类是两两相似的数据对构成的相似关系；第二类是以元数据、相似项和不相似项构成的三元组相似关系；第三类是对于多标签的检索数据，利用数据种类标签相同个数所检索出来的，实际检索数据点排列列表所构成的相似关系。这三类相似关系都可以作为监督信息，来监督哈希模型的学习。然而，对于第二类和第三类，当数据集数据种类增加、数据个数增加时，时间复杂度将增大，算法效率较低。当前有监督的哈希算法研究主要集中在利用两两相似的关系作为监督信息。在使用卷积神经网络对图像抽取视觉特征后，有监督的算法利用图像视觉特征生成二值哈希码,并且用相应图像之间的相似关系来监督学习过程。视觉特征相似但从属种类不同的图像,直觉上利用其图像种类属性描述,可以使对应二值哈希码保留更多的语义信息。特别地,生物数据往往有一组属性来对图像的信息进行描述。属性描述可以涵盖丰富的信息,图像中极其微小的特征都可以利用属性来描述,使看起来视觉上很相似但从属不同种类的图像加大区分度。如图4.13所示,威尔森莺、黑鸟和黄莺分别为三种鸟类。威尔森莺图像与黑鸟图像之间的视觉特征相差较大,因此对应的二值哈希码之间有较大的汉明距离,可以表示对应图像的种类不同,与实际相符合。然而,当只考虑图像视觉特征时,威尔森莺图像与黄莺图像之间的特征相差小,对应二值哈希码之间的距离小,可以表示对应图像的种类相同,与实际情况不符合。当对应图像有属性描述时,威尔森莺与黄莺相比有不一样的属性,因此加大了威尔森莺的图像与黄莺图像之间的差别,使得对应二值哈希码之间的距离增大,表示图像从属不同种类。对图像进行特征描述的属性,是人工定义标签集合,代表了人们所希望图像应该明确的特征信息。因此根据特定数据集和检索任务,属性描述可以包含更多实际所需信息。对于此类图像检索任务,考虑数据属性描述信息,可以获得更好的检索结果。

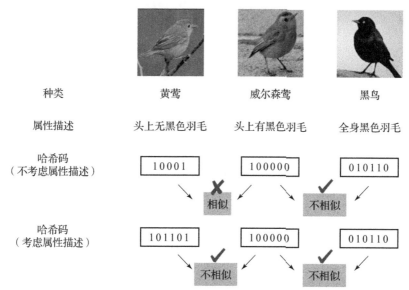

图 4.13 对比考虑属性描述的二值哈希码与不考虑属性描述的二值哈希码

1)问题定义

本节首先对本章所提算法解决的问题进行定义说明。假设数据集 $D =$

$\{d_i\}_{i=1}^N$ 有 N 个数据点，其中 $d_i = (x_i, a_i, l_i)$；x_i 表示数据的视觉特征，也就是图像；a_i 表示该数据从属种类的属性描述，是一个 m 维的向量。$a_{im} = 1$ 表示数据点 d_i 有第 m 个属性特征；$a_{im} = 0$ 表示数据点 d_i 没有第 m 个属性特征。l_i 表示数据点的种类标签。本章提出的基于图像属性的保留相似性深度哈希算法利用一对数据来构造相似关系，并利用一个相似矩阵 $S = \{s_{ij}\}_{i=1,j=1}^N$ 来描述数据集中包含的相似关系，其中 $s_{ij} \in \{0,1\}$。当 $s_{ij} = 1$ 时，d_i 与 d_j 之间有相同的种类标签，被视为相似关系；当 $s_{ij} = 0$ 时，d_i 与 d_j 没有相同的种类标签，则没有相似关系。

本章所提算法，目的在于学习出哈希函数 $h(x_i)$，使数据集中的每张图像 x_i 生成一个长度为 c 的二值哈希码 $b_i \in \{-1, 1\}^c$。数据集利用哈希函数生成的二值哈希码集合 $B = \{b_i\}_{i=1}^N$ 理论上应该保留相似矩阵 S 所描述的相似信息。当 $s_{ij} = 1$ 时，二值哈希码 b_i 与 b_j 有较小的汉明距离；当 $s_{ij} = 0$ 时，二值哈希码 b_i 与 b_j 的汉明距离较大。学习出的哈希函数可以记作 $h(x_i) \Rightarrow b_i$。该算法模型首先对图像的属性描述进行提炼，得到其对应的属性特征。然后，模型利用属性特征来辅助图像二值哈希码生成，使图像二值哈希码既保留图像的视觉特征信息，也保留图像的属性描述信息。模型采用一对数据点的种类是否相同来作为相似关系。利用这种相似关系来监督哈希函数的学习，使得二值哈希码既保留了图像之间的语义相似关系，也保留了图像属性描述之间的相似关系。

在度量一对二值哈希码的相似概率时，对于二值哈希码 b_i 和 b_j，它们之间的汉明距离 $d_H(b_i, b_j)$ 用它们的内积 $<b_i, b_j>$ 来计算，可以表示为

$$d_H(b_i, b_j) = \frac{1}{2}(c - <b_i, b_j>) \tag{4.28}$$

如果两个二值哈希码之间有较小的汉明距离，那它们对应内积应该也较小；反之，它们之间的内积结果较大。一对数据点之间的相似概率可以用似然函数来定义，可以表示为

$$P(s_{ij} | b_i, b_j) = \begin{cases} \sigma(b_i^T b_j), & s_{ij} = 1 \\ 1 - \sigma(b_i^T b_j), & s_{ij} = 0 \end{cases} \tag{4.29}$$

式中，$\sigma(x) = \dfrac{1}{1 + \exp(-x)}$。当条件概率 $P(1|b_i, b_j)$ 较大时，b_i 与 b_j 之间的内积结果较大，使得 b_i 与 b_j 之间的距离较小，因此也就意味着图像 x_i 和图像 x_j 之间相似；反之，图像 x_i 和图像 x_j 之间不相似。

与定义二值哈希码相似度相似，对于两个特征 f_i 和 f_j，它们之间的相似概率也可以用它们之间的内积 $<f_i, f_j>$ 来计算，可以表示为

$$P(s_{ij}|\boldsymbol{f}_i,\boldsymbol{f}_j) = \begin{cases} \sigma(\boldsymbol{f}_i^{\mathrm{T}}\boldsymbol{f}_j), & s_{ij}=1 \\ 1-\sigma(\boldsymbol{f}_i^{\mathrm{T}}\boldsymbol{f}_j), & s_{ij}=0 \end{cases} \qquad (4.30)$$

2) 基于图像属性的保留相似性深度哈希算法

如图 4.14 所示,基于图像属性的保留相似性深度哈希算法由两部分组成。属性学习模块旨在对图片对应的属性进行描述,提炼出属性特征,使属性特征可以保留对应图像的相似关系。图像哈希码学习模块旨在学习哈希函数,并且学习过程受图像种类标签和图像属性描述的监督。通过这两大模块,模型可以生成既蕴含图像种类信息,又蕴含图像属性描述信息的二值哈希码。以下详细介绍该算法中的属性学网络及图像哈希码学习网络。

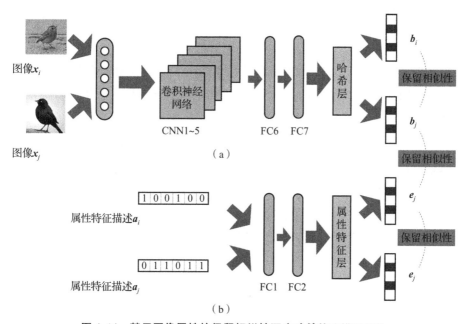

图 4.14 基于图像属性的保留相似性深度哈希算法模型架构

(a) 图像哈希码学习网络;(b) 属性学习网络

3) 属性学习网络

为了挖掘图像属性描述中的丰富信息,模型采用了一个有两层全连接层构成的网络,作为属性学习网络,记作 $R(\cdot)$。在属性学习网络中,属性描述经两层全连接层网络,学习出与所需图像二值哈希码长度相同的属性特征向量。表 4.8 所示为属性学习网络的详细参数设置。其中,L 表示二值哈希码长度。属性学习网络 $R(\cdot)$ 采用 ReLU 作为激活函数。对于图像 x_i,利用属性学

习网络提炼出的特征 e_i，可以通过其对应的属性描述 a_i 来生成，可以表示为

$$e_i = R(a_i, \theta^a) \qquad (4.31)$$

式中，θ^a 为属性学习网络的参数。相似地，图像 x_j 也可以利用属性学习网络来对图像属性描述 a_j 提炼出属性特征 e_j。对于图像 x_i 和图像 x_j，其对应属性特征 e_i 和 e_j 需要保留 s_{ij} 所描述的相似关系。对于训练数据集中的所有图像，其对应的属性特征 $E = \{e_{ij}\}_{i=1}^{N}$ 应该保留相似矩阵 S 所描述的整个数据集的相似关系。属性特征之间的相似关系可以利用一个有权值的最大似然函数来表示，记作

$$\lg P(S|E) = \sum_{s_{ij} \in = S} w_{ij} \lg P(s_{ij} | e_i, e_j) \qquad (4.32)$$

$$w_{ij} = \begin{cases} \dfrac{|S|}{|S_1|}, & s_{ij} = 1 \\ 0, & s_{ij} = 0 \end{cases} \qquad (4.33)$$

式中，$S_1 = \{s_{ij} \in S : s_{ij} = 1\}$，表示训练数据集中所有两两相似的图片对集合。利用特征内积来表示特征相似概率，可以构造属性学习网络的优化目标函数，记作

$$\min_{\theta_a} L_1 = \sum_{s_{ij} \in S} w_{ij} \lg(1 + \exp(e_i^T e_j)) - s_{ij}(e_i^T e_j) \qquad (4.34)$$

通过最小化 L_1，可以获得保留图像属性描述信息的属性特征 e_i 和 e_j，同时也保留了图像之间相似关系。

表 4.8 属性学习网络参数设置

神经网络层	网络参数设置
输入层	属性特征描述向量
FC1	1 024
FC2	1 024
属性特征层	L

4）图像哈希码学习网络

为了获得图像对应的二值哈希码，首先要获得图像的视觉特征。AlexNet 在很多图像任务中都有很好的实验结果，抽取的图像特征可以保留丰富的图像视觉信息。图像哈希码学习网络首先利用 AlexNet 的预训练模型的参数，采取最后一层全连接层的输出，作为哈希层的输入，记作 $G(\cdot)$。表 4.9 所示为图

像二值哈希码学习网络的详细参数设置。图像首先通过卷积神经网络获得视觉特征向量，再经过哈希层获得所需长度的对应哈希码。其中，用于视觉特征抽取的部分，由 5 个卷积层和 2 个全连接层构成。其中，L 表示二值哈希码长度，"LRN"表示局部响应归一化（Local Response Normalization）。对于图像 x_i，抽取出的视觉特征 v_i 可以表示为

$$v_i = G(x, \boldsymbol{\theta}^v) \tag{4.35}$$

表 4.9 图像哈希码学习网络参数设置

神经网络层	网络参数设置
图片输入层	原始图像
CNN1	卷积核 $64 \times 11 \times 11$；步幅 4×4；填充 0；LRN；最大池化 2×2
CNN2	卷积核 $256 \times 5 \times 5$；步幅 1×1；填充 2；LRN；最大池化 2×2
CNN3	卷积核 $256 \times 3 \times 3$；步幅 1×1；填充 1
CNN4	卷积核 $256 \times 3 \times 3$；步幅 1×1；填充 1
CNN5	卷积核 $256 \times 3 \times 3$；步幅 1×1；填充 1；最大池化 2×2
全连接层 FC6	4 096
全连接层 FC7	4 096
哈希层	L

式中，$\boldsymbol{\theta}^v$ 表示对应的网络参数。视觉特征 v_i 通过哈希层，记作 $H(\cdot)$，可以获得一个二值哈希码的中间表示 u_i，记作

$$u_i = H(\tanh(v_i), \boldsymbol{\theta}^h) \tag{4.36}$$

式中，$\boldsymbol{\theta}^h$ 为哈希层的网络参数。哈希层 $H(\cdot)$ 为一个采取 tanh 作为激活函数的全连接层。图像 x_i 的二值哈希码可以通过中间表示 u_i 来获得，记作

$$b_i = \text{sgn}(u_i) \tag{4.37}$$

式中，sgn 为符号函数。

和图像 x_i 获得对应二值哈希码 b_i 的过程相似，图像 x_j 通过图像哈希码学习网络，可以获得其对应的中间表示向量 u_j 和二值哈希码 b_j。对于图像 x_i 和图像 x_j，其对应的二值哈希码中间表示 u_i 和 u_j 应该保留 s_{ij} 描述的图像之间的相似关系。对于训练数据集，其通过哈希码学习网络生成的对应中间表示应该保留相似矩阵 S 所描述的所有数据之间的相似关系。与属性网络学习相似，可以构造中间向量 u_i 和 u_j 的优化目标函数，记作

$$\min_{\theta^v,\theta^h} L_2 = \sum_{s_{ij} \in S} w_{ij} \lg(1 + \exp(\boldsymbol{u}_i^T \boldsymbol{u}_j)) - s_{ij}(\boldsymbol{u}_i^T \boldsymbol{u}_j) \tag{4.38}$$

为了保留图像对应属性描述中的丰富信息，图像的二值哈希码中间表示的学习过程应该包含图像属性描述对应的属性特征。图像 $\boldsymbol{x}_i$ 对应的中间向量 $\boldsymbol{u}_i$ 应该与其对应图像属性特征 $\boldsymbol{e}_i$ 之间保留相似关系，使得 $\boldsymbol{u}_i$ 能够保留 $\boldsymbol{e}_i$ 中的信息。因此，可以构造优化目标函数：

$$\min_{\theta^v,\theta^h} L_3 = \sum_{s_{ii} \in S} w_{ii} \lg(1 + \exp(\boldsymbol{u}_i^T \boldsymbol{e}_i)) - s_{ij}(\boldsymbol{u}_i^T \boldsymbol{e}_i) \tag{4.39}$$

图像 $\boldsymbol{x}_i$ 对应的中间向量 $\boldsymbol{u}_i$ 也应保留与训练数据集中的其他图片对应属性特征 $\boldsymbol{e}_j$ 的相似关系，保留相似图像属性描述的信息，同时利用属性描述区分不相似的图像。因此，可以构造优化目标函数：

$$\min_{\theta^v,\theta^h} L_4 = \sum_{s_{ij} \in S} w_{ij} \lg(1 + \exp(\boldsymbol{u}_i^T \boldsymbol{e}_j)) - s_{ij}(\boldsymbol{u}_i^T \boldsymbol{e}_j) \tag{4.40}$$

与学习图像 $\boldsymbol{x}_i$ 的中间表示 $\boldsymbol{u}_i$ 所构造的优化目标函数相似，对学习图像 $\boldsymbol{x}_j$ 的中间表示 $\boldsymbol{u}_j$ 可以构造优化目标函数：

$$\min_{\theta^v,\theta^h} L_5 = \sum_{s_{jj} \in S} w_{jj} \lg(1 + \exp(\boldsymbol{u}_j^T \boldsymbol{e}_j)) - s_{ij}(\boldsymbol{u}_j^T \boldsymbol{e}_j) \tag{4.41}$$

$$\min_{\theta^v,\theta^h} L_6 = \sum_{s_{ji} \in S} w_{ji} \lg(1 + \exp(\boldsymbol{u}_j^T \boldsymbol{e}_i)) - s_{ji}(\boldsymbol{u}_j^T \boldsymbol{e}_j) \tag{4.42}$$

通过图像的中间表示 $\boldsymbol{u}_i$ 和 $\boldsymbol{u}_j$，可以通过符号函数获得对应的二值哈希码 $\boldsymbol{b}_i$ 和 $\boldsymbol{b}_j$。利用正则项构造优化目标函数为

$$\min_{\theta^v,\theta^h} L_7 = \| \boldsymbol{b}_i - \boldsymbol{u}_i \|^2 + \| \boldsymbol{b}_j - \boldsymbol{u}_j \|^2 \tag{4.43}$$

总的优化目标函数为

$$\min_{\theta^v,\theta^h,\theta^\alpha} L = L_1 + L_2 + \beta(L_3 + L_4 + L_5 + L_6) + \eta L_7 \tag{4.44}$$

式中，β 和 η 为超参数。通过优化目标函数 L，可以更新哈希码学习网络的参数，使对应哈希函数能保留图像之间的相似关系，也能保留图像属性描述的信息。

5）实验

(1) 实验设置

本节主要介绍评估基于图像属性的保留相似性深度哈希算法的检索性能的实验相关设置。本小节介绍了实验数据集 Caltech – UCSD Birds 200 和 Animal with Attribute 2，以及参与训练过程和测试过程的数据集划分设置；介绍了对比检索性能的基线方法；介绍了各方法的参数设置；介绍了本章所提算法的训练过程；介绍了实验所使用的评测指标。

（2）数据集

本章采用两个常用的公开数据集——Caltech‑UCSD Birds 200 和 Americal with Attribute 2，评估基于图像属性的保留相似性深度哈希算法在近邻检索任务中的算法性能。

Caltech‑UCSD Birds 200 是一个鸟类图像的数据集，包含 200 种鸟类的图像，总共有 11 788 张。数据集中的每一种鸟类图像都有一个 312 维的属性描述向量来描述该类图像所具有的属性特征。属性描述向量的每一位代表一种属性。本实验采取 Caltech‑UCSD Birds 200 规定的数据集划分标准。训练数据集共 5 994 张图像，同时将其作为测试阶段的被检索数据。测试数据集共 5 794 张图像，将其作为测试阶段的检索数据。

Animal with Attribute 2 是一个生物图像数据集，包含 50 种生物的图像，总共有 37 322 张图像。数据集中每一种生物图像都有一个 80 维度的属性描述向量来描述该类图像的属性特征。属性描述向量的一位表示一种属性。本实验随机选取 10 000 张图像作为训练集。对于测试阶段，本实验选取 5 000 张图像作为检索数据，数据集中剩余图像作为被检索数据。表 4.10 所示为数据集的详细信息，表 4.11 所示为实验数据集划分的详细信息。

表 4.10 数据集的详细信息

数据集	图像总数	种类数	属性描述维度
Caltech‑UCSD Birds 200	11 788	200	312
Animal with Attribute 2	37 322	50	80

表 4.11 实验数据集划分的详细信息

数据集	图像总数	训练集	测试集	检索数据
Caltech‑UCSD Birds 200	11 788	5 994	5 794	5 994
Animal with Attribute 2	37 322	10 000	5 000	32 322

（3）对比方法

为了评估模型的算法性能，本章将基于图像属性的保留相似性深度哈希算法与一些经典且先进的算法进行比较。以下对这些算法进行介绍。

①基于连续优化的深度算法（HashNet）是一个近似获取二值哈希码的模型。利用改良的激活函数，HashNet 可以使目标函数直接优化哈希码，使哈希

码尽可能地减少量化损失，并保留数据点的相似关系。

②基于特征学习的深度有监督算法利用图像标签来构建图像的相似关系，并以此监督二值哈希码的学习过程，获得保留图像两两相似关系的二值哈希码。

③深度有监督的算法（Deep Supervised Hashing，DSH）利用图像标签优化离散的二值哈希码，使模型学习出的二值码尽可能少地损失数据点的相似信息。

④快速大规模的有监督哈希算法（Fast Scalable Supervised Hashing，FSSH）利用提前构造好的相似矩阵，对哈希码进行迭代优化，使哈希码可以保留相似矩阵的信息和数据点的特征信息。

⑤基于主成分分析的算法利用主成分分析的方法，对数据点做降维处理。然后再利用满足条件的前 Q 个特征来获取二值哈希码。

⑥迭代量化哈希算法在对数据点主成分分析的基础上，迭代优化正交变换矩阵和数据点二值哈希码矩阵，获得最小化误差的二值哈希码。

⑦位置敏感哈希算法将二进制空间划分成多个子空间，然后把数据点从原始特征空间映射到二进制空间。LSH 将在原始特征空间中具有相似关系的数据点映射到同一个子空间的概率大于不具有相似关系的数据点映射到同一子空间的概率。

（4）参数设置

本实验采用 PyTorch 框架来实现本章提出的算法，并且采取反向传播来更新网络参数。属性学习网络和图像哈希码学习网络都采取随机梯度下降的策略来反向传播梯度。在训练网络时，初始学习率设置为 0.001，动量设置为 0.9，衰减率设置为 0.5，超参数 β 设置为 0.01，η 设置为 0.001。

本实验采用 PyTorch 来实现 HashNet、DPSH 和 DSH。对于 FSSH、ITQ、PCAH 和 LSH，本实验利用预训练好的 AlexNet 抽取图像特征，作为图像在原始特征空间中的特征，以此来获取哈希码。为了获得准确的实验结果，本实验的参数设置完全参考原文献，与原文献中设置的参数保持一致。同时，利用原文献中所使用的数据集对实现代码进行验证后，再在 Caltech – UCSD Bird 200 和 Animal with Attribute 2 上获得相应的实验结果。

（5）算法训练过程

本章所提出的基于图像属性的保留相似性深度哈希算法，由属性学习网络和图像哈希码学习网络构成。在训练模型时，根据实验设置赋值网络模型参数。模型每次产生一对数据的二值哈希码，在其对应的输出上计算目标函数。首先，利用反向传播对属性学习网络进行参数调整，然后调整图像哈希码学习网络的参数。

（6）评测指标

本实验采取平均精确率均值和基于最前返回样本的精确率曲线（Precision Curves）作为衡量指标。对于数据集 Caltech – USCD Birds 200，本实验在最前返回的 10 个样本的基础上计算 mAP。对于数据集 Animal with Attribute 2，本实验在最前返回的 50 个样本的基础上计算 mAP。本实验利用 mAP 衡量各算法生成的 16 bit、32 bit、48 bit 和 64 bit 二值哈希码的检索性能。对于精确率曲线，本实验在最前返回的 100 个、200 个、300 个和 400 个样本的基础上，衡量各算法生成的 32 bit 以及 64 bit 二值哈希码的检索性能。

（7）实验结果分析

本小节介绍了评测本章所提算法与对比算法的实验，并对实验结果进行分析。首先，本实验评测本章所提算法与对比算法的检索性能。本小节展示并分析了各算法的 mAP 结果。本小节展示了各算法的检索精确率曲线，并对该结果进行了分析。其次，本实验对属性描述信息进行了有效性验证。本小节展示了属性描述信息验证实验的结果，并对其进行了分析。本实验还对本章所提算法中涉及的参数进行了敏感性分析，本小节展示了该部分实验的结果。最后，以威尔森莺图像作为示例，展示并分析了各方法返回的检索结果。下面详细介绍本章所进行的实验，并对结果进行了分析。

检索性能比较 本实验采取 mAP 值，以及前 n 个返回结果精确率曲线，评测各算法的检索性能。以下详细介绍检索性能比较实验的结果，并对其进行分析。

mAP 值 表 4.12 所示为各算法在 Caltech – UCSD Birds 200 和 Animal with Attribute 2 上的 mAP 结果。从表 4.12 中可以观察到，本章提出的算法与其他算法相比，可以获得更好的检索性能。例如，本章提出的算法生成的 16 bit、32 bit、48 bit 和 64 bit 二值哈希码，在 Animal with Attribute 2 上分别获得的 mAP 结果为 55.64%、64.55%、67.79% 和 68.42%；而对比算法中表现最优的 HashNet 生成的 16 bit、32 bit、48 bit 和 64 bit 二值哈希码，在相同数据集上，分别获得了 52.17%、63.67%、66.85% 和 66.98% 的 mAP 结果。在 Animal with Attribute 2 上，本章提出的算法获得了 0.88%~3.47% 的相对提升。在 Caltech – UCSD Birds 200 数据集上，将本章提出的基于图像属性的保留相似性哈希算法与其他算法相比，获得了 2.16%~3.5% 的相对提升。同时，从表 4.12 中可以观察到，本章提出的算法生成的 4 种长度二值哈希码都比其他算法生成的二值哈希码获得了更高的 mAP 值。

表 4.12　各算法在 Caltech – UCSD Birds 200 和 Animal with Attribute 2 上的 mAP 值

算法	Caltech – UCSD Birds 200				Animal with Attribute 2			
	16 bit	32 bit	48 bit	64 bit	16 bit	32 bit	48 bit	64 bit
本章算法	28.61	30.14	32.45	34.57	55.64	64.55	67.79	68.42
HashNet	26.33	27.98	28.95	31.25	52.17	63.67	66.85	66.98
DPSH	11.45	11.55	13.01	14.31	51.90	57.83	62.91	63.55
DSH	3.24	4.28	4.48	4.70	13.12	14.85	15.53	15.84
FSSH	1.18	1.40	1.43	1.64	3.35	6.03	5.71	6.40
ITQ	7.81	8.07	15.43	14.11	33.57	42.77	46.43	55.08
PCAH	7.33	9.35	11.64	12.01	22.38	35.05	35.71	41.07
LSH	3.13	5.06	6.44	6.65	12.14	14.76	21.51	24.86

检索精确率曲线　图 4.15 和图 4.16 所示为各算法在前 n 个返回样本上的精确率曲线。

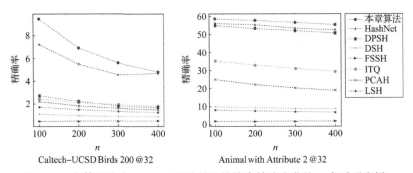

图 4.15　各算法生成 32 bit 二值哈希码的检索精确率曲线（书后附彩插）

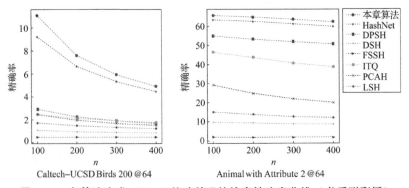

图 4.16　各算法生成 64 bit 二值哈希码的检索精确率曲线（书后附彩插）

图 4.15 所示为各算法所生成的 32 bit 二值哈希码在前 n 返回样本上的精确率曲线。可以观察到：本章提出的算法在 Animal with Attribute 2 和 Caltech - UCSD Birds 200 两个数据集上都取得了比其他算法更好的检索结果。在最前 100 个、200 个、300 个和 400 个返回样本中，本章提出的算法都比其他算法的精确率高。特别是针对最前 100 个返回样本，本章提出的算法的检索性能有明显的提升。

图 4.16 所示为各算法所生成的 64 bit 二值哈希码在前 n 个返回样本上的精确率曲线。可以观察到：本章提出的算法所获取的最前 100 个、200 个、300 个和 400 个返回样本精确率比其他算法高，在 Animal with Attribute 2 和 Caltech - UCSD Birds 200 两个数据集上都取得了比其他算法更好的检索结果。图 4.15 和图 4.16 所示的实验结果说明了本章所提出的基于图像属性的保留相似性哈希算法是有效的。

属性描述信息的有效性验证 本章算法在生成二值哈希码时融入了属性信息，因此设计了实验来验证属性信息的有效性。在验证属性信息提升二值哈希码性能时，本实验在本章所提算法的基础上去掉了属性特征学习和与其相关的损失函数。同时，保持与本章所提算法相同的实验设置。

图 4.17 和图 4.18 所示为属性有效性验证的实验结果。图 4.17 所示为属性信息在 Caltech - UCSD Birds 200 数据集上的有效性验证。从图 4.17 中可以观察到，当本章算法的二值哈希码融入属性信息时，比没有融入属性信息的二值哈希码获得了更高的 mAP 值。融入属性信息的 16 bit、32 bit、48 bit、64 bit 二值哈希码，均比没有该信息的二值哈希码获得了更佳的实验结果。图 4.18 所示为属性信息在 Animal with Attribute 2 上的有效性验证。在 Animal with Attribute 2 数据集上，本章所提算法使二值哈希码融入图像属性信息时可以获得比不考虑该信息的二值哈希码时更佳的实验结果。可以观察到，在该数据集上，本章算法融入属性信息后，所生成的 16 bit、32 bit、48 bit、64 bit 二值哈希码获得了更好的 mAP 值。图 4.17 和图 4.18 证明了图像的属性描述，可以使二值哈希码保留更丰富的信息。保留了属性信息的二值哈希码，在检索任务中表现更优。

参数敏感性分析 本实验测试了不同超参数值对实验结果的影响。β 和 η 为本章算法中所涉及的两个超参数。本实验在数据集 Caltech - UCSD Birds 200 的 64 bit 二值哈希码基础上，测试超参数对检索结果的影响。图 4.19 所示为超参数对实验结果的影响曲线。当 η 与实验中参数相同且不变时，可以观察到当 β 的值为 0.01 ~ 0.5 时，可以获得与以上实验相近的 mAP 值。当 β 与实验参数相同且不变时，可以观察到当 η 的值为 0.001 ~ 0.05 时可以获得与实验相近的 mAP 值。

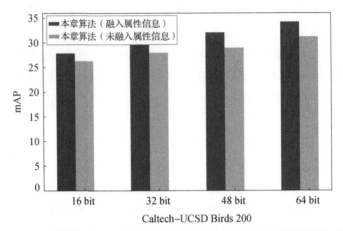

图 4.17 属性特征在 Caltech – UCSD Birds 200 数据集上的有效性验证

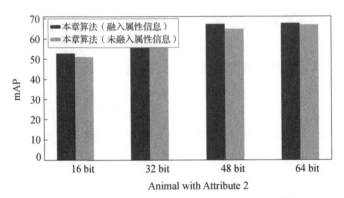

图 4.18 属性特征在 Animal with Attribute 2 数据集上的有效性验证

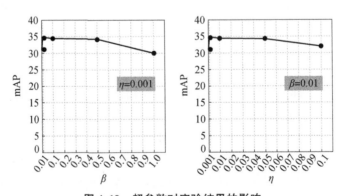

图 4.19 超参数对实验结果的影响

案例分析 图 4.20 所示为在 Caltech – UCSD Birds 200 数据集上的实验结果，即当检索项为威尔森莺的图像时本章所提算法与部分对比算法的最相近检索结果。带边框的图像指同为威尔森莺种类的返回结果。本章所提的算法可以检索出与威尔森莺视觉特征相似的结果。同时，由于融入了属性描述信息，本章提出的算法可以更细致地区分属性特征。因此，在最近返回的 5 个结果中，本章提出算法的正确率最高。同时，由于 HashNet 和 DPSH 采用有监督的训练过程，因此比 PCAH 和 ITQ 返回了较为正确的结果。然而，HashNet 和 DPSH 没有考虑属性描述信息，在区分视觉特征相似但从属类别不同的数据上，与本章算法对比，表现欠缺。由于没有采取监督信息，PCAH 和 ITQ 在 Caltech-UCSD Birds 200 数据集上的表现比本章提出的算法以及 HashNet 和 DPSH 较差。除此之外，从实际检索过程中可以发现，对于类似生物图像检索，利用属性描述信息来提高二值哈希码的检索性能具有重要的现实意义和研究价值。

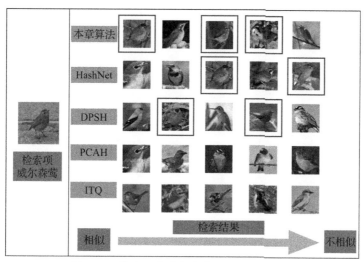

图 4.20　检索项为威尔森莺时检索结果示例

6）小结

针对包含图像属性描述的图像检索任务，本章提出的基于图像属性的保留相似性深度哈希算法，目的在于通过学习图像属性描述的相关信息来提高图像对应二值哈希码的检索正确率。利用属性描述和图像的标签信息构建模型优化的目标函数，模型可以生成同时保留属性描述和标签信息的二值哈希码，并保留数据点在原始特征空间中的相似关系。

本章首先介绍了基于图像属性的保留相似性深度哈希算法的研究背景和提出该算法的动机。然后，介绍了该算法的问题定义、模型架构、网络参数和算法训练步骤。接着，介绍了用于评测检测性能的数据集、对比算法和评测指标。最后，对实验结果进行分析和总结。

本章提出的基于图像属性的保留相似性深度哈希算法具有以下创新点。

①引入属性学习网络来提炼图像的属性特征，用于辅助图像二值哈希码生成，使二值哈希码可以保留属性描述的信息，使相似属性描述的图片具有相似的二值哈希码。

②构造基于属性标签的目标优化函数，使图像保留图像属性所描述的相似关系。同时构造基于图像标签的目标优化函数，使图像保留标签所构造的相似关系。

③在两个常用的公开数据集上对模型进行评测。大量实验证明，本章提出的基于图像属性的保留相似性深度哈希算法，与其他经典的哈希算法相比，取得了更好的检索结果，有更好的检索性能。

II

面向其他数据类型的哈希算法

虽然图像哈希占据了哈希建模领域的主流，但是近期的发展趋势表明，哈希的思想正在快速向其他数据类型或其他领域扩散。主要原因在于，现在是大数据的时代，最近邻检索的问题非常常见，包括神经网络本身的压缩、社交网络分析、信息检索等都正在利用保留相似性哈希算法去提升这些领域的性能。在这部分，将介绍作者在各种数据类型上的一些探索工作，这些内容发表在 *TKDE*（*Transaction on Knowledge and Data Engineering*）、*Information Sciences* 等国际期刊上，主要探索了如何利用保留相似性哈希算法去提升社交网络分析、文本检索、跨模态检索等领域的性能。

第5章
文本哈希算法

作为许多大型信息检索系统和学术研究的一个基本要求，文本检索已经引起相当大的关注。一般来说，现有的文本检索方法大致可分为基于关键词的方法和基于向量嵌入的方法。与基于关键词的方法（手工提取论文中的关键词，然后根据手工关键词从数据集中找到相关论文）相比，基于向量嵌入的方法往往能取得更显著的性能，它采用文本嵌入的方法将学术文献映射为连续向量，并保留了原始数据之间的语义相似性。

尽管基于向量嵌入的方法取得了成功，但连续向量可能包含冗余信息，降低了计算效率，增加了存储成本，特别是当文本数据集非常大时。想象一下，在一个大小为 n 的大规模学术文献数据集中，通过 KNN 搜索来检索前 K 个最相似的文本，假设隐向量的长度为 d，相似性搜索将花费时间 $O(d \cdot n^2)$。因此，我们更倾向于采用哈希算法来生成二进制嵌入哈希码，用于大规模的文本检索。一般来说，现有的文本哈希算法主要可以分为浅层文本哈希算法和深层文本哈希算法。

5.1 浅层文本哈希算法

浅层文本哈希算法代表的算法包括文献[24,176,58,46]中的算法，这些算法常常采用随机线性哈希函数，根据文档的词袋（Bag of Words，BoW）向量之间的相似性，将文档映射成哈希码。由于文件的 BoW 向量中的语义信息往往是非线性的，浅层文本哈希算法在实际应用中可能无法达到令人满意的性能。

5.2 深层文本哈希算法

与浅层文本哈希算法相比，深层文本哈希算法（Deep Semantic Hashing）能够学习非线性哈希函数，能够很好地将文本的非线性语义信息映射为哈希码。因此本小节将详细介绍一种深层文本哈希算法，以使读者理解现有文本哈希算法的建模方法及应用。

大规模学术性深层语义哈希算法

虽然人们对深层语义哈希进行了大量研究，但现有的算法均为普通文献检索而不是为学术文献检索设计的。由于这些算法忽略了学术文献的独特特征，因此它们往往不能在学术文献上取得令人满意的效果。通常，学术文献的独特特征包括不同领域标签的重要性和论文引文中丰富的结构信息。对于不同领域标签的重要性，大多数算法假设不同的领域标签具有相同的重要性，并认为具有更多相关领域标签的论文与查询论文更相似。这种假设大大损害了学术文献检索的性能。如图 5.1 所示，列表（a）只对相关领域标签的数量进行排名，而列表（b）则对不同领域标签的重要性进行排名。可以发现，列表（b）显然比列表（a）更合理，因为列表（b）的第一顺序参考文献和查询文献都有最重要的领域标签，即文档表示。对于论文引文中丰富的结构信息，据我们所知，到目前为止，只有两种深层语义哈希算法，即 Node2Hash 和 PairRec，这两种算法可以利用论文引文的信息。然而，在保存论文文本语义的过程中，这两种算法都只是将引文邻接作为一种监督信息。事实上，受网络表征学习的启发，论文引文可以被构造成一个包含丰富结构信息的引文网络，包括局部邻居信息和全局结构信息。因此，Node2Hash 和 PairRec 不仅忽略了全局结构信息，而且不能直接将网络中的结构信息编码为哈希码，这就导致了论文引文中丰富结构信息的丢失。

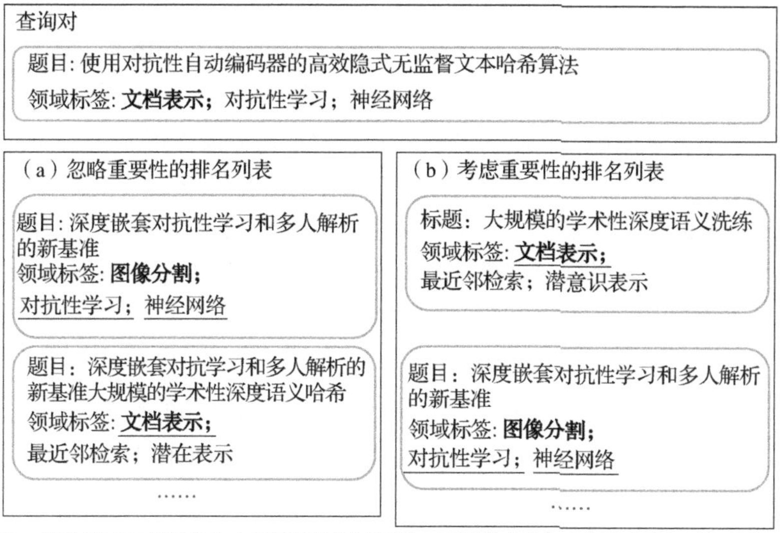

```
┌─────────────────────────────────────────────────┐
│ 查询对                                           │
│ 题目：使用对抗性自动编码器的高效隐式无监督文本哈希算法 │
│ 领域标签：**文档表示**；对抗性学习；神经网络       │
└─────────────────────────────────────────────────┘

┌──────────────────────────┐  ┌──────────────────────────┐
│（a）忽略重要性的排名列表  │  │（b）考虑重要性的排名列表  │
│ 题目：深度嵌套对抗性学习  │  │ 标题：大规模的学术性深度  │
│ 和多人解析的新基准        │  │ 语义洗练                  │
│ 领域标签：**图像分割**；  │  │ 领域标签：<u>文档表示</u>；│
│ <u>对抗性学习</u>；<u>神经网络</u>│ 最近邻检索；潜意识表示    │
│                          │  │                          │
│ 题目：深度嵌套对抗性学习  │  │ 题目：深度嵌套对抗性学习  │
│ 和多人解析的新基准大规模  │  │ 和多人解析的新基准        │
│ 的学术性深度语义哈希      │  │ 领域标签：**图像分割**；  │
│ 领域标签：<u>文档表示</u>；│ <u>对抗性学习</u>；<u>神经网络</u>│
│ 最近邻检索；潜在表示      │  │                          │
│  ……                      │  │  ……                      │
└──────────────────────────┘  └──────────────────────────┘
```

注：粗体字表示每篇论文中最重要的领域标签。下划线表示与查询论文的领域标签相同

图 5.1　区分不同领域标签的重要性的一个例子

　　为了解决上述问题，本章提出了大规模学术深层语义哈希算法，称为 LASH，用于学术文献检索任务，该算法考虑了上述学术文献的两个独特特征。具体来说，LASH 首先将论文引文视为一个引文网络，然后采用多输入深度自动编码器，将引文网络的全局结构信息和学术论文的语义信息都编码为统一的哈希码。此外，还设计了一个加权百分比相似性来衡量多个领域标签的重要性，它是 Jaccard 和 Cosine 相似性的线性组合。在相似性的监督下，所采用的多输入深度自动编码器可以同时将全局结构信息、文本语义信息和领域标签的重要性很好地纳入统一的哈希码中。

1）相关工作

（1）学术论文的挖掘

　　学术论文是一种包含新的科研成果、创新知识和科学记录的文本形式，用于阅读、交流和讨论或在学术期刊上发表，对许多学术研究具有重要意义。随着过去几年学术论文数量的爆炸性增长，对学术论文的挖掘已经引起研究人员越来越多的关注，代表性的作品有微软学术服务（Microsoft Academic System，MAS）和 ArnetMiner。MAS 提出了一个相对完整的实体数据模式。在实体数据模式中，论文的领域标签的名称和重要性（语义相似性）被称为研究领域（Field of Study，FOS）实体，论文的作者姓名和电子邮件被称为作者实体，论文的索引摘要被称为摘要实体，论文的标题被称为标题实体，论文的参考文献的论文 ID 被称为参考文献实体，等等。ArnetMiner 提供了许多大规模的引文网络数据集，这些数据集是从 DBLP、ACM、MAG（Microsoft Academic Graph）和其他来源提取的。

上述学术论文挖掘工作使许多有意义的学术任务成为可能，如学术对话、学术推荐、引文网络嵌入等。学术文献检索就是这些任务之一。近年来，随着学术论文数量的爆炸性增长，旨在查询论文寻找类似论文的学术文献检索正成为研究人员通常必须经历的最耗时的任务之一。因此，在本小节中，我们重点讨论学术文献检索。

（2）用于文件检索的哈希算法

随着过去几年文档的快速增长，人们提出了几种文档的哈希算法，这些哈希算法往往通过高效和低存储量的哈希码来代表原始数据样本。粗略地说，这些哈希算法可以分为浅层语义哈希算法和深层语义哈希算法。

首先，浅层语义哈希算法采用随机线性哈希函数，根据文档的 BoW 向量之间的相似性，将文档映射成哈希码。这一类的代表算法包括位置敏感哈希及其变种、谱哈希、球形哈希（SpheHash）和迭代量化。LSH 及其变种是最流行的与数据无关的浅层语义哈希算法，它使用随机投影将文档的 BoW 向量映射成哈希码。SpecHash 是一种无监督的浅层语义哈希算法，其目标是通过解决特征向量问题来保持局部性并找到平衡的、不相关的哈希码。SpheHash 是一种基于超球空间划分的浅层语义哈希算法，它可以通过使用球面汉明距离将更多的空间连贯的数据点映射到哈希码中。ITQ 最小化量化误差，生成的哈希函数可以很好地保留输入数据的原始位置性结构。由于文档的 BoW 向量中的文本信息往往是非线性的，浅层哈希算法在实际应用中可能无法达到满意的效果。

其次，深度语义哈希算法采用深度神经网络将文档的非线性信息保存为哈希码。例如，语义哈希是一种广泛使用的无监督深度语义哈希算法，它从 BoW 向量中保留了文本语义信息。语义哈希的哈希函数被建模为使用限制性波尔兹曼机的深度生成模型。自学哈希(Self‑taught Hashing)是语义哈希的一个扩展，它也在未见过的数据上学习哈希函数。有监督变异深度语义哈希（VDSH‑S）是最先进的有监督深度语义哈希算法，它通过使用变异自动编码器的生成模型学习哈希函数。弱监督的深度语义文本哈希（NbrReg）是一种弱监督的深度语义哈希算法，它采用 BM25 等无监督排名方法，从训练数据中提取弱信号。配对重建的语义哈希是一种无监督深度语义哈希算法，它首先将弱监督的训练对（一个查询文档和一个语义相似的文档）编码成两个哈希码，然后从这两个哈希码中重建同一个查询文档（即配对重建）。图感知深度语义哈希是最先进的无监督深度语义哈希算法，它采用自动编码器，通过 BoW 向量和全局引文网络信息自监督地从 BoW 向量中提取文本语义信息。

通常情况下，深层语义哈希算法在检索性能方面可以优于浅层语义哈希算法。然而，现有的方法是为普通文献检索而不是学术文献检索而设计的。然而本小节介绍的 LASH 算法可以很好地考虑网络数据的独特特征，进而达到较好的检索效果。

2）方法

（1）问题定义

假设在一个学术数据集中有 n 篇训练论文，每篇论文都有论文文本（包括标题和摘要）和论文引文。在不失一般性的前提下，本节使用论文文本嵌入数据集和引文网络嵌入数据集进行说明，这意味着每篇论文都有论文文本嵌入的数据点和引文网络中的节点嵌入数据点。我们用 $T = [t_1, t_2, \cdots, t_n]^T$，$t_i \in \mathbf{R}^y$ 和 $V = [v_1, v_2, \cdots, v_n]^T$，$v_i \in \mathbf{R}^y$ 分别表示论文文本嵌入数据集和引文网络嵌入数据集。然后，我们用 $P = \{p_i\}_{i=1}^n$ 表示训练论文集，$p_i = (t_i, v_i, l_i)$，其中 $t_i = T$ 和 $v_i \in V$ 分别表示第 i 篇论文 p_i 中的论文文本嵌入和节点嵌入点。$l_i = [l_{i1}, l_{i2}, \cdots, l_{im}]$ 是 p_i 的标准化领域标签向量，其中 m 是领域标签的数量。如果 p_i 有第 j 个领域标签，l_{ij} 是第 j 个领域标签的归一化重要性，否则 $l_{ij} = 0$。

基于上述数据集 P，LASH 的目标是学习保留相似性的哈希码 $B = [b_1, b_2, \cdots, b_n]^T$，$b_i \in \mathbf{R}^d$ 为数据集中的论文，其中 d 为每个哈希码的长度，b_i 表示学习得到的论文 p_i 的哈希码。同时，当 b_i 和 b_j 相似时，p_i 和 p_j 之间的汉明距离应尽可能小。否则，汉明距离应尽可能大。为了生成哈希码 B，LASH 从训练论文集 P 中学习哈希函数 $b_i = F(p_i; \Theta)$。此外，学习到的哈希函数 $F(p; \Theta)$ 也被用来为查询论文生成哈希码 b_q。最后，根据 b_q 和 b_i 之间的汉明距离，使用汉明距离从 B 中检索出查询论文的相似论文，$b_i \in B$。此外，sgn($\cdot$) 是一个符号函数，如果该元素是正的，则返回 1，否则返回 -1。

（2）LASH 的结构

LASH 的结构如图 5.2 所示，其包含 4 个部分：加权百分比相似性挖掘、论文文本嵌入、引文网络嵌入和哈希码优化。一篇学术论文通常包含三个特征：加权领域标签、论文文本和论文引文。加权百分比相似性挖掘是为了从加权领域标签中挖掘相似性矩阵。论文文本嵌入部分和引文网络嵌入部分是为了从论文文本和论文引文中分别提取文本嵌入 T 和网络嵌入 V。之后，在哈希码优化部分，使用了新的目标函数来优化相似性矩阵和两个嵌入数据集的多输入深度自动编码器。

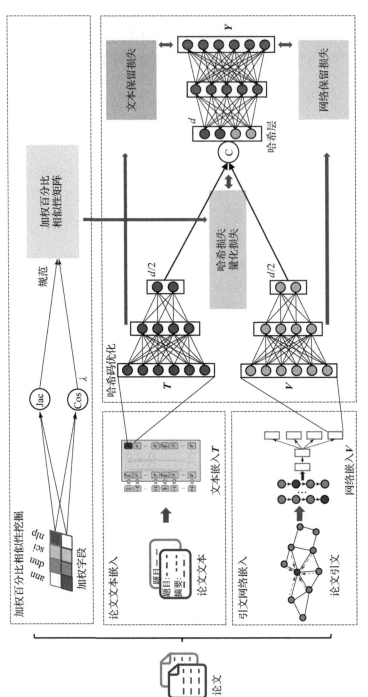

图 5.2 LASH 的结构

加权百分比相似性挖掘　与普通文献不同，学术文献的标签往往是加权的，比如 LASH 与近邻搜索相关度高，与学习潜在表征相关度低。如果我们像普通的文献方法一样只考虑相关领域标签的数量，很容易使两篇低相似度的论文成为相似的一对，这将损害最后的哈希性能。因此，在 LASH 中，我们使用 MAS 中的研究领域实体作为论文的领域标签，其中包含了论文的名称和领域标签的标准化重要性（语义相似性）。为了衡量具有不同重要性的论文的领域标签之间的相似性，一个加权百分比相似性被定义为

$$s_{ij} = \frac{\text{Jaccard}(\boldsymbol{l}_i', \boldsymbol{l}_j') + \lambda \text{Cosine}(\boldsymbol{l}_i, \boldsymbol{l}_j)}{1 + \lambda} \tag{5.1}$$

式中，$\text{Jaccard}(\boldsymbol{l}_i', \boldsymbol{l}_j')$ 和 $\text{Cosine}(\boldsymbol{l}_i', \boldsymbol{l}_j')$ 分别表示 Jaccard 相似性和 Cosine 相似性。$\boldsymbol{l}_i = [l_{i1}, l_{i2}, \cdots, l_{im}]$ 是 $\boldsymbol{p}_i$ 的标准化领域标签向量，其中 m 是领域标签的数量。如果 $\boldsymbol{p}_i$ 有第 j 个领域标签，l_{ij} 是第 j 个领域标签的归一化重要性，否则 $l_{ij} = 0$。$\boldsymbol{l}_i'$ 是一个集合的向量表示，$\boldsymbol{l}_i' = \text{sgn}(\boldsymbol{l}_i)$。$\lambda$ 是一个平衡参数，用于平衡 Jaccard 相似性和 Cosine 相似性，分别表示相关领域标签的数量和不同领域标签的重要性。更具体地说，如果 $\lambda = 0$，加权百分比相似性只反映 Jaccard 相似性，可以衡量相关领域标签的数量；如果 $\lambda = +\infty$，加权百分比相似性只反映余弦相似性，可以衡量不同领域标签的重要性，因为不同的值（不同领域标签的重要性）导致不同的角度。

通过将加权百分比相似性纳入哈希码优化过程，学习到的哈希码 $\boldsymbol{B}$ 可以保留 $\boldsymbol{S}$ 中的相似性，其中 $s_{ij} \in [0, 1]$，这使得 $\boldsymbol{B}$ 可以区分不同领域标签的重要性，而不是只区分相关领域标签的数量。

论文文本嵌入　为了提取论文文本的上下文语义嵌入，我们利用了 BERT 模型，它有 12 层 12 头的 Transformer 块[1]。尽管 BERT 模型取得了巨大的成功，但由于它是在一般的语料库中训练出来的，所以它在表示特定领域的语料库的上下文信息方面仍然有局限性。为了缓解学术论文领域的这个问题，使用大量的论文和相应的领域标签来微调 BERT 的参数。具体来说，我们将微调过程视为领域标签上的多标签分类任务，它有三个主要步骤：对于一个给定的论文标题和摘要，通过 BERT 模型获得上下文语义嵌入 $\boldsymbol{e} \in \boldsymbol{R}^\gamma$；输出特征 $\boldsymbol{o} = \text{FC}(\boldsymbol{e}) \in \boldsymbol{R}^m$ 是基于全连接层 FC 得到的，其中 m 为领域标签的数量；使用激活函数 $\text{Sigmoid}(\cdot)$ 来转换输出特征 $\boldsymbol{o}$。然后通过领域标签可以构造二元交叉熵损失，这将用于微调 BERT 模型的参数。

---

[1] 在本书中，使用的是基于 BERT 的模型参数。

引文网络嵌入 我们没有将论文引文作为监督信息,而是首先根据论文引文构建引文网络,并将完整的引文网络作为输入,直接将网络中的结构信息编码为哈希码。更具体地说,为了对引文网络的全局结构信息进行采样,我们采用了截断随机游走的方法。例如,以一个随机节点 v_i 为根节点,随机游走 W_{v_i} 可以写成

$$W_{v_i} = \{v_i, v_{i+1}, \cdots, v_{i+\max}\} \tag{5.2}$$

式中,v_{i+1} 是从 v_i 的邻居中抽取的,max 是随机游走的最大长度。由于通过随机游走采样的节点共同出现率的行为与词的共现性相似,采用跳字模型(Skip-gram)来学习截断随机游走方法的嵌入,这已被证明是一种保留全局结构信息的强大算法。此外,为了实现网络嵌入的重建过程,将网络嵌入的维度设定为 y,这与文本嵌入的维度相同。

请注意,按照以前的网络嵌入工作,我们将论文引用网络视为无向结构网络,因为引用网络的有向版本暴露了链接的强时间排序,而不是相关性。

优化哈希编码 受基于多编码器的网络的启发,LASH 优化了一个多输入深度自动编码器,通过最小化目标函数,为文本嵌入 T 和网络嵌入 V 生成统一的哈希码 B,其中包含文本保留损失、网络保留损失、哈希损失和量化损失。更特别的是,文本和网络保留损失是用来保证统一的哈希码 B 能够保留两个嵌入数据集中的信息。哈希损失用于保证统一的哈希码 B 能够保留所提出的加权百分比相似性矩阵中的重要性信息,该矩阵衡量具有不同重要性的论文的领域标签之间的相似性。此外,查询论文的哈希码是由多输入深度自动编码器的哈希层生成的,该哈希层含有两个全连接层,用于不同的输入,然后是一个连接函数。由于符号函数 $\text{sgn}(\cdot)$ 在反向传播中是不可微分的,我们直接抛弃 $\text{sgn}(\cdot)$ 函数,并引入量化损失,使输出接近二进制。在下一小节中,我们将详细介绍目标函数的细节。

(3) 目标函数

LASH 的目标是将训练数据集 $P = \{p_i\}_{i=1}^{n}$ 中的论文和未见过的查询数据点映射到一个语义相似性保留的汉明空间中,其中相关性较高的数据点的哈希码应该更相似,而相关性较低的数据点的哈希码应该不相似。在下文中,将介绍 LASH 的目标函数的更多细节。

受基于多编码器的网络的启发,首先采用两个不同的编码器将文本嵌入 T 和网络嵌入 V 合并成一个统一的哈希码 B。然后,为了保证 B 在两个嵌入空间中包含尽可能多的有用特征,使用解码器从 B 中重建输入向量。在理想情况下,重建的嵌入包含了文本嵌入 T 和网络嵌入 V 中的信息,它应该与它们都相似。因此,我们设计了两个 Frobenius 损失以衡量它们之间的差异,即文

本保留损失 L_{pt} 和网络保留损失 L_{pn}。文本保留的损失和网络保留损失的详细定义如下：

$$\min_{B} L_p = L_{pt} + L_{pn}$$
$$= \|T - Y\|_F^2 + \|V - Y\|_F^2 \quad (5.3)$$
$$\text{s. t.} \quad T, V, Y \in \mathbf{R}^{n \times y}$$
$$B = h((T, V, L); \Theta)$$

式中，$T \in \mathbf{R}^{n \times y}$ 表示文本嵌入；$V \in \mathbf{R}^{n \times y}$ 表示网络嵌入；$Y \in \mathbf{R}^{n \times y}$ 表示重建的嵌入；$B \in \{-1, 1\}_{i=1}^{n}$ 表示统一的哈希码；$L \in \mathbf{R}^{n \times m}$ 表示标准化的领域标签；$h((T, V, L); \Theta)$ 表示哈希函数，其中，Θ 为多输入深度自动编码器的参数。

此外，为了使统一的哈希码 B 保留加权百分比的相似性，设计了哈希损失 L_h。对于任何两个哈希码 b_i 和 b_j，如果相似性 $s_{ij} = 1$，汉明距离 $\|b_i, b_j\|_H = 0.5(Q - b_i^T b_j)$ 应该是最小值 0，即，$b_i^T b_j = Q$；如果相似性 $s_{ij} = 0$，汉明距离 $\|b_i, b_j\|_H$ 应该是最大值 Q，即，$b_i^T b_j = -Q$；否则，$b_i^T b_j$ 应该有一个符合相似性的合适值。因此，哈希损失可以定义为加权百分比相似性乘以 Q 和哈希码对的内积之间的 Frobenius 损失：

$$\min_{B} L_h = \beta \|BB^T - 2QS + Q\|_F^2$$
$$\text{s. t.} \quad S \in \mathbf{R}^{n \times n} \quad (5.4)$$
$$B = [b_1, b_2, \cdots, b_n]^T \in \{-1, 1\}^{n \times Q}$$

式中，$B \in \{-1, 1\}^{n \times Q}$ 表示统一的哈希码；β 为一个超参数；Q 为哈希码的维度；$S \in \mathbf{R}^{n \times n}$ 表示权重百分比相似性。

综上，LASH 的目标函数可以定义如下：

$$\min_{B} L = L_p + L_h$$
$$\text{s. t.} \quad T, V, Y \in \mathbf{R}^{n \times y}$$
$$S \in \mathbf{R}^{n \times n} \quad (5.5)$$
$$B = h((T, V, L); \Theta) \in \{-1, 1\}^{n \times Q}$$

然而，由于 $\text{sgn}(\cdot)$ 函数的作用，哈希函数 $h((T, V, L); \Theta)$ 在零处是可微分的，对于非零输入，它的推导将是零。这意味着在最小化式 (5.5) 时，所采用的多输入深度自动编码器的参数 Θ 将不会被反向传播算法所更新。因此，为了确保我们的哈希模型的参数可以被更新，直接抛弃了哈希函数 h 中的 $\text{sgn}(\cdot)$ 函数，如下所示：

$$h((T, V, L); \Theta) = \text{sgn}(h'((T, V, L); \Theta)) \quad (5.6)$$

由于哈希码 B 是哈希函数的输出，即 $B = h'((T, V, L); \Theta)$，$B \in \mathbf{R}^{n \times Q}$ 而

不是 $B \in \{-1, 1\}^{n \times Q}$。为了使 B 的每个元素接近"-1"或"$+1$",增加了一个量化损失 L_q,用来最小化 B 和 $\text{sgn}(B)$ 之间的差异。此外,为了平衡哈希损失和量化损失,选择超参数 γ 来控制量化损失的处理。最后,可以进一步将式(5.5)重新表述为

$$\min_B L' = \|T - Y\|_F^2 + \|V - Y\|_F^2 +$$
$$\beta \|BB^T - 2QS + Q\|_F^2 +$$
$$\gamma \|X - B\|_F^2$$
$$\text{s.t.} \quad T, V, Y \in \mathbf{R}^{n \times y} \quad (5.7)$$
$$S \in \mathbf{R}^{n \times n}$$
$$B = h'((T, V, L); \Theta) \in \mathbf{R}^{n \times Q}$$
$$X = \text{sgn}(B)$$

式中,β 和 γ 是超参数;$B \in \mathbf{R}^{n \times Q}$ 是没有 $\text{sgn}(\cdot)$ 函数的哈希层的输出;$X = \text{sgn}(B)$ 是训练集 P 的真实哈希码;$\|X - B\|_F^2$ 是量化损失。

为了优化 LASH 的目标函数,即式(5.7),采用标准的小批量随机梯度下降程序,使用 Adam 优化器。经过优化,可以得到训练集 P 的哈希代码 $X = \text{sgn}(B)$,以及哈希函数 $\text{sgn}(h'((T, V, L); \Theta))$,这可以用来生成查询论文的哈希码。

2) 实验

(1) 数据集

如前所述,自动和高效的学术文献检索正在成为许多大规模信息检索系统和学术研究的基本要求。然而,据我们所知,目前还没有针对学术文献检索任务的基准数据集。因此,基于以往的学术论文挖掘工作,我们从 DBLP 数据集中收集了三个新的完整的数据集用于学术文献检索任务。与普通文献检索的基准数据集相比,所提出的三个数据集具有很大的规模。这三个数据集的细节描述如下。

① DBLP-ML:这个数据集包含了从 DBLP 数据集中收集的机器学习领域的 400 093 篇论文。为了使数据集适合学术文献检索任务,我们对数据集进行了清理,所有的论文都包含三个必要的特征,即论文文本(标题和摘要)、论文引文和领域标签。在这些特征中,领域标签是标签,它包含领域标签的名称和领域标签的归一化重要性,表达了由 MAS 计算的论文和领域标签之间的语义相似性。对于这个数据集,我们采用了以下实验方案。我们首先选择了大约 100 个最大的领域标签。然后,随机抽出 80% 的论文作为训练集,其余的作为

测试集（10%）和验证集（10%）。此外，对于基于 BoW 的算法，我们考虑了 10 000 个最频繁的词，对于基于词嵌入的方法，我们设置了每篇论文文本中最多 300 个词。

② DBLP – CV 和 DBLP – CN：它们是另外两个被提出的用于学术文献检索任务的数据集。与 DBLP – ML 类似，它们都是从 DBLP 数据集中抓取的，具有相同的特征并遵循相同的实验协议。与 DBLP – ML 不同的是，DBLP – CV 包含 294 313 篇计算机视觉领域的论文，而 DBLP – CN 数据集包含 269 648 篇计算机网络领域的论文。

综上所述，上述数据集是从不同领域收集的，具有不同的规模。因此，这些数据集能够较为全面地反映学术文献检索方法的特点。表 5.1 所示为三个数据集的统计数据。

表 5.1 数据集的统计数据

数据集	论文	训练集	测试集	验证集	数据增强文本	领域标签	边界数量	平均程度
DBLP – ML	400 093	320 074	40 009	40 010	158.79	99	2 866 659	7.16
DBLP – CV	294 313	235 450	29 431	29 432	157.52	97	2 499 389	8.49
DBLP – CN	257 985	206 388	25 798	25 799	165.07	98	1 889 598	7.32

（2）评价指标

为了评估所提出模型的性能，首先选择了两个在传统的多标签文档检索任务中被广泛接受的标准评估指标，即在不同阈值 m 下的精确度指标（p）和归一化折损累计增益指标，让 Q 是一组查询文档。这两个度量的定义如下：

$$p@k = \frac{1}{|Q|} \sum_{i=1}^{|Q|} \frac{TP(C_i)}{TP(C_i) + FP(C_i)} \tag{5.8}$$

式中，C_i 是查询 i 的标签集；$TP(C_i)$ 是 C_i 检索到的相关标签数量；$FP(C_i)$ 是 C_i 检索到的不相关标签数量。

$$NDCG@k = \frac{1}{|Q|} Z_{ki} \sum_{i=1}^{|Q|} \sum_{j=1}^{k} \frac{2^{R(i,j)} - 1}{\log_2(1 + j)} \tag{5.9}$$

式中，$R(i,j)$ 是文档 j 和查询 i 之间的相关性得分，是相似性标签的数量；Z_{ki} 是一个归一化系数。

然而，对于学术文献检索任务，p 和 NDCG 都忽略了不同领域标签的重要性,这使其很难精确地评估学术文献检索任务。因此,我们通过考虑不同领域标签的重要性,为 NDCG 设计了一个新的相关性分数评估器,即 $R'(i,j)$。$R'(i,j)$ 的定义如下:

$$R'(i,j) = \sum_{t=1}^{m} \min(l_i, l_j)_t \qquad (5.10)$$

式中,$\min(l_i, l_j)$ 是两个向量的元素最小值;m 是总领域标签的数量,而 $l_i \in \mathbf{R}^m$ 是第 i 篇论文的归一化领域标签向量。有了新的相关性分数评估器,设计的 WNDCG 可以衡量标签的不同重要性,而不是仅仅衡量相似性标签的数量。在理论上,WNDCG 对学术文献检索任务的评估将更加精确。注意,评价指标的比较部分,我们提供了一个案例研究实验来证明所提出的 WNDCG 的有效性。

对于所有三个评价指标,阈值 k 是排名靠前的候选论文的数量。在实验中,根据以前的工作,我们将 k 设定为 100。除此之外,我们将 k 从 10 改为 1 000,以进一步评估汉明排名的能力。

(3) 基线算法

我们将 LASH 与以下 6 个最先进的基线进行了比较,这些基线在之前的工作中被广泛用于传统的大规模文档检索任务中。

① TF - IDF:最流行和广泛使用的传统的基于关键词的无监督算法之一,用于检索与查询文档相似的文档,它通过直接比较文档的词袋向量来衡量文档之间的相似性。

② SpecHash:一种无监督浅层哈希算法,其目标是通过解决特征向量问题来保持局部性并找到平衡的、不相关的哈希码。

③ SemHash:一种广泛使用的无监督深度语义哈希算法,它从 BoW 向量中保留了文本语义信息。语义哈希的哈希函数被建模为使用限制性波尔兹曼机的深度生成模型。

④ VDSH - S:先进的有监督深度语义哈希算法,它通过一个使用变分自编码器的生成模型来学习哈希函数。

⑤ NbrReg:一种弱监督深度语义哈希算法,它采用非监督的排名算法,如 BM25,从训练数据中提取弱信号。

⑥ Node2Hash:先进的无监督深度语义哈希算法,它采用自动编码器,在 BoW 向量和引文网络信息的自监督下从 BoW 向量中提取文本语义信息。

(4) 参数设置

对于所提出的算法,采用的自动编码器的所有参数都由 Xavier 初始化。对于多输入深度自动编码器的文本和网络通道,输入是维度为 768 的嵌入向量，隐藏层的维度被设定为 1 000。LASH 中的超参数 β、γ 的最大值和 λ 分别被设定为 1.0、0.000 13 和 1.0，它们已在本小节中讨论过。γ 的递增步骤为 $1/(100 \times n)$，每个小批量包含 $t = 500$ 文档样本，其中 n 是训练集的大小。此外，由于 Adam 优化器的收敛速度快，所以采用了步长为 0.000 13 的优化器。按照以前的工作，我们在训练中使用了保持概率为 0.95 的随机失活正则化，以减轻过拟合。此外，对于引文网络嵌入，我们采用与深度游走（Deep Walk）相同的参数，以保证嵌入的有效性。

对于基线算法，我们主要使用其作者提供的实现方法，并做一些调整以适应我们的大规模学术数据集。对于谱哈希，我们重建了模型以适应大规模数据集。对于 NbrReg，由于保留 BM25 提供的 top@k 的弱监督信息很耗时，我们设置 $k = 10$。

（5）实验结果

学术论文检索 为了衡量 LASH 和最先进的基线在重点学术论文检索任务上的综合表现，我们在不同的哈希码长度、三个学术数据集和三个评价指标上进行了实验。表 5.2 所示为学术论文检索的结果。请注意，在三个评价指标中，WNDCG 是最强大的算法，它考虑了不同领域标签的重要性。

由表 5.2 几个观察结果可知：首先，在 p@100 和强大的 WNDCG@100 评价标准下，我们提出的算法 LASH 在不同长度的哈希码上都优于最优的基线。例如，在 DBLP‐ML 上，与最好的竞争对手 VDSH‐S 在 96 bit 上的表现相比，LASH 的结果在 p@100 上有 3.49% 的相对增长，在 WNDCG@100 上有 3.51% 的增长。在 DBLP‐CV 上，与 96 bit 的竞争对手 VDSH‐S 相比，LASH 的结果在 p@100 上有 2.73% 的相对增长，在 WNDCG@100 上有 2.62% 的增长。在 DBLP‐CN 上，与 128 bit 的最佳竞争者 NbrReg 相比，LASH 的结果在 p@100 上有 2.31% 的相对增长，在 WNDCG@100 上有 2.76% 的增长。然而，在 NDCG 上，基线可以在 128 bit 和 256 bit 上超过 LASH。一个可能的解释是，NDCG 只考虑相似性领域标签的数量，而不能区分不同领域标签的重要性，因为 LASH 在相同的设置下 WNDCG 有超过 2% 的增益。

其次，深度语义哈希算法，即 VDSH‐S、NbrReg、Node2Hash 和 LASH，大大超过了传统的基于关键词的算法，即 TF‐IDF。例如，在 DBLP‐ML、256 bit 的情况下，与 TF‐IDF 相比，LASH 的检索效果在 p@100 上有 8.68% 的相对增长，在 NDCG@100 上有 5.61% 的相对增长，在 WNDCG@100 上有 6.34% 的相对增长。

表 5.2 三个数据集上采用不同的哈希位数的情况下，检索到的前 100 篇论文的 p、NDCG 和 WNDCG

数据集	算法	p@100				NDCG@100				WNDCG@100			
		64 bit	96 bit	128 bit	256 bit	64 bit	96 bit	128 bit	256 bit	64 bit	96 bit	128 bit	256 bit
DBLP-ML	TF-IDF	0.3578	0.3578	0.3578	0.3578	0.4402	0.4402	0.4402	0.4402	0.3735	0.3735	0.3735	0.3735
	SpecHash	0.2326	0.2327	0.2325	0.2403	0.2860	0.2846	0.2855	0.2827	0.2177	0.2190	0.2173	0.2276
	SemHash	0.3379	0.3411	0.3468	0.3577	0.4111	0.4159	0.4226	0.4356	0.3277	0.3317	0.3382	0.3505
	VDSH-S	0.3925	0.3975	0.4053	0.4199	0.4665	0.4742	0.4822	0.4983	0.3841	0.3910	0.3993	0.4146
	NbrReg	0.3771	0.3869	0.3895	0.3961	0.4513	0.4620	0.4647	0.4734	0.3672	0.3777	0.3807	0.3875
	Node2Hash	0.3834	0.3911	0.3988	0.4127	0.4619	0.4718	0.4792	0.4919	0.3754	0.3838	0.3915	0.4055
	LASH	**0.4173**	**0.4324**	**0.4366**	**0.4446**	**0.4722**	**0.4835**	**0.4877**	**0.4963**	**0.4105**	**0.4261**	**0.4298**	**0.4369**
DBLP-CV	TF-IDF	0.3420	0.3420	0.3420	0.3420	0.4262	0.4262	0.4262	0.4262	0.3502	0.3502	0.3502	0.3502
	SpecHash	0.2164	0.2193	0.2202	0.2238	0.2607	0.2597	0.2597	0.2605	0.1905	0.1959	0.1982	0.2042
	SemHash	0.3172	0.3213	0.3267	0.3385	0.3880	0.3933	0.3999	0.4131	0.2961	0.3015	0.3080	0.3210
	VDSH-S	0.3547	0.3572	0.3695	0.3857	0.4280	0.4362	0.4388	0.4533	0.3388	0.3425	0.3553	0.3730
	NbrReg	0.3511	0.3569	0.3613	0.3687	0.4280	0.4351	0.4400	0.4489	0.3334	0.3404	0.3447	0.3531
	Node2Hash	0.3502	0.3615	0.3695	0.3802	0.4296	0.4423	0.4393	0.4528	0.3338	0.3462	0.3537	0.3658
	LASH	**0.3713**	**0.3845**	**0.3878**	**0.4007**	**0.4361**	**0.4452**	**0.4472**	**0.4533**	**0.3532**	**0.3687**	**0.3723**	**0.3863**

注：粗体字表示哈希长度下的最佳结果；下划线表示基线的最佳结果。

续表

数据集	算法	p@100				NDCG@100				WNDCG@100			
		64 bit	96 bit	128 bit	256 bit	64 bit	96 bit	128 bit	256 bit	64 bit	96 bit	128 bit	256 bit
DBLP-CN	TF-IDF	0.4085	0.4085	0.4085	0.4085	0.5001	0.5001	0.5001	0.5001	0.4113	0.4113	0.4113	0.4113
	SpecHash	0.2873	0.2880	0.2882	0.2917	0.3391	0.3380	0.3375	0.3351	0.3599	0.2623	0.2620	0.2720
	SemHash	0.3800	0.3871	0.3913	0.4050	0.4639	0.4716	0.4755	0.4913	0.3538	0.3631	0.3638	0.3834
	VDSH-S	0.4215	0.4262	0.4333	0.4534	0.5078	0.5135	0.5208	0.5439	0.3988	0.4056	0.4130	0.4342
	NbrReg	<u>0.4337</u>	<u>0.4430</u>	<u>0.4475</u>	<u>0.4556</u>	<u>0.5119</u>	<u>0.5212</u>	<u>0.5343</u>	<u>0.5438</u>	<u>0.4112</u>	<u>0.4206</u>	<u>0.4255</u>	<u>0.4344</u>
	Node2Hash	0.4177	0.4277	0.4370	0.4468	0.5066	0.5176	0.5264	0.5364	0.3966	0.4073	0.4167	0.4269
	LASH	**0.4545**	**0.4651**	**0.4706**	**0.4778**	**0.5204**	**0.5261**	**0.5297**	**0.5388**	**0.4320**	**0.4430**	**0.4501**	**0.4568**

注:粗体字表示该哈希码长度下的最佳结果;下划线表示基线的最佳结果。

这些结果证明了本文语义信息的重要性。虽然 TF–IDF 与 SemHash 相比取得了有竞争力的性能，但 TF–IDF 非常耗时，不适合大规模学术文献检索。

最后，与浅层哈希算法，即谱哈希相比，深层语义哈希算法在所有不同哈希码长度的三个数据集上取得了更好的性能。例如，在 DBLP–ML 上，与 128 维的谱哈希相比，LASH 的结果在 $p@100$ 上有 20.41% 的相对增长，在 NDCG@100 上有 20.22% 的相对增长，在 WNDCG@100 上有 21.25% 的相对增长。它验证了浅层机器学习模型未能完全保留文本表征的语义信息。最后但并非最不重要的是，在所有用于大规模学术数据集的深度语义哈希算法中，当哈希码长度从 64 bit 增加到 256 bit 时，性能大多得到改善。一个可能的解释是，在大规模学术数据集上很难出现过拟合现象。因此，对于大规模的学术文献检索来说，更高维度的哈希码是值得期待的。

汉明排行的能力　在实践中，许多大规模的信息检索系统使用深度语义哈希算法作为基于关键词的算法（如 TF–IDF）的过滤器。因此，汉明排名的能力是非常重要的，尤其是在阈值 k 较大的情况下。在这个实验中，我们将阈值 k 从 10 改为 1 000，以衡量 LASH 和最先进的深度语义哈希基线的汉明排序的能力。由于 WNDCG 在学术文献检索任务中比 p 和 NDCG 更强大，我们只采用 WNDCG 来评估其性能。表 5.3 所示为在三个数据集上的检索结果。

从图 5.3 中可以看到，在每个数据集上的 6 种哈希算法中，LASH 的整体性能最好。特别是当阈值 k 从 10 增加到 1 000 时，LASH 的 WNDCG 在三个数据集上比其他深度语义哈希算法更稳定，这意味着我们的 DKSH 在实践中是有意义的。一个可能的解释是，这些基线算法只从 BoW 向量中提取文本语义，这对保留关键词而不是句子语义是很有利的。因此，这些算法可以在有许多相似关键词（如 $k=10$）的情况下实现有竞争力的学术文献检索性能，但在有少量相似关键词（如 $k=1\,000$）的情况下却不能。

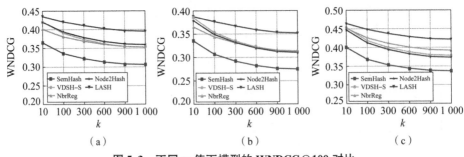

图 5.3　不同 m 值下模型的 WNDCG@100 对比

(a) DBLP–ML 128 bit；(b) DBLP–CV 128 bit；(c) DBLP–CN 128 bit

消融实验　为了证明 LASH 主要关注的问题的重要性，即区分不同领域标签的重要性和直接编码引文网络的全局结构信息，我们研究了 LASH 的三个变体：LASH－T 是 LASH 的一个变体，它忽略了由论文引文构建的引文网络的结构信息；LASH－N 也是 LASH 的一个变体，它忽略了论文文本的语义信息；LASH－uw 是 LASH 的另一个变体，它忽略了不同领域标签的重要性。在三个数据集上，128 bit 下的 $p@100$、NDCG@100 和 WNDCG@100 结果如表 5.3 所示。

表 5.3　128 bit 下 LASH 和其变体在三个学术数据集上 $p@100$、NDCG@100 和 WNDCG@100 对比

算法	$p@100$			NDCG@100			WNDCG@100		
	DBLP-ML	DBLP-CV	DBLP-CN	DBLP-ML	DBLP-CV	DBLP-CN	DBLP-ML	DBLP-CV	DBLP-CN
LASH－T	0.3306	0.2989	0.3647	0.3879	0.3542	0.4372	0.3227	0.2835	0.3427
LASH－N	0.3109	0.3238	0.4047	0.4400	0.3940	0.4787	0.3519	0.2921	0.3678
LASH－uw	0.4364	**0.3896**	0.4696	0.4871	**0.4486**	**0.5317**	0.4187	0.3626	0.4408
LASH	**0.4366**	0.3878	**0.4706**	**0.4877**	0.4472	0.5297	**0.4298**	**0.3723**	**0.4501**

注：粗体表示每列的最好结果。

从表 5.3 中可以观察到两个现象：区分不同领域标签的重要性可以提高检索性能，例如，LASH 在 DBLP-ML、DBLP-CV 和 DBLP-CN 数据集上比 WNDCG@100 分别优于 LASH－uw 1.11%、0.97% 和 0.93%；与 LASH－T 相比，LASH－N 实现了有竞争力的性能，如在 DBLP-ML、DBLP-CV 和 DBLP-CN 数据集上，LASH－N 在 WNDCG@100 上分别比 LASH－T 高出 2.92%、0.86% 和 2.51%。这验证了直接对引文网络的全局结构信息进行编码可以象文本的语义信息一样引入其他有意义的信息。需要注意的是，由于 WNDCG 在学术文献检索任务中比 p 和 NDCG 更强大，它考虑了不同领域标签的重要性，而不是只考虑相关领域标签的数量，所以上述观察主要基于 WNDCG@100。

二值化和连续嵌入　为了公平地比较二值化嵌入和连续嵌入的性能，我们还比较了原始的二值化 LASH 模型和它的连续变体（简称 LASH－c），即去除二值化约束，也就是式（5.7）中的量化损失 L'。由于篇幅的限制，我们只在表 5.4 中报告了 WNDCG@100 的 DBLP-CN 的检索性能和计算成本。此外，为了公平比较，我们忽略了所有可以用来加速汉明空间数据检索的软件和硬件方法。计算成本是测试集中每篇查询论文的检索成本之和，这是在具有 11178 MB 内存的 NVIDIA 公司 GP102 [GeForce GTX 1080 Ti] 上评估的。

表 5.4　LASH 和其连续空间变体的 WNDCG@100 和时间 (s) 对比

算法	64 bit		96 bit		128 bit		256 bit	
	WNDCG@100	时间/s	WNDCG@100	时间/s	WNDCG@100	时间/s	WNDCG@100	时间/s
LASH-c	0.4165	34.89	0.4296	39.61	0.4295	44.23	0.4483	65.42
LASH	0.4320	20.31	0.4430	23.42	0.4501	25.83	0.4568	28.37

从表 5.4 中数据可以发现：当嵌入的维度从 64 增加到 128 时，二值化的 LASH 得到的计算成本明显低于其连续变体（LASH-c）；二值化的嵌入不一定导致性能的损失。事实上，它可以避免本文中的过度拟合。例如，LASH 在 64 bit、96 bit、128 bit 和 256 bit 上的表现分别比 LASH-c 好 1.55%、1.34%、2.06% 和 0.85%。

参数灵敏度　在本小节中，我们分析了超参数 β、γ 和 λ 的敏感性以及 DBLP-ML、DBLP-CV 和 DBLP-CN 数据集在强大的 WNDCG@100 上编码长度为 128 bit 时的小批量 t 的敏感性。更特别的是，图 5.4(a) 所示为超参数 β 的影响，其值在 0.001 和 10 之间。图 5.4(b) 所示为超参数 γ 的影响，其值在 1×10^{-5} 和 3×10^{-4} 之间。图 5.4(c) 所示为超参数 λ 的影响，其值在 0 和 10 之间。图 5.4(d) 所示为参数 Mini-batch t 的影响，其值在 100 和 1000 之间。请注意，除了被测试的参数外，其他参数都设置为默认值。

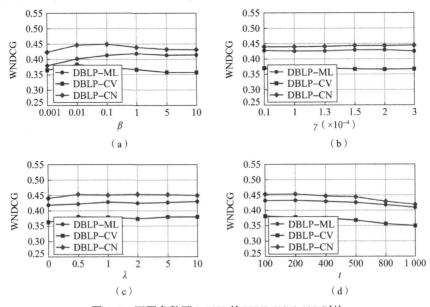

图 5.4　不同参数下 LASH 的 WNDCG@100 对比

(a) 超参数 β 128 bit；(b) 超参数 γ 128 bit；(c) 超参数 λ 128 bit；(d) 小批量 t 128 bit

由图 5.4 可以发现，LASH 对 γ 在 [0.1,3] 以内、λ 在 [0.5,10] 以内、β 在 [0.001,10] 和 Mini-batch t 在 [100,500] 以内不敏感。例如，LASH 在超参数 λ 为 0.5~10，超参数 γ 为 $[1\times10^{-5}, 3\times10^{-4}]$ 时，可以在三个数据集上取得良好的性能，在 $0.01\leqslant\beta\leqslant10$ 和 Mini-batch $100\leqslant t\leqslant500$ 时，可以取得良好的性能。

评价指标的比较 在本节中，我们进行了一个案例研究实验，以评估所提出的 WNDCG 指标与文献检索的两个标准指标——p 和 NDCG 在学术文献检索任务中的表现。在这个实验中，根据不同指标的得分，我们对参考文献逐一进行排名。由于篇幅的限制，我们只展示了 DBLP-ML 查询论文的第 1 篇、第 100 篇、第 1 000 篇和第 10 000 篇参考论文。此外，对于论文文本，我们只显示了标题和部分摘要。如果对这些论文感兴趣，可以在 DBLP 数据集中搜索它们。表 5.5 和表 5.6 所示为案例研究的结果。

从表 5.5 和表 5.6 中可以发现，在顺序从第 1 位到第 10 000 位的变化中，只有提出的 WNDCG 能够准确地对参考文献进行降序排列，这证明 WNDCG 在学术数据集上比 p 和 NDCG 具有更准确的排序能力。例如，对于 NDCG 来说，虽然第 10 000 篇论文的相关领域标签较少，但第 10 000 篇论文显然比第 100 篇论文与查询论文更相似。其原因主要是 NDCG 只关注相关领域标签的数量，而忽略了它们的重要性。对于 p 来说，随着顺序从第 1 篇论文到第 10 000 篇论文的改变，参考文献的相似性并没有改变。一个可能的解释为 p 只关注领域标签的子集关系而忽略了重要性。因此，如果一篇论文的领域标签是查询论文的领域标签的子集，那么该论文的得分就是 1.0。

表 5.5 评测标准的案例分析 1

查询文件	
FOS	论文文本
主动学习：0.259 3 强化学习：0.247 2 算法：0.167 9 人工智能：0.166 8 计算机科学：0.159 8	题目：基于后向链的序列学习算法； 摘要：本文考虑了从有限行为集中学习正确的离散行为时间序列的问题，该序列将导致完成一项复杂的任务，只使用来自环境的随机强化

续表

参考论文排名表				
序列	变量	分数	FOS	论文文本
1-st	p	1.0	计算机科学：1.0	题目：学习满足共轭目标； 摘要：在早期的工作中（Hammond et al.，1988；Hammond，1989），我们论证了为共轭目标构建有用计划的执行时间方法
	NDCG	1.0	主动学习：0.3141 强化学习：0.2956 人工智能：0.2111 计算机科学：0.1953 算法：0.1947	题目：使用行为者批判算法和行为模型的自主代理学习； 摘要：我们介绍了一种监督强化学习算法，用于代理需要处理高维空间的自主学习问题
	WNDCG	1.0	主动学习：0.3078 强化学习：0.2835 计算机科学：0.2099 算法：0.1986	题目：机器人从演示中学习的两种算法的比较； 摘要：机器人从演示中学习主要是指使机器人从教师（通常是人类专家）的演示中学习一种策略的算法
100-th	p	1.0	计算机科学：1.0	题目：多传感器数据融合的环境应用：自动土壤盐度控制； 摘要：展示了一个小规模的土壤盐度控制现场测试，它融合了多传感器阵列数据、状态估计器和优化算法，以自主地将指定的盐度维持在规定的土壤深度
	NDCG	0.6	特征选择：0.1807 遗传算法：0.1797 支持向量机：0.1776 计算机科学：0.1525 算法：0.1487 人工智能：0.1487	题目：使用支持向量机算法诊断多动症； 摘要：注意缺陷多动症（ADHD）是一种破坏性行为障碍，其特征是存在一系列慢性和损害性行为模式，显示出异常的注意力不集中、多动或其组合水平
	WNDCG	0.7987	主动学习：0.4000 强化学习：0.3604 计算机科学：0.2396	题目：使用共识主动性和熵的概念加速基于学习自动机的多代理系统； 摘要：学习自动机（LA）最近被证明是设计多代理强化学习算法的宝贵工具，能够控制随机的游戏

注：FOS 表达每篇论文的领域标签，并附有其正则化的重要性。

3）结语

随着学术研究的迅速发展，学术文献检索成为许多大型信息检索系统和学术研究的重要组成部分。然而，现有的普通文献检索无法迁移到学术文献检索，因为存在以下两个问题：它们不能区分不同领域标签的重要性；它们不能直接大量利用论文引文中丰富的结构信息。因此，在本节中，我们提出一种用于学术文献检索的新型 LASH。具体来说，我们设计了一个多输入的深度自动编码器来保留论文文本和论文引文中的信息，并设计了一个加权百分比相似性来保留不同领域标签的重要性。在我们的三个真实的学术论文数据集上进行的大量实验表明，所提出的 LASH 算法均优于最先进的基线。源代码和大规模学术数据集在代码托管的主页上发布。

表 5.6 评测标准的案例分析 2

查询文件	
FOS	论文正文
主动学习：0.259 3 强化学习：0.247 2 算法：0.167 9 人工智能：0.166 8 计算机科学：0.159 8	题目：基于后向链的序列学习算法； 摘要：本文考虑了从有限的行为集中学习正确的离散行为时间序列的问题，该序列将导致完成一项复杂的任务，只使用来自环境的随机强化
参考论文排名表				

顺序	度量	分数	FOS	论文文本
1 000 -th	p	1.0	计算机科学：1.0	题目：具有外部性的组合拍卖； 摘要：尽管组合拍卖在过去十年中得到了计算机科学界的极大关注，但该领域的研究主要集中在这样的环境中，即投标人只对他们自己收到的商品有偏好，而对其他商品如何分配给其他投标人漠不关心

续表

参考论文排名表					
顺序	度量	分数	FOS		论文文本
1 000-th	NDCG	0.6	强化学习：0.2608 深度学习：0.2006 人工智能：0.1836 仿真：0.1833 计算机科学：0.1717		题目：实现塔线战争的深度强化学习方法； 摘要：近年来，强化学习有了许多突破，也许最值得注意的是在深度强化学习上成功地玩并赢得了相对高级的计算机游戏
	WNDCG	0.6847	强化学习：0.3024 启发式学习：0.2623 算法：0.2180 计算机科学：0.2173		题目：人类在重复恒定和游戏中对计算机算法的战略适应； 摘要：本文研究了参与者在对手类型条件下的行为战略适应
10 000-th	p	1.0	计算机产学：1.0		题目：基于拟议评估标准的增强型规则式阿拉伯语形态分析器； 摘要：形态分析是自然语言处理应用的重要组成部分，目前还没有明确的标准来评估和衡量阿拉伯语形态系统
	NDCG	0.4	主动学习：0.4019 人工神经网络：0.3343 计算机科学：0.2638		题目：应用于机器学习分类的博弈论机制设计； 摘要：机器学习领域努力开发算法，通过学习，导致泛化
	WNDCG	0.4879	强化学习：0.3934 计算法：0.3150 计算机科学：0.2915		题目：分形人工智能：一种脆弱的智能理论； 摘要：分形人工智能是一种一般人工智能理论

注：FOS 表达每篇论文的领域标签，并附有其正则化的重要性。

第6章 用于网络嵌入的哈希算法

在本章中,我们将描述如何使用哈希算法来嵌入网络。为了帮助读者很好地理解本章内容,首先介绍了关于网络和网络嵌入的必要背景知识,并介绍了一些经典的网络嵌入方法。之后,讨论了为什么要使用哈希算法来嵌入网络,并介绍了一些前沿的网络哈希算法。

6.1 网络的数学基础

网络是捕捉实体集内部或之间关系的数学形式。在过去的几十年里,许多现实世界的复杂系统都采取了网络的形式。根据实体的分类,网络可以分为社交网络、引证网络、生物网络等类别。图 6.1 所示为一个社交网络的例子。

根据 *Analyzing Social Networks* 一书,网络的传统数学基础可以分为图和邻接矩阵两类。

6.1.1 图

如图 6.1 所示,传统上,通常将网络表示为图 $G=(V,E)$,其中 V 代表网络中节点的顶点集,E 代表节点关系量的边集。

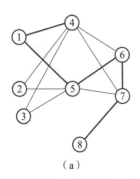 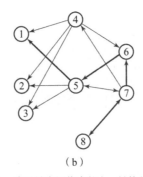 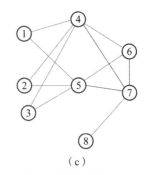

(a)　　　　　　　　　　(b)　　　　　　　　　　(c)

注：最常见的是，节点是个人，表示社交网络中的人；链接是关系，表示个人的关系量

图 6.1　一个社交网络的例子（书后附彩插）

(a) 无向图；(b) 有向图；(c) 符号图

根据边的类别，图可以分为无向图和有向图。图 6.1(a) 是一个无向图的例子，其中的边只是节点的链接。因此，E 集合中的边是无序的节点对，如 (v_1, v_4)，其中 v_1 和 v_4 是图 6.1(a) 中的节点 1 和 4。一般来说，无定向网络是现实世界中最简单和最常见的网络。例如，YouTube 视频分享网站的用户之间的网络，其中边表示用户之间的友谊关系。

当边是网络中节点的一种有向链接时，我们需要一个有向图来表示该网络。如图 6.1(b) 所示，E 集合中的边是一个有序的节点对，如 $<v_4, v_1>$，而 $<v_1, v_4>$ 在图中是不存在的。Arxiv HEP–PH（高能物理现象学）引文网络是一个真实的数据集。例如，如果论文 4 引用了论文 1，网络中就包含一条有向边 $<v_4, v_1>$，如图 6.1(b) 所示。

在数学中的图论领域，有符号图是指每个边都有正负符号的图。图 6.1(c) 是一个有符号图的例子，其中蓝色的边表示正边，红色的边表示负边。这样，有符号图被用来概念化有符号网络。例如，Slashdot 是一个朋友网络，它允许用户互相标记为"朋友"（喜欢）或"敌人"（不喜欢）。如图 6.1(c) 所示，(v_7, v_4) 是一条负边，意味着 v_7 和 v_4 是"敌人"，而 (v_7, v_8) 是一条"朋友"边。

6.1.2　邻接矩阵

另一种从数学上概念化网络的方法是使用邻接矩阵。在图论中，邻接矩阵是表达图的一种常见表示方法。它使用数字矩阵 M 来记录节点之间是否有边链接，其中行 i 和列 j 代表节点 v_i 和 v_j，数字 M_{ij} 可以表示边 (v_i, v_j) 的质量。如图 6.1(a) 和图 6.1(b) 所示，通常将无符号网络表示为非值图，即 $M_{ij} \in$

$\{0,1\}$,其中如果无向图中 v_i 和 v_j 之间有链接,或者有向图中 v_i 到 v_j 有链接,$M_{ij}=1$;否则 $M_{ij}=0$。如图 6.1(c) 所示,符号网络应该被表示为有价图,即 $M_{ij}\in\{0,1,-1\}$,其中如果 v_i 和 v_j 之间有一个正的联系,$M_{ij}=-1$。这样,图 6.2 是与图 6.1 中的图相对应的毗邻矩阵。

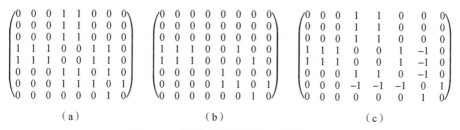

图 6.2　毗邻矩阵对应图 6.1 中的图形

(a) 无向图的毗邻矩阵;(b) 有向图的毗邻矩阵;(c) 符号图的毗邻矩阵

6.2　网络嵌入

随着大规模网络可用性的增加,传统的网络表示方法,即图和邻接矩阵,给网络处理和分析带来了一些挑战。一项关于网络嵌入的调查将这些挑战总结为三类。第一,高计算复杂性,这意味着很难从图或邻接矩阵中提取宏观特征。例如,在一个社交网络中,具有相似性边或其他高阶拓扑学措施的节点很可能是相似的。因此,为了提取节点之间的相似性,必须在网络中随机游走几次,以获得每个节点的统计措施,这很复杂。第二,低可并行性,这意味着网络中的节点是相互耦合的。例如,我们在图 6.1(a) 中删除了 v_5,几乎所有其他节点的邻接向量都会被改变。第三,机器学习方法的不适用性,这意味着节点的邻接向量在向量空间中是稀疏的和依赖的。

为了解决这些挑战,网络嵌入(或网络表征学习)被开发出来,为网络的每个节点学习一个连续的低维表征,它保留了节点的结构和其他信息。目前,在网络嵌入方面已经取得了大量的进展,包括 DeepWalk、Node2Vec、SiNE 和 SNE。这种网络表示方法在时间和空间上都极大地促进了高级网络分析任务,如链接预测和节点分类。

网络信息的分类

如前所述,网络嵌入需要保留网络中节点的结构和其他信息。在本节中,我们将介绍网络嵌入领域中常用的网络信息。

1. 结构和属性信息

结构是网络中最基本和最重要的信息。许多网络分析任务只与网络结构信息有关，如链接预测和识别重要节点。然而，网络的结构信息是高维非线性的，不可能从一个网络中提取所有的结构信息。受此启发，许多特定的结构被定义为从网络中提取更丰富的结构信息向网络嵌入。一阶相似性（边缘）和二阶相似性（邻居）是最常用的结构信息之一。例如，在图 6.1(a) 中，v_7 和 v_8 由于边 (v_7, v_8) 而具有一阶相似性，v_4 和 v_5 由于有相同的邻居而具有二阶相似性。此外，对于其他结构信息，如高阶相似性、社区结构等，可以在文献中查看它们的具体情况。

网络属性信息表达的是结构"习惯"。在这一部分，我们描述了两种网络属性，它们与以下内容有关。首先是结构平衡理论，它在符号网络中具有重要意义。通俗地说，如果我的朋友的敌人是我的敌人，那么结构就会更加平衡。另一个属性与第一个属性相似，就是聚类，也叫转折性。用通俗的话说，这意味着我朋友的朋友也是我的朋友。两者都可以表示为一个三角形的网络，如图 6.3 所示。为了保留网络进入网络嵌入的属性，最近一些研究提出了，如结构平衡理论的 SiNE 和反证法的 HOPE。

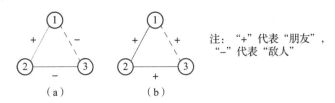

图6.3 三角形网络分别代表有符号网络的结构平衡理论和无符号网络的转折性
(a) 结构平衡理论；(b) 无符号网络的转折性

2. 侧面信息

侧面信息通常被称为辅助信息，它包含节点内容、节点标签和节点属性。一般来说，侧面信息在许多网络分析任务中都很有用，它为网络引入了额外的信息。例如，在引文网络中，节点属性是引文中单词的单个向量，这对于衡量节点的相似性非常重要。节点标签，对应于节点分类任务，在许多现实世界的应用中是有用的，如职业识别和人物分类。

6.3 在嵌入网络中使用哈希算法

随着大规模社交媒体网络可用性的增加,传统的网络表示方法由于其稀疏性使性能受限。为了解决这个问题,网络嵌入被开发出来,为网络中的每个节点学习一个连续的低维表示,这个表示同时保留了节点的属性和结构信息。目前,在网络嵌入方面已经取得大量进展,包括 DeepWalk、Node2Vec、SiNE 和 SNE。这种网络表示方法在时间和空间上都极大地促进了高级网络分析任务,如链接预测和节点分类。

一般来说,二进制代码可以进一步促进海量数据的表示和检索。因此,人们提出了几种基于特征哈希的网络嵌入方法,以进一步提高嵌入空间中相似性检索的效率,减少节点表示的存储量,如 Node2Hash 和 NetHash。Node2Hash 使用编码器-解码器框架,其中编码器用于将节点的邻接矩阵映射到一个特征空间,解码器用于通过特征哈希生成节点嵌入。NetHash 用浅根树表示网络的每个节点,然后采用 LSH 从下到上进行嵌入。这两种方法都提高了 KNN 检索在网络嵌入领域的性能,因为哈希码的存储效率高,并且允许精确的亚线性 KNN 检索。

现有的网络哈希算法

本小节将详细介绍两种现有的网络哈希算法的建模过程以及应用。

(一)应用于符号网络嵌入的深度哈希算法

1)问题的定义

给定一个符号网络 $G = \{V, \varepsilon\}$,其中 $V = \{v_1, v_2, \cdots, v_M\}$ 是 M 个节点的集合,$\varepsilon = \{e_{ij}\}$,v_i,$v_j \in V$ 是一组链接,$e_{ij} = 1$,$e_{ij} = -1$ 分别表示正负链接。根据符号网络的正负链接,构建一个三元组形式的训练集,$T = \{(v_i, v_j, v_k)\}$,其中 $e_{ij} = 1$,$e_{ik} = -1$。在符号社交网络中,人们公认正链接表示相似,负链接表示不相似。因此,任何三元组数据点 $(v_i, v_j, v_k) \in T$ 均有相对相似性标签(或称作三元组标签),其中一对 (v_i, v_j) 比另一对 (v_i, v_k) 更相似。监督哈希的目标是为 T 中的所有节点学习二进制哈希码,所学的哈希码试图保持相对相似性。更具体地说,如果我们使用 $B = \{b_i\}_{i=1}^m$,$b_i \in \{-1, +1\}^k$ 表示 V

的二进制哈希码，汉明距离 $\|b_i - b_j\|_H$ 的哈希码应该比 $\|b_i - b_k\|_H$ 的哈希码更接近。其中，k 表示二进制代码的长度。

2）建模方法

现有的基于特征哈希的嵌入方法大多只考虑符号社交网络中的正向链接。因此，在本节中，我们提出了一种深度哈希算法 HSNE，通过同时考虑正负链接来进行符号社交网络的嵌入。如图 6.4 所示，该算法由三个结构完全相同、共享权重的子网络组成，有三个关键部分：网络特征学习组件、哈希码学习组件和损失函数组件。我们将在以下部分详细介绍这三个组件。

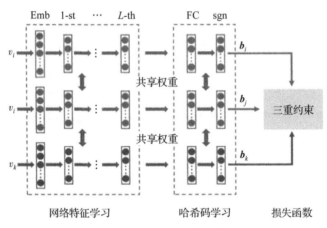

图 6.4　HSNE 网络结构

网络特征学习　这个组件旨在采用一个深度神经网络来学习符号社交网络的特征。我们为这个组件采用了一个嵌入层和 $L = 3$ 全连接层。嵌入层被设计为将节点嵌入到低维向量中，其中有 d_0 个单元。三个全连接层的设计是为了保留符号社交网络的正负链接，第 i 层有 d_i 个单元。此外，我们选择双曲正切曲线 tanh 作为三个全连接层的激活函数。如图 6.4 所示，该组件的输入是从符号社交网络中提取的一组三元组，如 (v_i, v_j, v_k)，$e_{ij} = 1$，$e_{ik} = -1$。这个组件的输出是一组 d_i 维的特征向量，如 $\{(x_i, x_j, x_k)\}$。

哈希码学习　这个组件是用来学习节点的哈希码的。我们使用一个全连接层和一个 sgn(·) 层来实现这一目的。特别的是，两层的神经元数量等于目标哈希码的长度，即 d。该组件的输出是哈希码 (b_i, b_j, b_k)。

损失函数　该部分通过计算三元组损失函数来衡量所学哈希码对给定的三元组监督信息的满足程度。

三元组损失函数是由文献［206］提出的，也被称为排名损失。它假定

训练数据集 T 包括三项 (v_i, v_j, v_k)，其中 (v_i, v_j) 比 (v_i, v_k) 更相似。我们的目标是学习哈希码 $(\boldsymbol{b}_i, \boldsymbol{b}_j, \boldsymbol{b}_k)$，使 $\boldsymbol{b}_j$ 在汉明距离上比 $\boldsymbol{b}_k$ 更接近 $\boldsymbol{b}_i$。排名损失可以写成

$$L = \sum_{(v_i,v_j,v_k) \in T} [\| \boldsymbol{b}_i - \boldsymbol{b}_j \|_H - \| \boldsymbol{b}_i - \boldsymbol{b}_k \|_H + 1]_+ \tag{6.1}$$

式中，$[\alpha]_+ \equiv \max(\alpha, 0)$；$\| \boldsymbol{b}_i - \boldsymbol{b}_j \|_H$ 是相似对之间的汉明距离；$\| \boldsymbol{b}_i - \boldsymbol{b}_k \|_H$ 是不相似对之间的汉明距离。当 $\| \boldsymbol{b}_i - \boldsymbol{b}_j \|_H$ 最少比 $\| \boldsymbol{b}_i - \boldsymbol{b}_k \|_H$ 近 1 位时，损失为 0。

然而，该损失函数对于符号网络嵌入有三个问题：第一，相似和不相似编码之间的最小汉明距离被设置为固定值 1，这对于不同长度的哈希码是不合理的；第二，该损失函数是离散的，很难被优化；第三，该损失函数不能很好地适应符号网络。

为了解决第一个问题，我们引入了一个超参数 δ，以平衡相似项和不相似项之间的距离。而我们有 $\| \boldsymbol{b}_i - \boldsymbol{b}_j \|_H \in [0, Q]$ 和 $\| \boldsymbol{b}_i - \boldsymbol{b}_k \|_H \in [0, Q]$。为了让下面的不等式有效，$\delta$ 应该在 $[0, Q]$ 范围内，其中 Q 是哈希码的维度。

$$\| \boldsymbol{b}_i - \boldsymbol{b}_j \|_H + \delta \leq \| \boldsymbol{b}_i - \boldsymbol{b}_k \|_H \tag{6.2}$$

为了处理第二个问题，我们用哈希码之间的内积来代替汉明距离。让 Θ_{ij} 表示两个哈希码 $\boldsymbol{b}_i, \boldsymbol{b}_j \in \{-1, +1\}^Q$ 内积的一半：

$$\Theta_{ij} = \frac{1}{2} \boldsymbol{b}_i^T \boldsymbol{b}_j \tag{6.3}$$

根据式（6.3），可以推导出以下公式：

$$\| \boldsymbol{b}_i - \boldsymbol{b}_j \|_H = \frac{1}{2}(Q - 2\Theta_{ij}) \tag{6.4}$$

式中，Q 是哈希码的维度。由此得到了汉明距离和内积之间的线性关系。

将式（6.3）代入式（6.1）后，可以推导出

$$\begin{aligned} L &= \sum_{(v_i,v_j,v_k) \in T} [\Theta_{ik} - \Theta_{ij} + \delta]_+ \\ \text{s.t.} \quad &\boldsymbol{b}_i, \boldsymbol{b}_j, \boldsymbol{b}_k \in \{-1, +1\}^Q \end{aligned} \tag{6.5}$$

最小化上述损失函数是一个难以解决的离散优化问题，这意味着我们无法计算它的梯度。受 LFH 的启发，我们把 $\boldsymbol{B}$ 从离散的放宽到连续的，即把 $\boldsymbol{B}$ 放宽到 $\boldsymbol{X}$，其中 $\boldsymbol{x}_i \in \mathbf{R}^Q$。需要注意的是，这个过程会产生放缩误差，这在特征哈希领域称为量化误差。

因此，我们将式（6.3）重写为

$$\Theta_{ij} = \frac{1}{2} \boldsymbol{x}_i^T \boldsymbol{x}_j \tag{6.6}$$

那么目标函数是

$$L = \sum_{(v_i,v_j,v_k) \in T} [\Theta_{ik} - \Theta_{ij} + \delta]_+ + \eta \sum_{m=1}^{M} \| \boldsymbol{b}_m - \boldsymbol{x}_m \|_2^2 \tag{6.7}$$

式中，η 是平衡三元组损失函数和量化误差的超参数；$\boldsymbol{b}_m = \mathrm{sgn}(\boldsymbol{x}_m)$，其中 $\mathrm{sgn}(\cdot)$ 是阈值为零的符号函数。

第三，在现实的有符号社交网络中，式（6.7）中的损失函数不能处理那些二跳网络中只有正链接或负链接的节点。为了解决这个问题，我们引入一个虚拟节点 v_0，然后在 v_0 和每个二跳网络只有正链接的节点之间建立一个负链接。通过这种方式，我们创建了另一个三元组的训练集 T_0。受上述所有方法的启发，符号社交网络的哈希损失函数的最终表述如下：

$$\min_{X,\lambda,x_0} \sum_{(v_i,v_j,v_k) \in T} [\Theta_{ik} - \Theta_{ij} + \delta]_+ + \sum_{(v_i,v_j,v_0) \in T_0} [\Theta_{i0} - \Theta_{ij} + \delta_0]_+ +$$

$$\alpha R(\lambda) + \eta \sum_{m=1}^{M} \| \boldsymbol{b}_m - \boldsymbol{x}_m \|_2^2 \tag{6.8}$$

式中，λ 是模型的参数，即 $\lambda = \{W^i, \boldsymbol{b}^i; i = 1, 2, \cdots, L\}$，$W^i$ 和 $\boldsymbol{b}^i$ 分别是 HSNE 第 i 层的参数和偏差；$\boldsymbol{b}_0$ 是虚拟节点 v_0 的哈希码；α 是控制正则化损失的参数；$R(\lambda)$ 是变量 λ 的 l_2 正则化，以免过度拟合，即 $R(\lambda) = \sum_i (\| W^i \|_2^2 + \| \boldsymbol{b}^i \|_2^2)$。

3）训练细节

为了从有符号的社交网络中获得训练三元组，我们用正边图和负边图来表示有符号的社交网络，其中正边图是只有正向链接的网络，负边图是只有负向链接的网络。根据常见的反向传播算法，我们每批模型的参数 λ 被更新。此外，我们采用递降的学习率来训练我们的模型，即从一个大的初始值到一个小的值，线性地减少学习率。所提算法 HSNE 的详细训练阶段总结在 Algorithm 6 中。从第 1 行到第 10 行，训练的三元组从一个有符号的社交网络中取样。在第 11 行，我们初始化深度网络的参数，并从第 12 行到第 19 行训练深度网络。

4）时间复杂度分析

Algorithm 6 HSNE 训练

输入：图 $G = (V, \varepsilon)$；网络每一层的维度：d_i；哈希码维度：Q；超参数：δ, δ_0, α；训练轮次：t

输出：网络模型参数 λ 以及节点的哈希编码 B

续

Algorithm 6 HSNE 训练

1: 初始化 $T = \emptyset$ 和 $T_0 = \emptyset$
2: for v_j 在正边图中 do
3:   for v_j 的邻居 v_i 在正边图中 do
4:     if v_i 在负边图中 do
5:       v_k 是 v_i 在正边图中的邻居
6:       将 (v_i, v_j, v_k) 放入 T
7:     else
8:       将 (v_i, v_j, v_0) 放入 T_0
9:   end for
10: end for
11: 初始化网络模型参数 λ
12: for 每个训练循环 do
13:   for 每个 Mini-batch do
14:     通过前馈网络计算网络输出
15:     根据等式 (6.8) 计算三元损失和量化误差
16:     通过反向传播更新网络参数
17:   end for
18:   调整学习率
19: end for

训练 设 d_0 为嵌入层的维数；d_i 为第 i 个全连接层（$1 \leq i \leq 3$）的维度；Q 为哈希码的维度。对于一个三元组，两层之间前向和后向传播的计算成本为 $O(d_1 d_2)$。因此，训练这个模型的时间复杂度为 $O\left(tN\left(\sum_{i=1}^{3} d_{i-1} d_i + d_3 d\right)\right)$，其中 t 是训练轮次，N 是训练集的大小。

嵌入空间中的相似性搜索 许多对符号社交网络的处理和分析任务，如链接预测和节点分类，都是嵌入空间中的近似近邻检索任务。随着网络规模的扩大，ANN 在连续嵌入空间内的检索变得不切实际，因为它们的时间复杂度很高，通常每个查询都是线性的。哈希算法可以大大减少时间和空间的消耗，使其达到可接受的水平，同时牺牲少量可控的性能作为交换。例如，一项调查显示，由于高效的二进制计算，哈希相似性检索的典型时间复杂度是亚线性的，并且由于哈希码的性质，空间消耗很小。因此，我们的算法使用深度哈希来解决这个问题。

5）实验

在这一节中，我们首先介绍两个基准数据集，然后讨论了我们的算法 HSNE 和几个最先进的算法在链接预测任务中的结果。最后，我们评估参数的敏感性，并测试参数对节点嵌入质量的影响。

（1）数据集

在我们的实验中，两个符号社交网络 Epinions 和 Slashdot 被用作基准数据集。Epinions 是一个购物网络，它有 131 828 个用户和 841 372 个关系，其中约 85.3% 是信任关系，其中信任和不信任关系依次用正面和负面来表达。Slashdot 是一个交友网络，它允许用户互相标记为"朋友"（喜欢）或"敌人"（不喜欢）。该数据集由 77 357 个用户和 516 575 个关系组成，其中 76.7% 是"朋友"关系。该数据集可用于推断用户之间的"朋友"关系，并研究其积极和消极影响。这些网络都是定向的，我们过滤掉了重复链接和没有链接的用户。两个数据集的一些关键数据统计如表 6.1 所示。根据表 6.1，可以总结出两个结论：两个网络都很稀疏；Epinions 的三元组比 Slashdot 的更密集。

表 6.1　Epinions 和 Slashdot 数据集的关键数据统计

数据集	Epinions	Slashdot
类型	定向的	非定向的
用户	131 828	77 357
正链接	717 667	396 378
负链接	123 705	120 197
三元组	24 519 806	2 827 553

（2）链接预测

链接预测作为网络分析中最基本的问题之一，已经得到相当多的关注。它的目的是根据观察到的网络结构来估计两个节点之间存在边的可能性。本节将把链接预测作为测试任务，对两个真实的符号社交网络，即 Epinions 和 Slashdot 进行性能评估。

我们将链接预测视为一项分类任务。具体来说，首先得到节点表示，然后用以下运算符组成节点直接的边表示：Hadamard；Average；$l1\_weight$；$l2\_$

weight。基于边的表示，通过 10 倍交叉验证训练出一个 1v1 的逻辑回归分类器，以预测两个节点之间是否存在正或负链接。如表 6.1 所示，在两个符号的社交网络中，正链接比负链接要密集得多。因此，我们使用了链接预测的 AUC，即分类任务的 ROC 曲线下的面积来评估链接预测问题，而没有使用准确率。对比基线如下。

① Node2Hash 是一种基于特征哈希的算法。它使用编码器 – 解码器框架，其中编码器用于将节点特征的相似性映射到一个特征空间，解码器用于通过特征哈希生成节点嵌入。

② DeepWalk 是一种无监督的算法，它使用从截断的随机游走中获得的局部信息来学习节点的维度特征表示。

③ Line 基于节点之间的邻接关系，使用广度优先策略对输入进行采样。该算法在节点嵌入过程中同时保留了一阶和二阶的接近性。

④ SiNE 是一个为符号社交网络设计的深度学习框架。该框架在社会理论的指导下设计了新型的目标函数对符号网络进行建模。

⑤ SNE 采用了对数双线性模型，以获得给定路径上所有节点的节点表示。此外，它还结合了两个有符号类型的向量来捕捉路径上每条边的积极或消极关系。

注意，上述基线分为两种：一种是基于哈希的算法，即 Node2Hash；另一种是非哈希算法。一般来说，基于哈希的算法比非哈希的算法性能差，但效率更高。在本节中，所提出的算法是一种基于哈希的算法，因此我们的目标是要超过基线 Node2Hash，而不是其他非哈希算法。此外，就我们所知，目前只有两种基于哈希的算法。另一个是 NetHash，但它不能被选为我们的基线，因为这个算法需要属性信息。

（3）实验结果和讨论

对于提出的 HSNE 算法，我们根据经验设定了深度神经网络的维度 $d_0 = 200$，$d_i = 320$，$d = 256$，这意味着嵌入层的维度是 200，隐藏层尺寸是 320，哈希码维度是 256。此外，对于 Epinions，我们设置了超参数学习率 $lr = 0.009$，$\delta = 24$，$\delta_0 = 12$ 和 $\eta = 40$。Slashdot 的三元组比 Epinions 的三元组更稀疏。因此，超参数将发生改变，被设定为 $\delta = 16$，$\delta_0 \approx 8$ 和 $\eta = 0.55$。

在本小节中，我们设计了三个部分的实验。首先，为了证明我们的直觉，即负链接也可以帮助提高哈希领域的性能，将 HSNE 与最先进的基于哈希的网络嵌入算法进行比较。HSNE 和其他基于哈希的算法的链接预测的 AUC 对比见表 6.2。根据该表，我们可以得到以下观察结果。

表 6.2 在 Epinions 和 Slashdot 数据集上，HSNE 和
Node2Hash 的链接预测 AUC 对比

数据集	算法	Hadamard	Average	$l1\_weight$	$l2\_weight$
Epinions	Node2Hash	0.735 3	0.660 0	0.614 5	0.664 0
	HSNE	0.814 5	0.767 5	0.814 4	0.814 4
Slashdot	Node2Hash	0.779 8	0.647 0	0.611 2	0.636 4
	HSNE	0.780 8	0.743 9	0.780 7	0.780 7

① HSNE 算法的性能在所有运算符中都比 Node2Hash 有明显的改善。Node2Hash 只考虑正链接而忽略了负链接。相反，HSNE 同时考虑了正负链接，减少了网络信息的损失。结果表明，HSNE 可以提高基于符号社交网络嵌入的哈希性能。

② 在 $l1\_weight$ 和 $l2\_weight$ 运算中，HSNE 大大超过了 Node2Hash，主要原因是这两个算子与汉明距离相似。根据目标函数式 (6.8)，HSNE 使用汉明距离来表达两个节点的相似性。因此，这两个算子可以获得更好的性能。

其次，为了进一步评估负链接的影响并证明 HSNE 的鲁棒性，我们用不同的负链接比例来训练模型。负链接百分比的 AUC 曲线如图 6.5 所示，根据该图，可以得到以下结论。

① 随着负链接占比的增加，HSNE 的性能得到明显改善。此外，该模型对负链接的占比较为鲁棒。如图 6.5(a) 所示，针对 Epinions 数据集，HSNE 在只有 10% 的负链接的情况下实现了接近最优的 AUC，在 60% 的负链接的情况下实现了最优的 AUC。如图 6.5(b) 所示，针对 Slashdot 数据集，HSNE 在只有 40% 负链接的情况下实现了接近最优的 AUC，在有 80% 负链接的情况下实现了最优的 AUC。

最后，为了证明 HSNE 是高效的，分析了汉明空间中链接预测的成本，并将提出的 HSNE 与一些非基于哈希的网络嵌入方法在 AUC 和预测时间上进行了比较。由于二进制计算的高效性，哈希码检索为伪线性检索。因此，链接预测的成本是 $O(N \cdot d \cdot S)$，其中 N 是链接的数量，d 是链接表示的维度，S 是与组成链接表示的操作者和数据集大小有关的伪线性时间。为了进一步研究二进制计算的影响，我们设定 N 为网络的 1/10 的链接，$d=256$。结果如表 6.3 所示，其中类型 "P&N" 表示方法同时考虑正负链接，"P" 只考虑正链接，"Time" 表示预测时间。根据该表，可以得到以下观察结果。

① 与非基于哈希的网络嵌入方法相比，HSNE 明显提高了链接预测的效

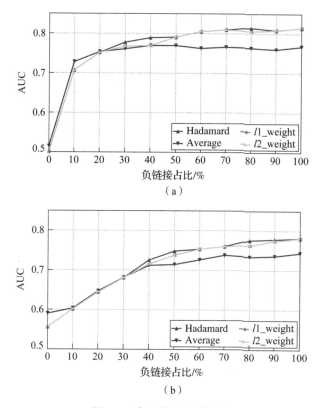

图 6.5 负链接占比的影响

（a）在数据集 Epinions 上链接预测的 AUC；（b）在数据集 Slashdot 上链接预测的 AUC

率。例如，在较大的 Epinions 上，预测时间减少了 7.5 s，在较小的 Slashdot 上，使用 $l2\_weight$ 运算符，预测时间减少了 6.8 s。使用 HSNE 会破坏二进制的 Average，预测时间也会有所减少。

② 一般来说，二进制表示法会导致精确率损失。然而，与非哈希算法相比，HSNE 在某些情况下仍能以更高的效率达到接近最佳甚至最佳的结果。例如，我们将 HSNE 与 Epinions 上的 $l1\_weight$ 和 $l2\_weight$ 算子中的"P"型方法以及 Slashdot 上的 Average 算子中的所有其他算法进行比较，所提出的 HSNE 算法仍然具有极大的竞争力。

6）参数分析

在本小节中，我们研究了超参数学习率 lr、δ、δ_0、η 和全连接层的数量 L 对链接预测性能的影响。为了研究 HSNE 对这些超参数的影响和敏感性，我们固定 Epoch = 100，网络规模 $d_0 = 200$，$d_i = 320$ 和 $d = 256$。此外，我们使用 Hadamard 算子组成链接表征并计算链接预测的 AUC。

表 6.3 在 Epinions 和 Slashdot 数据集上，HSNE 和其他非哈希算法的链接预测 AUC 对比

数据集	类型	算法	Hadamard		Average		l1_weight		l2_weight	
			AUC	时间/s	AUC	时间/s	AUC	时间/s	AUC	时间/s
Epinions	P	DeepWalk	0.9159	10.7075	0.7831	70.6276	0.7566	39.7284	0.7280	48.2929
		Line	0.9011	9.9542	0.7835	66.7233	0.7814	40.4270	0.7785	47.7696
		SiNE	0.9239	10.0137	0.8032	68.6806	0.9016	39.9674	0.8932	48.6714
	P&N	SNE	0.9524	9.9696	0.8386	66.9391	0.8967	39.1194	0.9119	50.5549
		HSNE	0.8145	7.0521	0.7675	60.4359	0.8144	6.8415	0.8144	6.7824
Slashdot	P	DeepWalk	0.8226	7.6738	0.6918	44.6956	0.7163	28.7420	0.7143	29.2897
		Line	0.8876	6.9744	0.7006	46.5173	0.6500	25.5570	0.6489	30.0879
		SiNE	0.8963	6.8287	0.6432	48.9733	0.7983	25.8586	0.8031	29.7994
	P&N	SNE	0.9017	6.9794	0.7043	44.2360	0.7801	26.2255	0.8198	29.9236
		HSNE	0.7808	4.2845	0.7439	40.4732	0.7807	4.3410	0.7807	4.4320

初始学习率 lr 的影响　　学习率是调整深度神经网络最重要的超参数，它可以平衡损失和训练速度。为了在 Epinions 上选择一个合适的初始学习率，我们将 $\delta=24$，$\delta_0=12$ 和 $\eta=40$ 固定下来。将学习率从最小值 10^{-5} 提高到最大值 1，并在每批 Epinions 上更新网络参数。同时，记录每个批次的损失。图 6.6(a) 所示为每个批次的学习率，图 6.6(b) 所示为每个学习率的损失。实验结果表明，初始学习率的值在 0.009 左右可以得到相对较好的损失。

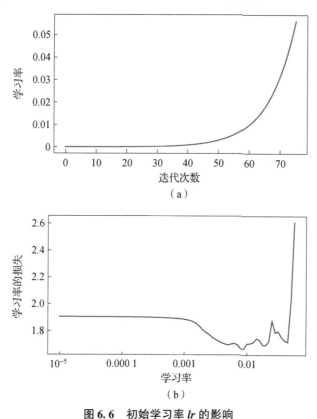

图 6.6　初始学习率 lr 的影响

(a) 每批的学习率；(b) 每个学习率的损失

超参数 δ 和 δ_0 的影响　　如式 (6.2) 所示，超参数 δ 可以平衡相似项目和不相似项目之间的距离。如果 $\delta=0$，$\|\boldsymbol{b}_i-\boldsymbol{b}_k\|_H - \|\boldsymbol{b}_i-\boldsymbol{b}_j\|_H$ 将非常接近零，这意味着该模型不能区分相似性和不相似性。然而，如果 δ 的值过大，就会打破三元组损失函数和量化误差的平衡。因此 δ_0 为 $\frac{1}{2}\delta$ 时，它与 δ 有相同的效果。为了研究 δ 和 δ_0 的影响，我们在 Epinions (Slashdot) 上固定 $\eta=40(0.55)$，初始学习率 $lr=0.009$ 和 $\delta=2\delta_0$。图 6.7 所示为 δ 和 δ_0 的影响，其整体趋势与前述分析相同。此外，δ 和 δ_0 对较稀疏的三元组，即 Slashdot，更加敏感。

超参数 η 的影响　如式（6.7）所示，η 被设计为平衡三元组损失函数和量化误差的超参数。为了研究超参数 η 的影响，我们在 Epinions（Slashdot）上固定 $\delta=24(16)$，$\delta_0=\frac{1}{2}\delta$，初始学习率 $lr=0.009$。如图 6.8 所示，当 δ 变得非常小（如 0.1）或非常大（如 1 000）时，AUC 的性能会有明显下降。这是合理的，因为它被设计为平衡三元组损失函数和量化误差。因此，如果 η 的值非常小或非常大，将导致这两项之间的不平衡。η 还对较稀疏的三元组更敏感，即 Slashdot。

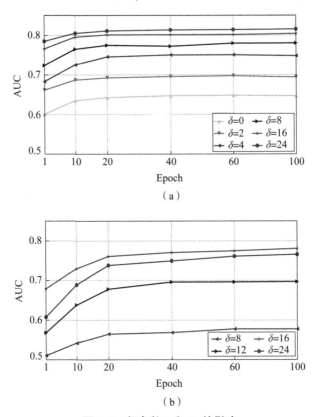

图 6.7　超参数 δ 和 δ_0 的影响
（a）在数据集 Epinions 上链接预测的 AUC；（b）在数据集 Slashdot 上链接预测的 AUC

L 的影响　L 是网络特征学习组件中全连接层的数量。为了研究 L 的影响，我们在 Epinions（Slashdot）上固定 $\eta=40$（0.55），$\delta=24$（16），$\delta_0=\frac{1}{2}\delta$ 和初始学习率 $lr=0.009$。然后，我们改变 L 为 1、2、3、4、5 并记录结果。最终的 AUC 结果如表 6.4 所示。根据表 6.4，可以得到以下观察结果：随着 L 的增加，性能首先增加，然后减少，这表明我们可以在 $L=3$ 时有一个相对较好的嵌入。根据损失情况，我们认为，下降的主要原因是随着网络的深入，训练更难。

表6.4 在不同的全连接层数 L 下，HSNE 对符号链接预测的 AUC

数据集	$L=1$	$L=2$	$L=3$	$L=4$	$L=5$
Epinions	0.712 2	0.744 4	0.814 5	0.756 6	0.742 1
Slashdot	0.679 9	0.724 1	0.780 8	0.752 1	0.736 1

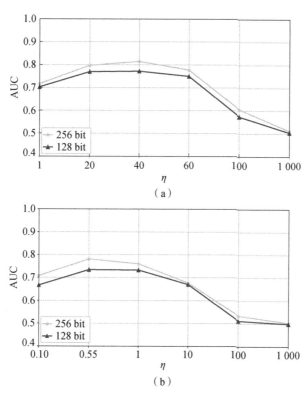

图 6.8 超参数 η 的影响

（a）在数据集 Epinions 上链接预测的 AUC；（b）在数据集 Slashdot 上链接预测的 AUC

（二）结构网络中节点分类的深层内核监督哈希算法

目前，结构网络的节点分类是一个长期存在的关键问题，它主要利用节点的相互作用来预测结构网络中未标记的节点的缺失标签。许多现实世界的应用都可以被建模为节点分类问题，如职业识别、人物分类等。

一般来说，现有的节点分类方法有两类：传统方法和基于网络嵌入的方法。与直接从邻域信息推断节点标签后验分布的传统方法相比，基于网络嵌入的方法往往通过采用嵌入算法来缓解维度爆炸，避免级联错误，从而取得更好的性能。尽管很有效，现有的基于网络嵌入的结构网络节点分类方法仍然存在明显的问题：由于低维空间中的线性不可分割问题，它们很难捕捉到隐藏在高度非线性网络结构中的实际类别特征；它们只将网络结构信息保留到节点的特征表示中，而没有任何节点标签信息。

为了解决上述问题，我们提出了一种深度内核监督哈希算法，即 DKSH 来学习节点的哈希表示，并将其用于结构网络中的节点分类。具体来说，首先采用深度多核学习模型将节点映射到合适的希尔伯特空间中，这已被证明对处理线性不可分割的问题非常有用。然后，设计了一个相似性矩阵，用来合并网络结构信息和节点标签信息，而不是只考虑结构相似性而忽略了两个节点之间的类别相似性。在相似性矩阵的监督下，深核哈希函数可以从学习到的希尔伯特空间中进行优化，这可以用来同时保留网络结构信息和节点标签信息到节点的哈希表示中，并解决线性不可分割的问题。大量的实验表明，深度内核监督哈希算法在三个真实的基准数据集上明显优于最先进的基线。

1. 相关工作

本节介绍了结构网络而非归属网络中的节点分类方法，以及之前内核哈希算法的细节。

1）结构网络中的节点分类

一般来说，现有的节点分类方法有两种：传统方法和基于网络嵌入的方法。传统方法通常将节点分类视为无向马尔可夫网络中的推理，直接使用迭代近似推理算法来计算马尔可夫网络中标签的后验分布。例如，OMNI-Prop 给每个节点分配关于其标签的先验信息，然后利用其邻居的后验更新标签，即如果大多数邻居有相同的标签，那么其余的也有相同的标签。然而，由于是迭代算法，这些方法往往有很高的计算复杂性，而且不能避免级联错误。

与传统方法不同，基于网络嵌入的方法采用嵌入算法来学习节点的低维表征，可以缓解维度爆炸，避免级联错误。目前，由于大规模网络的应用，基于网络嵌入的方法已经成为近期节点分类的趋势。具体来说，这类方法采用以下三个步骤：采用嵌入算法，如深度神经网络、矩阵分解等，学习保留丰富网络结构信息的低维节点表征；将已知标签的节点作为训练集；根据训练节点的表征和标签学习分类器，如支持向量分类器和逻辑回归分类器，进行节点分类。代表性的算法有 DeepWalk、Node2Vec、SDNE（Structural Deep Network Embedding，结构化深度网络嵌入方法）、DWNs 等。DeepWalk 首先采用随机游走的方式将节点的局部结构信息提取到其表征中，然后采用多分类（One-vs-Rest）的逻辑回归进行分类。Node2Vec 首先采用灵活的方法对节点序列进行采样，在嵌入过程中兼顾局部和全局结构信息，然后也采用 One-vs-Rest 的逻辑回归分类器进行分类。SDNE 首先采用深度自动编码器同时提取节点的一阶和二阶相似性表示，然后使用支持向量分类器进行分类。DWNs 采用基于生成对抗网络（Generative Adversarial Network GANs）的正则化方法改进 DeepWalk，生成高质量的节点表示，然后也使用支持向量分类器进行分类。通过这些算法，节点分类的性能得到了极大的提高。

虽然相当成功，但以前的算法仍然存在以下两个问题：由于线性不可分割的问题，它们很难捕捉到节点的实际类别特征；它们只将网络结构信息保存到节点的表示中，而不考虑节点标签。在之前的这些算法中，Node2Hash 是最接近 DKSH 的，它也使用了核哈希算法来获得节点的表示。然而，他们的算法采用的是浅层核哈希算法，只保留了网络结构信息，仍然存在上述两个问题。相比之下，DKSH 采用了一种带有新型相似性矩阵的深度内核监督哈希算法，可以很好地解决上述两个问题。

2）内核哈希算法

内核哈希算法的目的是将原始数据映射到合适的希尔伯特空间中，然后从这个空间中学习哈希表示，这已被证明对处理非线性数据非常有用。一般来说，现有的核哈希算法可以分为单核哈希和多核哈希。与为多特征数据设计的多核哈希相比，单核哈希是最基本的内核哈希算法。因此，我们以单核哈希为例来介绍内核哈希的细节。

与多核哈希不同，单核哈希首先采用手工制作的基本核，如线性核、径向基函数（Radial Basics Function, RBF）核和多项式核，将原始数据映射到希尔伯特空间中，然后从这个空间学习哈希函数，生成哈希表示。哈希函数的表述通常设计如下：

$$\boldsymbol{B}_{mi} = \boldsymbol{b}_m(\boldsymbol{X}_i) = \text{sgn}(\boldsymbol{V}_m^{\text{T}}\varphi(\boldsymbol{X}_i) - h_m) \tag{6.9}$$

$$\boldsymbol{V}_m = \sum_{r=1}^{R} \boldsymbol{W}_{rm}\varphi(\boldsymbol{X}_r) \tag{6.10}$$

式中，$\boldsymbol{b}_m(\boldsymbol{X}_i)$ 是数据 $\boldsymbol{X}_i$ 的第 m 个哈希码；$\text{sgn}(\cdot)$ 为元素级别的符号函数；φ 是映射函数；h_m 是阈值标量。此外，$\boldsymbol{V}_m$ 是 Hilbert 空间中第 m 个超平面向量，它是 R 个锚点的线性加权组合，即 $\{\boldsymbol{X}_r | r = 1, 2, \cdots, R\}$，其权重矩阵为 $\boldsymbol{W}_{rm}$。注意，这些锚点是通过聚类或随机选择产生的聚类中心。

将式（6.10）和内核矩阵 $\boldsymbol{K}_{ij} = \varphi(\boldsymbol{X}_i)^{\text{T}}\varphi(\boldsymbol{X}_j)$ 的定义代入式（6.9），式（6.9）被修改为

$$\boldsymbol{B}_i = \text{sgn}(\boldsymbol{W}^{\text{T}}\boldsymbol{K}_i - h) \tag{6.11}$$

式中，$\boldsymbol{W}$ 是 R 锚点的权重矩阵；$\boldsymbol{K}_i$ 采用的是基内核矩阵 $\boldsymbol{K}_{ij}$ 的第 i 列。最后，我们得到了哈希函数的表述，它可以用来从许多数据模式中学习非线性特征，特别是图像。

然而，单核哈希和多核哈希都采用浅核，往往无力捕捉高度非线性数据模式的实际特征，如网络。

3）深度内核监督哈希算法

我们的目标是设计一种基于深度内核的监督哈希算法，它可以同时处理高度非线性网络数据的线性不可分割问题和忽略节点标签信息的问题。在本节中，首先描述了结构网络中节点分类的问题表述，然后介绍了所提出的 DKSH 的细节，它包含三个部分，如图 6.9 所示。

问题描述　让 $G = (V, E, Y)$ 代表一个无向结构网络，其中 $V = {v_i}_{i=1}^N$ 表示 N 个节点的集合，$E = \{e_{ij}\}_{i,j=1}^N$ 表示两个节点间的边的集合，Y 表示标签集合。对于两个节点 v_i 和 v_j 通过一条边连接，$e_{ij} = 1$；否则，$e_{ij} = 0$。网络哈希嵌入的目的是学习一组哈希函数 $H = \{h_m\}_{m=1}^Q$，用于将 G 中的每个节点映射到低维的哈希表示中 $B_i \in \{-1, 1\}^Q$，其中 Q 是哈希码的维度。

考虑到已标记的节点集 V_L 和未标记的节点集 V_N 中的每个节点 $v_i \in V_L$ 都与一个标签 $y_i \in Y$ 相关，但在另一个节点中没有，节点分类的目的是用学到的哈希码 B 预测未标记节点 V_N 的缺失标签。

预处理算法　预处理的算法是通过采样网络结构信息来构建结构矩阵，然后通过合并节点标签和结构矩阵来构建相似性矩阵。

结构矩阵　在网络嵌入领域，随机游走是最流行、最强大的网络采样方法之一，它反映了 G 中每个节点的丰富网络结构信息。一般来说，从随机游走中提取的关系包含 0 和 1，其中 0 是未知节点对之间的关系，1 是相似节点对之间的关系。然而，这种关系的定义忽略了窗口中心节点和其上下文节点之间的相对距离。为了保持细粒度的结构相似性，我们根据窗口中上下文节点与中心节点的相对距离，给它们分配不同的权重。

对于窗口 $\text{window}_{v_i}^p$ 中的每个相似节点对 (v_i, v_j)，其中 v_i 是中心节点，v_j 是 v_i 的上下文节点，p 是窗口大小，结构矩阵 P 的递归定义为

$$P'_{ij} = P_{ij} + \frac{p + 1 - \text{dis}(v_i, v_j)}{p} \tag{6.12}$$

式中，$\text{dis}(v_i, v_j)$ 是 v_i 和 v_j 在这个窗口中的相对欧式距离；结构矩阵 P 被初始化为零矩阵 O。注意，$(p + 1 - \text{dis}(v_i, v_j))/p$ 是由 (v_i, v_j) 提供的结构相似性，它与相对距离负相关。作为结构相似性的递归加成，P_{ij} 可以同时反映随机游走中 (v_i, v_j) 的相对距离和共现频率。构建结构矩阵 P 的整个过程在 Algorithm 7 中进行了总结。

第 6 章 用于网络嵌入的哈希算法 177

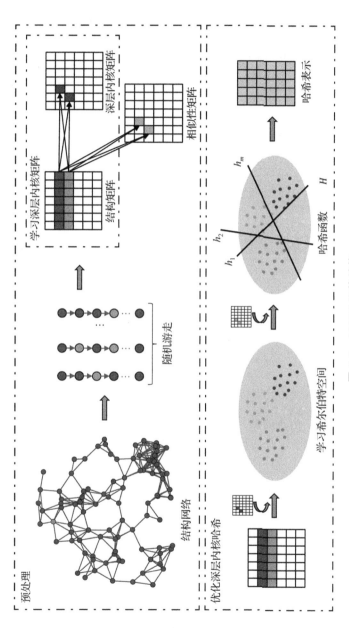

图 6.9 DKSH 网络结构

Algorithm 7 构建结构矩阵

输入：结构网络 $G = (V, E, Y)$，窗口大小 p，随机游走长度 l 以及每个节点随机游走序列的数量 γ

输出：结构矩阵 P

1：初始化结构矩阵 $P = 0$，paths $= \varnothing$
2：for t 在 $[0, \gamma]$ 区间内 do
3：Nodes = Shuffle(V)
4：for 每个 $v_i \in$ Nodes do
5：path$_{v_i}$ = RandomWalk(G, v_i, l)
6：将 path$_{v_i}$ 添加到 paths
7：end for
8：end for
9：for 每个 path 在 paths 中 do
10：for 每个 $v_i \in$ path do
11：for 每个 $v_j \in$ path $[i-p : i+p]$ do
12：$P_{ij} = P_{ij} + (p + 1 - \operatorname{dis}(v_i, v_j))/p$
13：end for
14：end for
15：end for
16：存储结构矩阵 P

相似性矩阵 构建的结构矩阵 P 反映了丰富的网络结构信息，可以将其作为特征矩阵。因此，为了同时保留网络结构信息和节点标签信息，相似性矩阵 S 被表述为

$$s_{ij} = \begin{cases} \exp\left(-\dfrac{\|P_i - P_j\|_F^2}{\max(\operatorname{dis}^2)}\right) & , y_j = y_i \\ 0, & \text{其他} \end{cases} \tag{6.13}$$

式中，P_i 和 P_j 是 v_i 和 v_j 的特征向量；$\max(\operatorname{dis}^2)$ 是所有特征向量之间的最大全局距离；y_i 是节点 v_i 的标签。

学习深度内核矩阵 学习深度内核矩阵是通过深度多核学习来优化深度内核矩阵，可以将节点映射到合适的希尔伯特空间，以处理高度非线性网络数据的线性不可分割问题。

深度多核学习 多核学习（Multiple Kernel Learning, MKL）是一种广泛使用的核设计技术，其原理是为给定的数据集学习最合适的基本核的线性组

合。然而，这种内核的线性组合是一种浅层的方式，往往不能捕捉高度非线性的特征。为了解决这个问题，提出了深度多核学习（Deep Multiple Kernel Learning，DKL）。有趣的是，网络结构信息只是一种高度非线性的网络信息。因此，我们试图采用 DKL 来设计更适合高度非线性网络信息的内核矩阵。

图 6.10 所示为三层深度多核学习网络，它采用了多核的非线性多层组合。该架构中每个单元的递归定义如下：

$$K_t^{(l)} = g_t \left(\sum_{t=1}^{T} \mu_t^{(l-1)} K_t^{(l-1)} \right)$$

$$\text{s.t.} \quad \mu \geq 0 \tag{6.14}$$

式中，$g_t(\cdot)$ 是内核矩阵 K_t 的激活函数，如 $rbf(\cdot)$，它可以将特征矩阵（或内核矩阵）映射到内核矩阵。此外，我们假设 DKL 的结构有 L 层，每层包含 T 个单独的内核矩阵，其中 $l \in \{1,2,\cdots,L\}$，$t \in \{1,2,\cdots,T\}$。在这种情况下，$K_t^{(l)}$ 表示该模型中第 l 层和第 t 个单元的内核矩阵。请注意，对于递归定义，初始输入为 $K_t^{(1)} = g_t(P)$，其中 P 是结构网络的结构矩阵（见 Algorithm 7），最终输出为 $K = \sum_{t=1}^{T} \mu_t^{(L)} K_t^{(L)}$。

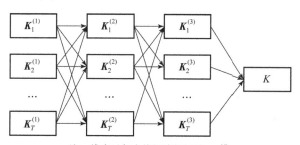

注：线表示每个核矩阵的权重，$\mu_t^{(l)}$。

图 6.10　三层深度多核学习网络结构

实施　为了优化所采用的 DKL 的网络参数 μ，我们使用了一个 One-vs-rest SVM 分类器的后向信息。所采用的网络数据的 SVM 分类器被设计为 $\text{sgn}\left(\sum_{i=1}^{N} \alpha_i y_i K(v_i,v) + b\right)$，其中 y_i 是节点 v_i 的标签。一般来说，μ 可以通过最小化分类器的全局铰链损失来进行优化。在本节中，受此启发，我们使用全局铰链损失的跨度约束来优化 DKL，可以减少过度拟合的风险。在假设支持向量集在留一法（Leave-one-out）过程中保持不变的情况下，跨度约束可以表述为

$$L((v_1,y_1),\cdots,(v_N,y_N)) \leq \sum_{i=1}^{N} \varphi(\alpha_i D_i^2 - 1) \tag{6.15}$$

式中，L 是 Leave-one-out 误差，D_i 是点 $\varphi(v_i)$ 与集合 $\varGamma_i =$

$\left\{ \sum_{j \neq i, \alpha_j > 0} \lambda_j \varphi(v_j) \mid \sum_{j \neq i} \lambda_j = 1 \right\}$ 之间的距离。基于式 (6.15)，我们可以将深度多核学习的目标函数表述为最小化 Leave‑one‑out 误差的上界：

$$\min_{\mu, \alpha} T_{\text{span}} = \sum_{i=1}^{N} \varphi(\alpha_i D_i^2 - 1) \tag{6.16}$$

具体来说，由于目标函数可以通过两个参数进行优化——μ 和 α，因此采用了交替优化策略，即固定 μ 来优化 α，然后反之。在每个迭代中，当 μ 被固定时，深度内核矩阵 K 也被固定，α 可以使用 SVM 分类器进行自动优化。当 α 固定时，μ 可以通过式 (6.16) 的梯度直接优化。迭代过程一直持续到收敛或达到最大迭代次数，Algorithm 8 对此进行了总结。

Algorithm 8 学习深度内核矩阵

输入：初始化网络参数 $\mu = \frac{1}{T}$，结构矩阵为 P，节点数量为 N

输出：优化 μ，SVM 系数为 α

1：重复以上操作
2：固定 μ，计算输出的深度内核矩阵 K
3：通过 SVM 目标优化 α
4：固定 α，计算公式 T_{span} 关于 K 的梯度 ∇_μ
5：根据 ∇_μ，更新权重 μ，并保证 $\mu \geq 0$
6：直到收敛

优化深度内核哈希 深度内核哈希的基本目的是从所学的希尔伯特空间中学习节点的哈希表示。在相关工作中，我们已经介绍了现有的内核哈希算法，包括单核哈希和多核哈希。尽管这两种算法对于线性不可分割的问题都取得了很大成就，但是由于网络的高度非线性特征，它们很难为网络学习出合适的希尔伯特空间。为了解决这个问题，我们将浅核扩展为深核。具体来说，通过将式 (6.11) 中的浅核扩展为式 (6.14) 中的深核，所提出的深度内核哈希函数可以被表述为

$$B_i = \text{sgn}(W^T K_i - b) \tag{6.17}$$

$$K_{rn} = \left(\sum_{t=1}^{T} \mu_t^{(L)} K_t^{(L)} \right)_{R \times N} \tag{6.18}$$

式中，W 是锚点的权重矩阵；K_{rn} 是 DKL 的最终输出；K_i 是 K_{rn} 的第 i 列。

通过构建的相似性矩阵和哈希函数，采用相似性 - 距离乘积最小化的形式，设计以下目标函数，以优化节点的哈希表示：

$$\min_{W} \quad \frac{1}{2}\sum_{i,j=1}^{N} s_{ij} \| \boldsymbol{B}_i - \boldsymbol{B}_j \|_F^2 + \lambda \sum_{m=1}^{M} \| \boldsymbol{V}_m \|_F^2$$

$$\text{s.t.} \quad \sum_{i=1}^{N} \boldsymbol{B}_i = 0 \tag{6.19}$$

$$\frac{1}{N}\sum_{i=1}^{N} \boldsymbol{B}_i \boldsymbol{B}_i^{\mathrm{T}} = \boldsymbol{I}$$

式中, S 是相似性矩阵; $\boldsymbol{B}_i$ 是节点 v_i 的哈希表示, 由式 (6.17) 中的哈希函数生成, 具有相同的约束条件; $\sum_{m=1}^{M} \| \boldsymbol{V}_m \|_F^2$ 为超平面的正则化, 以控制超平面向量 $\boldsymbol{V}_m$ 的平滑度; 约束 $\sum_{i=1}^{N} \boldsymbol{B}_i = 0$ 用于确保比特平衡, 这意味着每个比特有大约 50% 的概率是 +1 或 -1。利用 $\frac{1}{N}\sum_{i=1}^{N} \boldsymbol{B}_i \boldsymbol{B}_i^{\mathrm{T}} = \boldsymbol{I}$ 的约束来确保比特不相关, 这意味着不同比特需要独立。

受文献 [55, 71, 89] 的启发, 上述方程可以用拉普拉斯算子改为等价形式:

$$\min_{W} \quad \mathrm{tr}\left(\boldsymbol{W}^{\mathrm{T}} \frac{(\boldsymbol{C}+\boldsymbol{C}^{\mathrm{T}})}{2} \boldsymbol{W} \right)$$

$$\text{s.t.} \quad \boldsymbol{W}^{\mathrm{T}} \boldsymbol{G} \boldsymbol{W} = \boldsymbol{I} \tag{6.20}$$

$$\boldsymbol{C} = \boldsymbol{K}_{rn} \boldsymbol{L} \boldsymbol{K}_{rn}^{\mathrm{T}} + \lambda \boldsymbol{K}_{rn}$$

$$\boldsymbol{G} = \frac{1}{N} \boldsymbol{K}_{rn} \left(\boldsymbol{I} - \frac{1}{N} \boldsymbol{1} \boldsymbol{1}^{\mathrm{T}} \right) \boldsymbol{K}_{rn}^{\mathrm{T}} \tag{6.21}$$

式中, $\boldsymbol{L} = \mathrm{diag}(\boldsymbol{S}\boldsymbol{1}) - \boldsymbol{S}$ 是拉普拉斯矩阵; $\boldsymbol{W}$ 是锚点的权重矩阵。需要注意的是, 在推导过程中, 我们首先采用与之前哈希算法相同的放松方法, 忽略符号函数, 然后考虑比特平衡的约束, 推导出阈值标量 $b = -\left(\frac{1}{N}\right)\boldsymbol{W}^{\mathrm{T}}\boldsymbol{K}_{rn}\boldsymbol{1}$, 最后用拉普拉斯算子重写方程 (6.19)。

式 (6.20) 可以进一步改写为特征向量问题, 以便更简单地实现:

$$\min_{W} \quad \mathrm{tr}(\hat{\boldsymbol{W}}^{\mathrm{T}} \hat{\boldsymbol{C}} \hat{\boldsymbol{W}})$$

$$\text{s.t.} \quad \hat{\boldsymbol{W}}^{\mathrm{T}} \hat{\boldsymbol{W}} = \boldsymbol{I} \tag{6.22}$$

$$\hat{\boldsymbol{C}} = \boldsymbol{\Lambda}^{-\frac{1}{2}} \boldsymbol{T}^{\mathrm{T}} \frac{(\boldsymbol{C}+\boldsymbol{C}^{\mathrm{T}})}{2} \boldsymbol{T} \boldsymbol{\Lambda}^{-\frac{1}{2}}$$

$$\boldsymbol{G} = \boldsymbol{T}_0 \boldsymbol{\Lambda}_0 \boldsymbol{T}_0^{\mathrm{T}} \tag{6.23}$$

$$\boldsymbol{W} = \boldsymbol{T} \boldsymbol{\Lambda}^{-\frac{1}{2}} \hat{\boldsymbol{W}}$$

式中, $\boldsymbol{\Lambda}$ 是由 $\boldsymbol{\Lambda}_0$ 的 M 个最大元素组成的对角矩阵, 而 $\boldsymbol{T}$ 是 $\boldsymbol{T}_0$ 的相应列。这个特征向量问题的解决方案是矩阵 $\hat{\boldsymbol{W}}$, 它是矩阵 $\hat{\boldsymbol{C}}$ 的 M 维特征向量。若给定 $\hat{\boldsymbol{W}}$, 则 $\boldsymbol{W}$

可以直接由 $W = TA^{-\frac{1}{2}}\hat{W}$ 得到。根据式（6.17），基于 W，可以得到所有节点 $\{v_i \mid i=1,2,\cdots,N\}$ 的哈希表示。

请注意，在获得节点的哈希表示后，将利用哈希表示和标签来训练一个现成的分类器，以预测未标记节点的缺失标签。

2. 实验

在本节中，为了证明所提出算法的优势，在三个真实的基准数据集上进行了广泛的节点分类实验，以评估所提出的 DKSH，并将其与众多先进的基线进行比较。

1）实验设置

数据集　我们在三个真实的基准数据集上实现了所提出的 DKSH 算法，这些数据集在以前的许多工作中已被广泛使用。Wiki 是一个网络，节点为网页，边为网页之间的超链接。Wiki 网络包含 2 405 个节点，17 981 条边，以及 17 个不同的标签。Cora 是一个科学论文的引用关系网络。Cora 网络包含 2 708 个节点，5 429 条边，以及 7 个不同的标签。Citeseer 也是一个由科学论文构建的引文网络。Citesser 网络有 3 312 个节点，4 732 条边，6 个不同的标签。受以往工作的启发，我们将这三个网络视为无向结构网络，以减少边的时间排序的影响，然后删除零度的节点。

评价指标　按照以前的工作，我们采用流行的 Micro – F1 和 Macro – F1 来评估节点分类的性能。注意，由于在我们的设定中每个节点只有一个标签，故 Micro – F1 等于 Accuracy。

基线　因为 DKSH 算法是为广泛使用的结构网络设计的，所以我们将其与众多基于结构网络嵌入的算法进行了系统的比较，这些算法不需要节点属性信息。这些基线的细节如下。

① DeepWalk：一种无监督的算法，它使用从截断的随机游走中获得的局部结构信息来学习节点的低维特征表示。

② Line：利用广度优先策略对输入进行采样，在网络嵌入过程中可以同时保留一阶和二阶的相似性。

③ GraRep：将 SVD 技术应用于不同的 K – step 概率过渡矩阵来学习节点的特征，最后通过串联所有 K – step 特征来获得全局特征。

④ Node2Vec：与 DeepWalk 的不同之处在于，它提出了更灵活的节点序列采样方法，在局部和全局结构信息之间取得平衡。

⑤ AIDW：DeepWalk 的一个归纳版本，采用基于 GAN 的正则化方法。通过对抗性学习对节点特征施加一个先验分布，以实现分布的全局平滑性。

⑥ DWNs：DeepWalk 的另一个归纳版本，它在网络嵌入过程中引入了一种简洁有效的正则化技术，即对抗性训练法。

⑦ Node2Hash：使用编码器 – 解码器框架，其中编码器旨在将节点的结构相似性映射到一个特征空间，而解码器旨在通过单核哈希生成节点表示。

在这些基线中，Node2Hash 是唯一一个像所提出的 DKSH 一样基于哈希的算法，但它仍然生成了连续的表示，而不是有效的哈希（二进制）表示。请注意，尽管基于图神经网络的算法与所提出的 DKSH 相关，但据我们所知，几乎所有这些算法都需要节点属性信息。这意味着这些算法是有限的，因此不选择它们作为基线。

参数设置 对于所提出的 DKSH，窗口大小 p，游走长度 l，每节点游走数 γ，每层内核数量 T，锚点数量 R 和正则化参数 λ 分别被设置为 50、200、10、4、256 和 0.0001。与 MKL 不同，DKSH 采用了 3 层的 DKL。对于所采用的 DKL 中的每一层，考虑 4 个基本核，即一个线性核，一个 $\gamma=1$ 的 RBF 核，一个 $\alpha=-1\times10^{-4}$ 和 $\beta=1$ 的 Sigmoid 核，以及一个 $\alpha=1$、$\beta=1$ 和 $\delta=2$ 的多项式核。此外，所有算法的节点表示维度都设置为 128，其他参数设置为基线的默认值。

与基线的比较 在我们的实验中，随机选择一部分有标签的节点作为训练数据，其中训练比例在 10%～90% 有一个相同的增量，其余的无标签节点用于测试。为了公平比较，所有的算法都使用相同的训练集和测试集，并在 Liblinear 中采用相同的支持向量分类器。表 6.5 所示为各算法在 Wiki 上的表现。表 6.6 所示为 Cora 上的节点分类结果。表 6.7 所示为在 Citeseer 数据集上的节点分类效果。注意，对于节点分类的比较，我们只报告那些提供了源代码或者在他们的论文中报告了相应性能的基线。从表格数据，可以得出如下结论。

表 6.5　Wiki 数据集上节点分类效果对比

评价指标	算法	10%	20%	30%	40%	50%	60%	70%	80%	90%
Micro – F1	DeepWalk	46.60	54.48	59.05	62.70	64.66	65.95	66.98	68.37	68.78
	Line	57.88	61.08	63.50	64.68	66.29	66.91	67.43	67.46	68.61
	GraRep	58.57	61.91	63.58	63.77	64.68	65.39	65.92	65.18	67.05
	Node2Vec	55.94	59.67	61.11	64.21	65.08	65.58	66.76	67.19	68.73
	AIDW	57.32	61.84	63.54	64.90	65.58	66.54	65.59	66.58	68.02
	DWNs	55.77	59.63	61.98	64.01	64.59	66.99	66.45	67.55	67.51
	Node2Hash	53.35	55.32	57.74	59.65	61.28	60.96	62.83	62.08	64.07
	DKSH	69.05	71.20	73.41	74.35	74.38	75.16	74.85	75.30	77.10

续表

评价指标	算法	10%	20%	30%	40%	50%	60%	70%	80%	90%
Macro-F1	DeepWalk	38.15	42.31	45.15	47.60	48.65	50.60	51.28	51.98	54.54
	Line	38.38	40.42	42.28	43.02	43.58	44.34	45.30	46.36	48.73
	GraRep	40.16	43.56	45.26	46.54	46.05	47.82	48.84	49.33	50.42
	Node2Vec	38.17	41.66	43.28	45.44	45.89	46.81	47.74	48.40	49.43
	DWNs	40.15	43.64	45.31	48.42	50.81	51.79	52.89	53.99	55.36
	DKSH	38.66	42.70	45.18	48.92	50.99	52.12	53.65	55.34	57.53

表6.6 Cora数据集上节点分类效果对比

评价指标	算法	10%	20%	30%	40%	50%	60%	70%	80%	90%
Micro-F1	DeepWalk	64.60	69.85	74.21	76.68	77.59	77.68	78.63	79.35	79.23
	Line	66.06	70.86	72.25	73.94	74.03	74.65	75.12	75.30	75.76
	GraRep	74.98	77.48	78.57	79.38	79.53	79.68	79.75	80.89	80.74
	Node2Vec	73.96	78.04	80.07	81.62	82.16	82.25	82.85	84.02	84.91
	AIDW	73.83	77.93	79.43	81.16	81.79	82.27	82.93	84.11	83.69
	DWNs	73.20	76.98	79.83	80.56	82.27	82.52	82.92	82.97	84.54
	Node2Hash	55.99	56.16	63.87	67.51	70.24	70.20	71.34	72.83	73.43
	DKSH	74.22	78.71	80.55	81.89	81.89	82.03	83.87	84.69	86.23
Macro-F1	DeepWalk	66.83	70.85	73.02	74.47	75.36	76.86	77.18	79.62	79.96
	Line	65.79	68.40	71.62	72.62	72.93	73.68	74.94	75.03	75.06
	GraRep	46.47	57.65	63.49	67.12	69.81	72.19	73.33	73.61	73.70
	Node2Vec	50.37	59.64	64.51	69.12	71.83	73.48	74.40	74.51	74.78
	DWNs	71.39	74.87	78.48	79.76	80.45	80.81	81.03	81.97	82.23
	DKSH	73.12	77.74	79.57	80.99	81.44	81.92	82.87	83.70	84.21

表 6.7 Citeseer 数据集上节点分类效果对比

评价指标	算法	10%	20%	30%	40%	50%	60%	70%	80%	90%
Micro-F1	DeepWalk	45.53	50.98	53.79	55.25	56.05	56.84	57.36	58.15	59.11
	Line	47.03	50.09	52.71	53.52	54.20	55.42	55.87	55.93	57.22
	GraRep	50.60	53.56	54.63	55.44	55.20	55.07	56.04	55.48	56.39
	Node2Vec	50.78	55.89	57.93	58.60	59.44	59.97	60.32	60.75	61.04
	AIDW	50.77	54.82	56.96	58.04	59.65	60.03	60.99	61.18	62.84
	DWNs	50.00	53.74	57.37	58.59	59.00	59.53	59.62	59.51	60.18
	Node2Hash	38.58	47.96	49.29	50.96	52.66	52.30	53.22	56.11	57.23
	DKSH	57.97	59.81	59.78	59.96	60.59	60.89	61.79	62.84	63.25
Macro-F1	DeepWalk	41.07	44.52	46.77	48.08	49.30	51.92	52.51	52.81	52.41
	Line	42.53	46.52	47.34	47.93	49.21	53.31	55.15	55.34	55.57
	GraRep	35.21	42.90	47.80	50.82	52.77	54.36	55.95	56.65	57.48
	Node2Vec	41.31	41.91	48.81	50.79	51.73	54.36	55.37	57.66	58.52
	DWNs	44.25	46.89	50.78	51.84	53.79	55.37	56.56	58.88	59.42
	DKSH	51.49	52.83	53.75	54.06	55.09	55.49	56.59	57.74	59.69

① 对于 Micro-F1 的比较，在 Wiki 和 Citeseer 数据集上，所提出的算法 DKSH 在所有标签节点的比例上都持续优于最先进的基线。如表 6.5 所示，当训练比例为 10% 时，所提出的 DKSH 比基线表现更好，平均约有 12% 的增益。如表 6.6 所示，当训练比例从 10% 变为 90% 时，所提出的 DKSH 比基线的表现好 1.6% 左右。此外，在 Cora 上，尽管基线在训练比例为 10%、50% 和 60% 时可以胜过所提出的 DKSH，但它们在数值上都非常接近。

② 对于三个网络的 Macro-F1 比较，所提出的算法 DKSH 在不同的标签节点比例下大多优于基线。例如，在表 6.5 中，当训练比例为 90% 时，所提出的 DKSH 比这些基线表现得更好，大约有 2% 的增益。在表 6.6 中，当训练比例为 20% 时，所提出的 DKSH 比这些基线表现得更好，大约有 3% 的收益。在表 6.7 中，当训练比例为 50% 时，所提出的 DKSH 比这些基线表现得更好，大约有 1.5% 的增益。此外，在 Wiki 上，当训练比例较小时（10%、20% 和 30%），所有的算法都表现不佳，尤其是所提出的 DKSH。其原因主要是 Wiki

网络有更多的类别，需要更多的训练节点。

③与非哈希算法相比，哈希算法不一定会导致性能的损失。事实上，它可以避免本章中的过度拟合。例如，DKSH 和 Node2Hash 都使用基于哈希的算法来学习节点特征。结果显示，DKSH 比几乎所有的非哈希算法都要好，而 Node2Hash 与经典的 DeepWalk 和 Line 相比，性能也很有竞争力。

消融实验 为了分析重点问题的贡献，我们研究了 DKSH 的三种变体：DKSH-un 表示该变体在建立相似性矩阵的过程中忽略了节点标签信息；DKSH-1L 表示该变体只采用了 1 层 MKL；DKSH-2L 表示该变体只采用了 2 层 MKL。表 6.8 所示为不同训练比例的 Micro-F1 和 Macro-F1 在 Wiki 数据集上的结果。由表 6.8 可以得到以下两点结论。

表 6.8 Wiki 数据集上 Micro-F1 和 Macro-F1 效果对比

评价指标	算法	10%	20%	30%	40%	50%	60%	70%	80%	90%
Micro-F1	DKSH-un	60.12	62.07	63.71	64.41	66.08	67.01	67.12	68.85	70.54
	DKSH-1L	66.50	69.77	70.91	72.13	71.92	74.45	73.38	74.39	73.53
	DKSH-2L	66.65	70.72	72.70	72.70	74.06	75.07	74.13	74.05	75.85
	DKSH	69.05	71.20	73.41	74.35	74.38	75.16	74.85	75.30	77.10
Macro-F1	DKSH-un	35.09	37.01	39.34	41.57	43.44	45.02	47.13	49.23	51.45
	DKSH-1L	37.89	39.61	40.96	43.99	45.48	47.83	49.63	51.62	54.95
	DKSH-2L	38.54	40.41	41.87	44.01	46.59	48.93	50.99	53.11	56.66
	DKSH	38.66	42.70	45.18	48.92	50.99	52.12	53.65	55.34	57.53

①DKSH 可以通过将网络结构信息和节点标签信息同时纳入节点的表示中，而不是仅有网络结构信息，可以显著提高节点分类的性能。例如，与 DKSH-un 相比，DKSH 在所有标注节点的比例上都能在 Micro-F1 中持续获得约 8% 的增益。

②基于浅核的算法由于存在线性不可分割的问题，很难捕捉到节点的实际类别特征，这往往导致节点分类的性能不佳。例如，与 DKSH-2L 相比，DKSH 在所有标注节点的比例中，持续获得约 1% 的 Micro-F1 增益。此外，与 DKSH-1L 相比，DKSH-2L 在 Macro-F1 中大多能获得约 1.5% 的增益。

2) 参数敏感度分析

在本小节中，我们在 Wiki、Cora 和 Citeseer 数据集上进行了不同参数的敏感性实验,包括锚点数量 R、节点表示的维度 M、窗口大小 p、游走长度 l 和每节点随机游走数量 γ,标注节点的比例为 90%,节点表示的默认维度为128。在不丧失一般性的情况下,Micro-F1 的比较如图 6.11 所示。具体地,图 6.11(a)所示为参数 R 对三个数据集的影响,其值为 128~1024。图 6.11(b)所示为参数 M 对三个数据集的影响,其值为 16~256。图 6.11(c)所示为参数 p 对三个数据集的影响,其值为 10~60。图 6.11(d)所示为参数 l 对三个数据集的影响,其值为 40~240。图 6.11(e)所示为三个数据集上的参数 γ 的影响,其值为 1~20。请注意,除了被测试的参数外,其他所有的参数都设置为默认值。

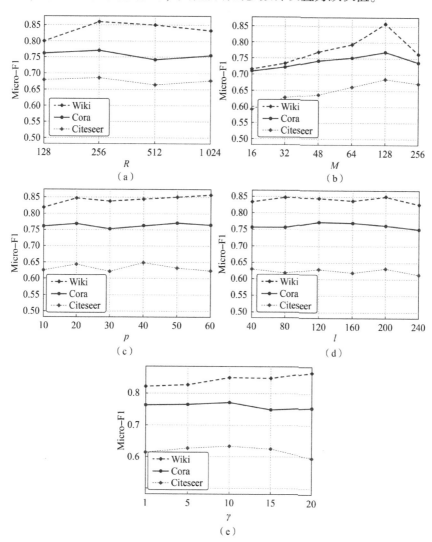

图 6.11 在 Wiki、Cora 和 Citeseer 数据集上 DKSH 参数灵敏度分析
(a)锚点数量;(b)节点表示的维度;(c)窗口大小;(d)游走长度;(e)每节点游走数量

图 6.11(a) 所示为所提出的 DKSH 算法的性能与锚点数量 R 的关系。当锚点数量从 M 增加到 1 024 时，三个数据集的性能相对稳定，这意味着所提出的 DKSH 对锚点的数量 R 不敏感。请注意，训练时间与 R 正相关，因此我们选择一个相对较小的 R，即 256。

图 6.11(b) 所示为提出的 DKSH 在节点表示的维度 M 方面的表现。当 $M = 128$ 时，DKSH 在三个基准数据集上取得了最好的性能。当 M 在 16~128 以内变化时，三个数据集的性能首先得到改善，其原因主要是更多的特征被捕捉到更高维度的节点表示中。然而，当维度进一步增加到 256 时，线性 SVM 分类器就无力对这些高维节点表示进行分类。

图 6.11(c)、图 6.11(d)、图 6.11(e) 所示为提出的 DKSH 在窗口大小 p、游走长度 l 和每节点游走数量 γ 方面的性能。可以发现，DKSH 通常对三个参数，即 p、l 和 γ 不敏感。例如，当 p 从 10 变化到 60，l 从 40 变化到 240，或者 γ 从 1 增加到 15 时，DKSH 在这三个数据集上总是可以取得良好的性能。

结语 在本章中，我们提出了深度内核监督哈希算法 DKSH，以学习节点的哈希表示，用于结构网络中的节点分类。在 DKSH 中，我们将高度非线性的网络结构信息映射到合适的希尔伯特空间，以处理线性不可分割的问题，并定义了一个新的相似性矩阵，将网络结构信息和节点标签信息同时纳入表示中。实验结果表明，所提出的算法在节点分类任务中取得了较好的效果。

第 7 章
跨模态哈希算法

跨模态哈希算法的核心思想是将不同模态的数据投影到同一个汉明空间，同时保留原始数据点之间的相似性。将不同模态数据点映射成哈希码后，在进行跨模态检索时，可直接用数据点对应的哈希码进行检索。例如，给定一个查询文本，若要检索与查询文本内容相似的 n 张图像数据，则需要先得到查询文本所对应的哈希码，以及数据集中所有图像的哈希码，再分别计算查询文本哈希码与每张图像所对应哈希码之间的汉明距离，并将图像按照汉明距离升序排列，排在最前面 n 张图像即为查询结果。同理，用图像数据查询与其内容相似的文本也与上述情况类似。根据是否利用数据的标签信息，跨模态哈希算法可以分为无监督的跨模态哈希算法和有监督的跨模态哈希算法。接下来，将分别介绍这两类算法。

7.1 无监督跨模态哈希算法

无监督跨模态哈希算法往往利用原始数据的特征来挖掘数据的固有流形结构。根据数据特征表示的提取方式，无监督跨模态哈希算法可以分为浅层无监督跨模态哈希算法和深度无监督跨模态哈希算法。浅层跨模态哈希算法一般是用人工来提取数据的特征表示，而深度跨模态哈希算法则是通过引入深度神经网络来提取数据的特征表示。

浅层无监督跨模态哈希算法中比较有代表性的有：协同矩阵分解哈希（Collective Matrix Factorization Hashing，CMFH）、复合相关量化哈希（Composite Correlation Quantization，CCQ）、联合和个体矩阵分解哈希（Joint and Individual Matrix Factorization Hashing，JIMFH）等。具体地，CMFH 假设每一个模态都有其独立的哈希码，通过最大化矩阵分解分别学习各个模态的哈希码，然后将各个子空间映射到公共子空间进行检索；CCQ 首先将不同模态映射到公共子空间，然后通过最大化关联关系进行量化；联合和个体矩阵分解哈希通过联合矩阵分解学习统一的哈希码，联合矩阵分解将所有模态分解为共享的潜在语义空间。此外，JIMFH 通过单独的矩阵分解学习单独的哈希码，该矩阵分解将每个模态分别分解为特定模态的潜在语义空间。最后，将统一的哈希码和各个哈希码进行组合以获得最终的哈希码。这样，JIMFH 学习到的哈希码既可以保留多模式数据的共享属性，又可以保留其特定属性，从而提高了检索性能。

为了利用深度神经网络强大的特征提取及挖掘能力，近年来也有许多深度无监督跨模态哈希算法被提出来，如无监督生成对抗哈希（Unsupervised Generative Adversarial Cross–modal Hashing，UGACH）、深度联合语义重构哈希（Deep Joint Semantics Reconstructing Hashing，DJSRH）、基于聚合的图卷积哈希（Aggregation–based Graph Convolutional Hashing for Unsupervised Cross–modal Retrieval，AGCH）等。具体地，无监督生成对抗哈希 UGACH 通过引入生成对抗网络来挖掘不同模态的有意义的最近邻点并通过定义关系图来获取潜在的流形结构以指导模型训练；深度联合语义重构哈希通过将每个模态各自的局部语义相似性结构融合以构造联合语义相似性矩阵来指导哈希模型的训练，具有虚拟标签回归的深度无监督跨模态哈希 UDCH–VLR 提出了一种统一学习框架，以联合执行深度哈希函数训练，虚拟标签学习和回归；基于聚合的图卷积哈希考虑到单个相似性度量标准几乎不能全面表示数据之间的关系，而提出了一种有效的聚合策略，该策略利用多个度量标准来构建更精确的相似性矩阵。

7.2 有监督跨模态哈希算法

与无监督跨模态哈希算法相比，有监督跨模态哈希算法能有效地利用数据的语义标签信息来指导哈希模型的训练，从而取得更好的检索效果。本小节将详细介绍一个实际的案例，让读者理解有监督跨模态哈希的建模方法。

哈希函数和统一哈希码联合学习的深度跨模态哈希算法

假设在数据集中有 n 个训练实例，每个实例有两个模态数据点。在不失一般性的前提下，在本节中使用图像-文本数据集进行说明，这意味着数据集中的每个实例都有一个文本模态的数据点和一个图像模态的数据点。我们使用 $O = \{o_i\}_{i=1}^n$ 来表示有 n 个实例的跨模态数据集，$o_i = (x_i, y_i, l_i)$，其中 x_i 和 y_i 分别表示在第 i 个实例 o_i 的原图像和文本数据点。$l_i = [l_{i1}, l_{i2}, \cdots, l_{ic}]^T$ 是指分配给 o_i 的标签，其中 c 是分类的数目。如果 o_i 属于第 j 类，$l_{ij} = 1$，否则 $l_{ij} = 0$。除此之外，一个成对的相似性矩阵 $S \in \{-1, +1\}^{n \times n}$ 被用来描述两个实例之间的语义相似性。如果 $s_{ij} = 1$，那意味着 o_i 语义上相似于 o_j，否则 $s_{ij} = -1$。特别的是，如果两个实例 o_i 和 o_j 共享多个标签，我们定义为 $s_{ij} = 1$。如果 o_i 和 o_j 至少共享一个标签，否则 $s_{ij} = -1$。

已知数据集 O 和相似矩阵 S，DCHUC 的目标就是学习保存语义相似性的哈希码 $B = \{b_i\}_{i=1}^n \in \{-1, +1\}^{n \times k}$，对于数据集中的实例，$k$ 是每个二进制码的长度，b_i 代表 o_i 对应的哈希码。例如，给定一个图像-文本 x_i 和 y_i 对应的哈希码，当 $s_{ij} = 1$ 时，b_i 和 b_j 之间的汉明距离应该足够小。否则，汉明距离应尽可能大。此外，为了给任何未见过的图像模态查询点 x_q 或文本模态查询点 y_q 生成一个二进制代码，DCHUC 应该学习两个模态专用的哈希函数 $b_{x_q} = F(x_q) \in \{-1, +1\}^k$ 和 $b_{y_q} = P(y_q) \in \{-1, +1\}^k$。为了学习这两个哈希函数，我们从数据集 O 中抽取一个子集作为伪查询集 $Q = O^\Phi$ 进行训练，其中 O^Φ 表示数据集 O 中以 Φ 为索引的伪查询实例。此外，我们用 $Y = \{1, 2, \cdots, n\}$ 表示所有数据集实例的索引，$\Phi = \{i_1, i_2, \cdots, i_m\} \subseteq Y$ 表示 m 个采样的伪查询实例的指数，X^Φ 和 Y^Φ 分别表示伪查询集中的图像模态样本点和文本模态样本点。相应地，查询实例和数据集实例之间的相似性可以表示为 $S^\Phi \in \{-1, +1\}^{m \times n}$，这是由于 S 的行以 Φ 为索引形成的。此外，在本节中，$\mathrm{sgn}(\cdot)$ 是一个符号函数，如果元素是正的，则返回 1，否则返回 -1。

建模方法 DCHUC 的模型架构如图 7.1 所示，它包含三个部分：图像模态哈希网络、文本模态哈希网络和哈希编码优化。

DCHUC 的图像模态哈希网络部分包含一个卷积神经网络，该网络改编自 AlexNet。CNN 组件包含 8 个层，前 7 个层与 AlexNet 中的层相同，第 8 层是一个全连接层，其输出是学到的图像特征，被命名为哈希层。哈希层包含 k 个单元，其中 k 是哈希码的长度。一个激活函数 $\tanh(\cdot)$ 被用来使输出特征接近"-1"或"$+1$"。我们用 $v_i = F(x_i; \Theta) \in \mathbf{R}^k$ 来表示图像模态哈希网络的最终输出特征。

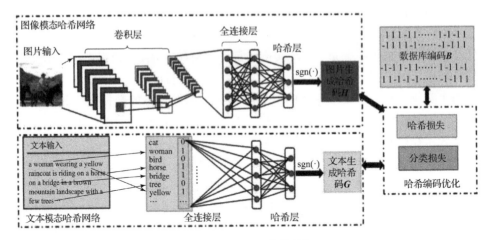

图 7.1 DCHUC 网络结构

DCHUC 的文本模态哈希网络部分是一个包含两个全连接层的神经网络被用来学习文本模态特征。我们将每个文本点 y_i 表示为一个词袋向量，并将 BoW 作为两个完全连接的神经网络的输入；第一个全连接层有 10 240 个隐藏单元，第一个全连接层的激活函数为 ReLU；第二个全连接层也被称为哈希层，有 k 个节点。与图像特征学习部分类似，使用 $\tanh(\cdot)$ 函数作为激活函数，使输出特征接近于 "-1" 或 "$+1$"。我们用 $t_i = P(y_i; \Psi) \in \mathbf{R}^k$ 来表示文本模态哈希网络的最终输出特征。

此外，请注意，在训练阶段，用于训练两个特定模态哈希网络的查询实例是从数据集中选择的，即它们是伪查询实例。

目标函数 DCHUC 的目标是将数据集中的实例和未见过的查询数据点映射到一个语义相似性保留的汉明空间中，在这个空间中，同一类别的数据点的哈希码应该是相似的，无论它们属于哪种模式，不同类别的数据点的哈希码应该是不相似的。在下文中，将详细介绍关于提出的 DCHUC 目标函数的更多细节。

为了很好地弥合不同模式之间的差距，首先假设数据集中任何实例 x_i 的图像点和文本点 y_i 共享相同的哈希码 b_i，即图像－文本对 x_i 和 y_i 学习一个统一的哈希码 b_i。因此，b_i 的哈希码可以同时保留图像模态信息和文本模态信息。此外，为了使学习到的数据集中实例的哈希码和由学习到的哈希函数生成的查询数据点的哈希码能够保持语义相似性，对于任何两个哈希码 b_i 和 b_j，如果相似性 $s_{ij}=1$，即它们是相似的，汉明距离 $d_H(b_i, b_j) = 0.5(k - b_i^T b_j)$ 的 b_i 和 b_j 应该是最小值 0，这意味着 $b_i^T b_j$ 应该等于 k。否则，汉明距离 $d_H(b_i, b_j)$

应是最大值 k,这意味着 $\boldsymbol{b}_i^T \boldsymbol{b}_j$ 应等于 0。因此,哈希损失可以定义为语义相似度乘以 k 与二进制代码对的内积之间的 Frobenius 规范损失。因此,哈希损失可以定义如下:

$$
\begin{aligned}
\min_{B,H,G} L_h = &\| \boldsymbol{HB}^T - k\boldsymbol{S}^{\varPhi} \|_F^2 + \| \boldsymbol{GB}^T - k\boldsymbol{S}^{\varPhi} \|_F^2 + \\
& \mu \| \boldsymbol{HG}^T - k\boldsymbol{S}_{\varPhi}^{\varPhi} \|_F^2 \\
\text{s.t.} \quad & \boldsymbol{B} = [\boldsymbol{b}_1, \boldsymbol{b}_2, \cdots, \boldsymbol{b}_n]^T \in \{-1, +1\}^{n \times k} \\
& \boldsymbol{H} = \text{sgn}(\boldsymbol{V}) \in \{-1, +1\}^{m \times k} \\
& \boldsymbol{G} = \text{sgn}(\boldsymbol{T}) \in \{-1, +1\}^{m \times k}
\end{aligned}
\quad (7.1)
$$

式中,μ 是一个超参数;$\boldsymbol{B} \in \{-1, +1\}^{n \times k}$ 表示数据集中 n 个实例的统一二进制哈希码;$\boldsymbol{S}_{\varPhi}^{\varPhi}$ 表示以 $\varPhi$ 为索引的 $\boldsymbol{S}^{\varPhi}$ 的列;$\boldsymbol{H} \in \{-1, +1\}^{m \times k}$ 表示 m 个图像模态查询数据点的二进制哈希码,$\boldsymbol{G} \in \{-1, +1\}^{m \times k}$ 表示 m 个文本模态查询数据点的二进制哈希码。$\boldsymbol{V} = [\boldsymbol{v}_{i_1}, \boldsymbol{v}_{i_2}, \cdots, \boldsymbol{v}_{i_m}]^T$ 是图像查询集 $\boldsymbol{X}^{\varPhi}$ 的图像模态哈希网络的输出。$\boldsymbol{T} = [\boldsymbol{t}_{i_1}, \boldsymbol{t}_{i_2}, \cdots, \boldsymbol{t}_{i_m}]^T$ 是文本查询集 $\boldsymbol{Y}^{\varPhi}$ 的文本模态哈希网络的输出。

此外,为了使学到的哈希码保留更多的判别性的语义信息,我们希望学到的哈希码也能进行简单的分类。那么分类损失函数可以定义如下:

$$
\begin{aligned}
\min_{B,H,G,W} L_c = &\alpha(\| \boldsymbol{HW} - \boldsymbol{L}^{\varPhi} \|_F^2 + \| \boldsymbol{GW} - \boldsymbol{L}^{\varPhi} \|_F^2) + \\
& \beta \| \boldsymbol{BW} - \boldsymbol{L} \|_F^2 + \eta \| \boldsymbol{W} \|_F^2 \\
\text{s.t.} \quad & \boldsymbol{B} = [\boldsymbol{b}_1, \boldsymbol{b}_2, \cdots, \boldsymbol{b}_n]^T \in \{-1, +1\}^{n \times k} \\
& \boldsymbol{H} = \text{sgn}(\boldsymbol{V}) \in \{-1, +1\}^{m \times k} \\
& \boldsymbol{G} = \text{sgn}(\boldsymbol{T}) \in \{-1, +1\}^{m \times k}
\end{aligned}
\quad (7.2)
$$

式中,$\boldsymbol{L} = [\boldsymbol{l}_1, \boldsymbol{l}_2, \cdots, \boldsymbol{l}_n]^T \in \{0, 1\}^{n \times c}$ 是数据集 O 中实例的标签矩阵表示;$\boldsymbol{L}^{\varPhi} \in {0, 1}^{m \times c}$ 表示查询实例的标签矩阵,以 $\varPhi$ 为索引从标签矩阵 $\boldsymbol{L}$ 中选择构建。$\boldsymbol{W} = [\boldsymbol{w}_1, \boldsymbol{w}_2, \cdots, \boldsymbol{w}_c] \in \boldsymbol{R}^{k \times c}$ 和 $\boldsymbol{w}_j \in \boldsymbol{R}^{k \times 1}$ 是类别 j 的分类预测向量。

因此我们的目标哈希函数可以表示为

$$
\begin{aligned}
\min_{B,H,G,W} L = &L_h + L_c \\
\text{s.t.} \quad & \boldsymbol{B} = [\boldsymbol{b}_1, \boldsymbol{b}_2, \cdots, \boldsymbol{b}_n]^T \in \{-1, +1\}^{n \times k} \\
& \boldsymbol{H} = \text{sgn}(\boldsymbol{V}) \in \{-1, +1\}^{m \times k} \\
& \boldsymbol{G} = \text{sgn}(\boldsymbol{T}) \in \{-1, +1\}^{m \times k}
\end{aligned}
\quad (7.3)
$$

然而，sgn(·)函数在零处是不可微分的，对于非零输入，它的推导结果将是零。这意味着在最小化公式（7.3）时，特定模态哈希网络的参数将不会被反向传播算法更新。因此，我们直接舍弃 sgn(·)函数，以确保所提出的哈希模型的参数可以被更新，并增加一个量化损失，使 V 和 T 的每个元素可以接近"+1"或"-1"。此外，由于在训练阶段，查询集是从数据集中采样的，因此，在构建量化损失时，学习到的哈希函数产生的哈希码应尽可能与直接学习到的哈希码相同，即如果数据集中的一个实例 o_i 被采样为查询实例，那么 h_i 的图像模态数据点的哈希码和 g_i 的文本模态数据点的哈希码应与 o_i 相同。因此，我们可以进一步将式（7.3）重新表述为

$$\begin{aligned}
\min_{B,V,T} L = & \|VB^T - kS^\Phi\|_F^2 + \|TB^T - kS^\Phi\|_F^2 + \\
& \mu\|VT^T - kS_\Phi^\Phi\|_F^2 + \beta\|BW - L\|_F^2 + \\
& \alpha(\|VW - L^\Phi\|_F^2 + \|TW - L^\Phi\|_F^2) + \\
& \eta\|W\|_F^2 + \gamma\|B^\Phi - 0.5(V+T)\|_F^2 \\
\text{s.t.} \quad & B \in \{-1,+1\}^{n \times k}
\end{aligned} \tag{7.4}$$

式中，α，β，η，γ，μ 是超参数，$B^\Phi \in \{-1,+1\}^{m \times k}$ 是由 B 中以 Φ 为索引的行组成的。$\|B^\Phi - 0.5(V+T)\|_F^2$ 是量化损失。

优化 为了优化式（7.4），我们提出了一个四步迭代方案。更具体地说，在每次迭代中，从数据集中抽取一个查询集，然后在查询集和数据集的基础上进行所提出的算法学习。算法 9 中简要介绍了 DCHUC 的整个四步学习算法，详细的推导步骤将在的下文中介绍。

固定 Ψ，B 和 W，学习 Θ 当 Ψ，B 和 L 固定时，通过使用随机梯度下降与反向传播算法，更新图像哈希网络的参数 Θ。更具体地说，对于 X^Φ 中的每个采样图像点 x_i，首先计算以下梯度：

$$\begin{aligned}
\frac{\partial L}{\partial v_i} = & 2\sum_{j=1}^n [(v_i^T b_j - kS_{ij}^\Phi)b_j] + 2\mu\sum_{j=1}^m [(v_i^T t_j - kS_{\Phi_{ij}}^\Phi)t_j] + \\
& 2\alpha\sum_{j=1}^c [(v_i^T w_j - L_{ij}^\Phi)w_j] + \gamma(v_i + t_i - 2b_i)
\end{aligned} \tag{7.5}$$

基于 $\frac{\partial L}{\partial v_i}$，可以通过链式法则计算 $\frac{\partial L}{\partial \Theta}$，并且用 BP 算法更新参数 Θ。整个学习过程在 Algorithm 9 中做了总结。

Algorithm 9 DCHUC 算法

输入：数据集 $O = \{X, Y, L\}$，哈希码长度 k

输出：样本的哈希码 B，图模态哈希网络参数 Θ 以及文本模态哈希网络参数 Ψ

1：初始化参数：$B, \Theta, \Psi, \alpha, \eta, \gamma$. 学习率：$lr$；迭代次数：$t_{out}, t_{in}$；Mini-batch 大小 $z = 64$

2：利用标签 L 生成相似性矩阵 S

3：repeat

4：随机生成下标集合 Φ 并从 O 数据集中采样 m 个样本 $O^\Phi = \{X^\Phi, Y^\Phi, L^\Phi\}$ 作为训练集 从 S 中选取 S^Φ

5：for iter = $1, 2, \cdots, t_{in}$ do

6：for iter_batch = $1, 2, \cdots, m/z$ do

7：从 X^Φ 中随机采集 z 个图像作为一个 Mini-batch

8：基于等式（7.5）更新参数 Θ

9：end for

10：for iter_batch = $1, 2, \cdots, m/z$ do

11：从 Y^Φ 中随机采集 z 个图像作为一个 Mini-batch

12：基于式（7.6）更新参数 Ψ

13：end for

14：end for

15：for iter_bit = $1, 2, \cdots, k$ do

16：基于等式（7.12）更新 $B_{*\text{iter\_bit}}$

17：end for

18：基于等式（7.14）更新 W

19：到 t_{out}

固定 Θ，B 和 L，学习 Ψ 当 Θ 和 B 固定时，也通过使用 BP 算法的随机梯度下降来更新文本哈希网络的参数 Ψ。更具体地说，对于 Y^Φ 中的每个采样文本点 y_i，首先计算以下梯度：

$$\frac{\partial L}{\partial t_i} = 2 \sum_{j=1}^{n} \left[(t_i^T b_j - k S_{ij}^\Phi) b_j \right] + 2\mu \sum_{j=1}^{m} \left[(t_i^T v_j - k S_{\Phi ij}^\Phi) v_j \right] + \\ 2\alpha \sum_{j=1}^{c} \left[(t_i^T w_j - L_{ij}^\Phi) w_j \right] + \gamma (v_i + t_i - 2 b_i) \tag{7.6}$$

基于 $\frac{\partial L}{\partial t_i}$，可以通过链式法则计算 $\frac{\partial L}{\partial \Psi}$，并且用 BP 来更新参数 Ψ。

固定 Θ, Ψ 和 W, 学习 B 当 Θ, Ψ 和 W 固定时，我们可以重写式 (7.4):

$$\begin{aligned}\min_{B} L &= \|VB^{\mathrm{T}} - kS^{\Phi}\|_F^2 + \|TB^{\mathrm{T}} - kS^{\Phi}\|_F^2 + \\
&\quad \beta\|BW - L\|_F^2 + \gamma\|B^{\Phi} - 0.5(V+T)\|_F^2 \\
&= \|VB^{\mathrm{T}}\|_F^2 - 2k\mathrm{tr}(BV^{\mathrm{T}}S^{\Phi}) + \|TB^{\mathrm{T}}\|_F^2 - \\
&\quad 2k\mathrm{tr}(BT^{\mathrm{T}}S^{\Phi}) + \beta\|BW\|_F^2 - 2\beta\mathrm{tr}(BWL^{\mathrm{T}}) - \\
&\quad \gamma\mathrm{tr}(B^{\Phi}(V^{\mathrm{T}} + T^{\mathrm{T}})) + \mathrm{const} \\
\mathrm{s.t.} \quad & B \in \{-1, +1\}^{n\times k}\end{aligned} \quad (7.7)$$

式中，const 是独立于 B 的常数，$\mathrm{tr}(\cdot)$ 代表迹。为了方便计算，可以进一步将式 (7.7) 重新表述如下：

$$\begin{aligned}\min_{B} L &= \|VB^{\mathrm{T}}\|_F^2 + \|TB^{\mathrm{T}}\|_F^2 + \beta\|BW\|_F^2 - \mathrm{tr}(B(\gamma\mathring{V}^{\mathrm{T}} + \\
&\quad \gamma\mathring{T}^{\mathrm{T}} + 2kV^{\mathrm{T}}S^{\Phi} + 2kT^{\mathrm{T}}S^{\Phi} + 2\beta WL^{\mathrm{T}})) + \mathrm{const} \\
&= \|VB^{\mathrm{T}}\|_F^2 + \|TB^{\mathrm{T}}\|_F^2 + \beta\|BW\|_F^2 - \\
&\quad \mathrm{tr}(BD) + \mathrm{const} \\
\mathrm{s.t.} \quad & B \in \{-1, +1\}^{n\times k}\end{aligned} \quad (7.8)$$

式中，$D = \gamma\mathring{V}^{\mathrm{T}} + \gamma\mathring{T}^{\mathrm{T}} + 2kV^{\mathrm{T}}S^{\Phi} + 2kT^{\mathrm{T}}S^{\Phi} + 2\beta WL^{\mathrm{T}}$; $\mathring{V} = [\mathring{v}_1, \mathring{v}_2, \cdots, \mathring{v}_n]^{\mathrm{T}}$; $\mathring{T} = [\mathring{t}_1, \mathring{t}_2, \cdots, \mathring{t}_n]^{\mathrm{T}}$, $\mathring{v}_i$, $\mathring{t}_i$ 可以分别被如下公式表示：

$$\mathring{v}_i = \begin{cases} v_i, & i \in \Phi \\ 0, & i \notin \Phi \end{cases} \quad (7.9)$$

$$\mathring{t}_i = \begin{cases} t_i, & i \in \Phi \\ 0, & i \notin \Phi \end{cases} \quad (7.10)$$

式 (7.8) 是一个 NP 难问题。基于 SDH，二进制码 B 可以通过离散循环坐标下降法来学习。这意味着，我们直接一位一位地学习哈希码 B。特别的是，在固定其他列的情况下，更新 B 的一列。我们使 B_{*i} 代表 B 的第 i 列，$\hat{B}_i$ 表示 B 没有 B_{*i} 的矩阵；让 V_{*i} 代表 V 的第 i 列，$\hat{V}_i$ 代表 V 没有 V_{*i} 的矩阵；让 T_{*i} 代表 T 的第 i 列，$\hat{T}_i$ 代表 T 没有 T_{*i} 的矩阵；让 W_{i*} 代表 W 的第 i 行，$\widetilde{W}_i$ 代表 W 没有 W_{i*} 的矩阵；让 D_{i*} 表示 D 的第 i 行，$\widetilde{D}_i$ 代表 D 没有 D_{i*} 的矩阵。之后用下面的方法优化 B_{*i}：

$$\min_{\boldsymbol{B}_{*i}} L = \|\boldsymbol{VB}^{\mathrm{T}}\|_F^2 + \|\boldsymbol{TB}^{\mathrm{T}}\|_F^2 + \beta\|\boldsymbol{BW}\|_F^2 -$$
$$\mathrm{tr}(\boldsymbol{BD}) + \mathrm{const}$$
$$= \mathrm{tr}(\boldsymbol{B}_{*i}(2\boldsymbol{V}_{*i}^{\mathrm{T}}\hat{\boldsymbol{V}}_i\hat{\boldsymbol{B}}_i^{\mathrm{T}} + 2\boldsymbol{T}_{*i}^{\mathrm{T}}\hat{\boldsymbol{T}}_i\hat{\boldsymbol{B}}_i^{\mathrm{T}} + 2\beta\boldsymbol{W}_{i*}\tilde{\boldsymbol{W}}_i^{\mathrm{T}}\hat{\boldsymbol{B}}_i^{\mathrm{T}} - \tag{7.11}$$
$$\tilde{\boldsymbol{D}}_{i*})) + \mathrm{const}$$
$$\mathrm{s.t.}\quad \boldsymbol{B}_{*i} \in \{-1, +1\}^{n\times k}$$

最后，可以得到公式 (7.11) 的最优解。

$$\boldsymbol{B}_{*i} = -\mathrm{sgn}(2\hat{\boldsymbol{B}}_i\hat{\boldsymbol{V}}_i^{\mathrm{T}}\boldsymbol{V}_{*i} + 2\hat{\boldsymbol{B}}_i\hat{\boldsymbol{T}}_i^{\mathrm{T}}\boldsymbol{T}_{*i} + 2\beta\hat{\boldsymbol{B}}_i\tilde{\boldsymbol{W}}_i\boldsymbol{W}_{i*}^{\mathrm{T}} - \tilde{\boldsymbol{D}}_{i*}^{\mathrm{T}}) \tag{7.12}$$

之后可以通过式 (7.12) 来一位一位地更新 $\boldsymbol{B}$。

固定 $\boldsymbol{\Theta}$, $\boldsymbol{\Psi}$ 和 $\boldsymbol{B}$，学习 $\boldsymbol{W}$ 当 $\boldsymbol{\Theta}$，$\boldsymbol{\Psi}$ 和 $\boldsymbol{B}$ 固定时，可以计算式 (7.4)：

$$\min_{\boldsymbol{W}} L = \alpha(\|\boldsymbol{VW} - \boldsymbol{L}^{\Phi}\|_F^2 + \|\boldsymbol{TW} - \boldsymbol{L}^{\Phi}\|_F^2) + \\ \beta\|\boldsymbol{BW} - \boldsymbol{L}\|_F^2 + \eta\|\boldsymbol{W}\|_F^2 \tag{7.13}$$

对于式 (7.13)，很容易通过正则化最小二乘法问题来解决 $\boldsymbol{W}$，它有一个近似的解决方案如下。

$$\boldsymbol{W} = (\alpha\boldsymbol{V}^{\mathrm{T}}\boldsymbol{V} + \alpha\boldsymbol{T}^{\mathrm{T}}\boldsymbol{T} + \beta\boldsymbol{B}^{\mathrm{T}}\boldsymbol{B} + \eta\boldsymbol{I})^{-1}(\alpha\overset{\circ}{\boldsymbol{V}} + \alpha\overset{\circ}{\boldsymbol{T}} + \beta\boldsymbol{B})^{\mathrm{T}}\boldsymbol{L} \tag{7.14}$$

样本外扩展 对于任何不在检索集中的实例，我们可以获得其两个模态的哈希码。具体地，给定图像模态 $\boldsymbol{x}_q$ 在一个实例 $\boldsymbol{o}_q$ 中，我们可以采用前向传播的方式来生成哈希码，具体如下：

$$\boldsymbol{b}_q = \mathrm{sgn}(F(\boldsymbol{x}_i; \boldsymbol{\Theta})) \tag{7.15}$$

相似地，在只有文本模态 $\boldsymbol{y}_q$ 时，也可以使用文本哈希网络来生成每个样本的哈希码：

$$\boldsymbol{g}_q = \mathrm{sgn}(P(\boldsymbol{y}_i; \boldsymbol{\Psi})) \tag{7.16}$$

实验 为了评估 DCHUC 的性能，我们将在三个图像 – 文本数据集上进行广泛的实验，并将其与七个最先进的跨模态哈希算法进行了比较。

数据集 我们用三个数据集来做评价，即 MIRFLICKR – 25K、IAPR TC – 12 和 NUS – WIDE，下面将做详细介绍。

MIRFLICKR – 25K 数据集包含 25 000 个从 Flickr 网站收集的实例。每个实例都包含一个图像和一个文本。在这里，我们遵循 DCMH 中给出的实验协议。总共有 20 015 个数据实例被选作实验数据，其中每个文本数据点包含至少 20 个文本标签。每个实例的文本模态被表示为一个 1 386 维的 BoW 向量。此外，每个实例至少包含 24 个独特标签中的一个。对于这个数据集，随机抽出 2 000

个实例作为测试集，其余的作为数据集（检索集）。此外，现有的深度跨模式哈希算法的训练阶段通常很耗时，这使得它们不能有效地在大规模数据集上工作。因此，对于深度算法，我们从检索集中随机抽取 10 000 个实例作为训练集。

IAPR TC-12 由 20 000 个实例组成，这些实例使用了 255 个标签进行注释。在修剪了没有任何文本信息的实例后，我们选择了 19 999 个图像-文本对的子集进行实验。每个实例的文本模式被表示为一个 2 000 维的 BoW 向量。对于这个数据集，我们随机抽出 2 000 个实例作为测试集，其余的实例作为检索集。我们从检索集中随机抽取 10 000 个实例，用于训练深度跨模态基线。

NUS-WIDE 数据集包含 269 648 个从 Flickr 数据集抽取的实例。每个实例都有 81 个概念标签中的一个或多个标签的注释。只有 195 834 个属于 21 个最频繁的概念的图像-文本对被选作我们的实验。每个实例的文本模式被表示为一个 1 000 维的 BoW 向量。对于这个数据集，我们随机抽出 2 100 个实例作为测试集，其余的实例作为检索集。由于深度哈希基线的训练非常耗时，我们从数据集中随机抽取了 10 500 个实例来训练深度跨模态基线。

对于所有的浅层跨模态基线算法，所有的数据集都用于训练。对于所有的数据集，如果 x_i 和 y_j 至少有一个共同的标签，那么图像 x_i 和文本 y_j 将被定义为相似对。否则，它们将被定义为不相似的一对。

基线和实验设置细节 将所提出的 DCHUC 与 7 种最先进的算法进行比较，包括 4 种浅层跨模态哈希算法，即 DLFH、SCM、CCA-ITQ 和 DCH，以及 3 种深度跨模态哈希算法，即 DCMH、CMDVH 和 SSAH。除 CMDVH 和 DCH 外，所有基线的源代码都有所提供，我们还对参数进行了优化调整。对于 CMDVH 和 DCH，我们自己已经实现了。为了进行公平的比较，采用了 AlexNet，它已经在 ImageNet 数据集上进行了预训练，以提取深度特征作为所有浅层跨模态基线的图像输入，每个深层跨模态基线的图像模态哈希网络的输入是 224×224 的原始像素。

对于所提出的 DCHUC 算法，我们在图像特征学习部分用 ImageNet 上预先训练好的 AlexNet 模型来初始化前 7 层神经网络。文本模态哈希网络和图像哈希网络的哈希层的所有参数都由 Xavier 初始化。统一的二进制代码 B 是随机初始化的，并以零为中心。图像输入是 224×224 的原始像素，文本输入是 BoW 向量。DCHUC 中的超参数 α，γ，β，μ，η 根据经验分别设置为 50，200，1，50，50。我们通过对所有数据集的验证策略设置 $t_{out}=30$，$t_{in}=3$，$|\Phi|=2\,000$。我们采用 Mini-batch 大小为 64 的 SGD 作为优化算法。图像哈

希网络的学习率初始化为 0.000 1，文本模式哈希网络的学习率初始化为 0.004。为了避免正负相似性信息之间的类不平衡问题造成的影响，我们根据经验将 S 中元素"-1"的权重设定为 S 中元素"1"的数量与元素"-1"的数量之间的比率。

CMDVH、DCH 和我们提出的算法 DCHUC 的源代码在 GitHub 网站上提供。

评价指标 对于基于哈希的跨模态检索任务，汉明排名和哈希查询是两个广泛使用的检索协议，用于评估哈希算法的性能。在我们的实验中，使用了三个评价标准：mAP、n 处精确率（$p@n$），以及 P-R 曲线。mAP 是广泛使用的衡量汉明排位协议准确性的指标，它被定义为所有查询的平均精确率的均值。P-R曲线用于评估哈希查询协议的准确性，而$p@n$用于评估精确率，只考虑前 n 个返回点。

实验结果 所有的实验都运行 3 次以减少随机性，然后报告平均精确率。

汉明排序任务 表 7.1 和表 7.2 分别为 MIRFLICKR-25K、IAPR TC-12 和 NUS-WIDE 数据集的 mAP 和 $p@1000$ 结果。"$I{\rightarrow}T$"表示用图像查询检索文本，"$T{\rightarrow}I$"表示用文本查询检索图像。一般来说，由表 7.1 和表 7.2 得到以下三个观察结论。

① DCHUC 算法在不同长度的哈希码上可以胜过其他跨模态的哈希码算法。例如，在 MIRFLICKR-25K 上，与最好的竞争者 SSAH 在 16 bit 上比较，DCHUC 对 "$I{\rightarrow}T$" 的结果在 mAP 上有 12.7% 的增长，在 $p@1000$ 上有 9.2% 的增长；DCHUC 对 "$T{\rightarrow}I$" 的结果在 mAP 上有 8.6% 的增长，在 $p@1000$ 有 8.7% 的增长。在 IAPR TC-12 上，与竞争对手 SSAH 在 64 bit 上比较，"$I{\rightarrow}T$" 的 DCHUC 结果在 mAP 上有 19.4% 的相对增长，在 $p@1000$ 上有 15.5% 的增长；DCHUC 对 "$T{\rightarrow}I$" 的结果在 mAP 上有 18.3% 的增长，在 $p@1000$ 上有 15.5% 的增长。在NUS-WIDE上，与 64 bit 的最佳竞争者 DCH 相比，DCHUC 对 "$I{\rightarrow}T$" 的结果在 mAP 上有 12.3% 的相对增长，在 $p@1000$ 上有 7.8% 的增长。

② 将数据点的特征学习和哈希函数学习整合到一个端到端的网络中可以获得更好的性能。例如，我们提出的算法可以得到比 DCH 更好的性能，DCH 也可以联合学习数据集中实例的统一哈希码和未见过的数据点的特定模态哈希函数，但特征提取过程与哈希码学习过程无关。

表 7.1 mAP（每一列中粗体准确率最高，下划线准确率次高）

任务	算法	MIRFLICKR-25K				IAPR TC-12				NUS-WIDE			
		16 bit	32 bit	48 bit	64 bit	16 bit	32 bit	48 bit	64 bit	16 bit	32 bit	48 bit	64 bit
T→I	CCA-ITQ	0.599	0.587	0.582	0.578	0.403	0.399	0.396	0.390	0.426	0.415	0.410	0.401
	SCM	0.639	0.612	0.584	0.592	0.438	0.423	0.414	0.398	0.403	0.371	0.349	0.328
	DCH	0.759	0.780	0.793	0.794	0.536	0.559	0.564	0.582	0.619	0.652	0.653	0.681
	DLFH	0.769	0.796	0.805	0.809	0.470	0.498	0.516	0.555	0.599	0.608	0.619	0.630
	DCMH	0.763	0.771	0.771	0.779	0.511	0.525	0.527	0.535	0.629	0.642	0.652	0.662
	CMDVH	0.612	0.610	0.553	0.600	0.381	0.383	0.396	0.381	0.371	0.359	0.399	0.424
	SSAH	0.783	0.793	0.800	0.783	0.538	0.566	0.580	0.586	0.613	0.632	0.635	0.633
	DCHUC	**0.850**	**0.857**	**0.853**	**0.854**	**0.615**	**0.666**	**0.681**	**0.693**	**0.698**	**0.728**	**0.742**	**0.749**
I→T	CCA-ITQ	0.593	0.582	0.577	0.574	0.312	0.311	0.310	0.309	0.424	0.412	0.398	0.387
	SCM	**0.626**	0.595	0.588	0.578	0.313	0.310	0.309	0.308	0.395	0.368	0.353	0.335
	DCH	0.748	0.786	0.799	0.805	0.486	0.486	0.496	0.502	0.648	0.678	0.699	0.708
	DLFH	0.719	0.732	0.742	0.748	0.417	0.451	0.484	0.490	0.558	0.578	0.591	0.593
	DCMH	0.721	0.733	0.729	0.742	0.464	0.485	0.490	0.498	0.588	0.607	0.615	0.632
	CMDVH	0.611	**0.626**	0.553	0.598	0.376	0.373	0.365	0.376	0.370	0.373	0.414	0.425
	SSAH	0.779	**0.789**	0.796	0.794	0.539	0.564	0.581	0.587	0.659	0.666	0.679	0.667
	DCHUC	**0.878**	**0.882**	**0.880**	**0.881**	**0.630**	**0.677**	**0.695**	**0.701**	**0.750**	**0.771**	**0.783**	**0.791**

表 7.2 p@1000

任务	算法	MIRFLICKR-25K				IAPR TC-12				NUS-WIDE			
		16 bit	32 bit	48 bit	64 bit	16 bit	32 bit	48 bit	64 bit	16 bit	32 bit	48 bit	64 bit
T→I	CCA-ITQ	0.690	0.676	0.666	0.652	0.491	0.492	0.488	0.482	0.622	0.672	0.684	0.683
	SCM	0.749	0.714	0.675	0.639	0.504	0.506	0.523	0.497	0.598	0.576	0.532	0.668
	DCH	0.848	0.848	0.843	0.852	0.664	0.695	0.701	0.712	<u>0.808</u>	<u>0.819</u>	<u>0.808</u>	<u>0.815</u>
	DLFH	0.834	<u>0.857</u>	<u>0.865</u>	<u>0.870</u>	0.563	0.604	0.638	0.660	0.685	0.707	0.717	0.735
	DCMH	0.815	0.824	0.834	0.835	0.596	0.610	0.613	0.626	0.694	0.710	0.721	0.731
	CMDVH	0.613	0.636	0.545	0.601	0.396	0.410	0.403	0.396	0.340	0.293	0.408	0.417
	SSAH	0.824	0.834	0.846	0.855	0.641	0.664	0.674	0.677	0.701	0.729	**0.736**	0.731
	DCHUC	**0.896**	**0.897**	**0.890**	**0.888**	**0.711**	**0.760**	**0.771**	**0.782**	<u>0.799</u>	**0.825**	**0.839**	**0.849**
I→T	CCA-ITQ	0.666	0.656	0.649	0.635	0.401	0.341	0.302	0.302	0.607	0.657	0.667	0.666
	SCM	0.738	0.704	0.676	0.660	0.376	0.349	0.324	0.315	0.606	0.565	0.550	0.504
	DCH	<u>0.844</u>	<u>0.866</u>	<u>0.860</u>	<u>0.868</u>	0.593	0.604	0.612	0.617	<u>0.813</u>	<u>0.829</u>	<u>0.822</u>	<u>0.817</u>
	DLFH	0.800	0.817	0.824	0.825	0.480	0.536	0.584	0.596	0.646	0.682	0.703	0.698
	DCMH	0.764	0.795	0.817	0.822	0.546	0.572	0.580	0.595	0.667	0.686	0.704	0.709
	CMDVH	0.693	0.761	0.695	0.733	0.371	0.380	0.331	0.371	0.493	0.527	0.598	0.589
	SSAH	0.840	0.854	0.859	0.863	<u>0.648</u>	<u>0.663</u>	<u>0.681</u>	<u>0.678</u>	0.738	0.749	0.765	0.749
	DCHUC	**0.917**	**0.918**	**0.912**	**0.911**	**0.724**	**0.766**	**0.781**	**0.783**	**0.845**	**0.859**	**0.872**	**0.881**

注: 每一列中粗体准确率最高, 下划线准确率次高。

③ 联合学习数据集实例的统一哈希码和未见过的数据点的特定模式哈希函数可以大大增加检索性能。例如，尽管 DCH 是一种浅层哈希算法，但它在 MIRFLICKR – 25K 和 IAPR TC – 12 数据集上的检索性能与最好的深层基线 SSAH 相似，而它在 NUS – WIDE 数据集上的检索性能要比 SSAH 差。此外，与 CMDVH 相比，DCHUC 在三个基准数据集上的 mAP 和 $p@1000$ 上可以获得更好的性能。注意，CMDVH 的结果与文献的结果不同，有两个原因：我们使用的度量与 CMDVH 原文中的度量不同，我们使用的度量是 mAP，而 CMDVH 的度量是 $mAP@5000$；我们使用了比 CMDVH 中设置的更多类的标签来进行实验，这使得 CMDVH 中使用的 SVM 更难训练。

此外，为了公平比较，我们进一步将所提出的算法与跨模态深度变分哈希 CMDVH 和跨模态深度变体和结构哈希 CM – DVStH 进行比较。CM – DVStH 是 CMDVH 的期刊版本，与 CM – DVStH 的实验设置相同，结果如表 7.3 所示。不难发现，所提出的算法 DCHUC 仍然比这两个基线表现得更好。

哈希检索任务　在考虑查找协议时，我们计算了在任何汉明半径下返回点的 P – R 曲线。设置以 1 步长为标准，从 0 到 k 改变汉明半径，可以得到 P – R 曲线。图 7.2、图 7.3 和图 7.4 分别所示在 MIRFLICKR – 25K、IAPR TC – 12 和 NUS – WIDE 数据集上的 P – R 曲线。不难发现，DCHUC 可以大大超过最先进的基线，这意味着所提出的 DCHUC 可以在一个小的汉明半径内为相似的点生成哈希码。例如，与基线相比，DCHUC 的精确率随着召回率的增加而下降得更慢，但在 MIRFLICKR – 25K 和 NUS – WIDE 数据集上，即使召回率增加到 0.9，DCHUC 也能得到一个很高的精确率。

收敛性分析　为了验证 DCHUC 的收敛特性，我们在码长为 64 bit 的 NUS – WIDE 数据集上进行了实验。图 7.5 所示为目标函数值和 mAP 的收敛情况。如图 7.5(a) 所示，目标函数值只经过 10 次迭代就能收敛。在图 7.5(b) 中，"$I{\rightarrow}T$" 表示用图像查询检索文本，"$T{\rightarrow}I$" 表示用文本查询检索图像。我们可以发现这两个检索任务的 mAP 值都能收敛。此外，结合图 7.5(a) 和图 7.5(b)，可以发现这两个映射的值都可以随着目标函数值的减少而增加，并最终收敛。

表 7.3 CMDVH 和 CM-DVStH 的 mAP 对比

任务	算法	MIRFLICKR-25K				IAPRTC-12				NUS-WIDE			
		16 bit	32 bit	48 bit	64 bit	16 bit	32 bit	48 bit	64 bit	16 bit	32 bit	48 bit	64 bit
$T \to I$	CMDVH	0.755	0.751	0.783	0.794	0.514	0.571	0.602	0.612	0.743	0.667	0.757	0.775
	CM-DVStH	0.798	0.820	0.858	0.878	0.643	0.719	0.720	0.747	0.697	0.778	0.782	0.789
	DCHUC	0.929	0.931	0.930	0.934	0.802	0.838	0.855	0.859	0.782	0.799	0.807	0.809
$I \to T$	CMDVH	0.753	0.765	0.791	0.793	0.528	0.594	0.642	0.640	0.743	0.766	0.757	0.784
	CM-DVStH	0.891	0.919	0.933	0.940	0.685	0.749	0.773	0.788	0.797	0.854	0.862	0.869
	DCHUC	0.945	0.953	0.949	0.951	0.815	0.849	0.873	0.867	0.817	0.854	0.864	0.870

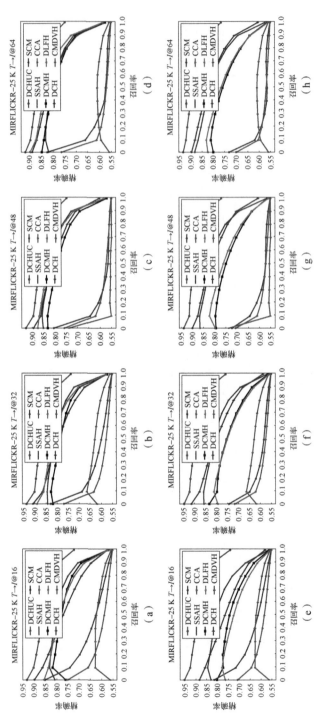

图 7.2 MIRFLICKR-25K 数据集上 P-R 曲线（书后附彩插）

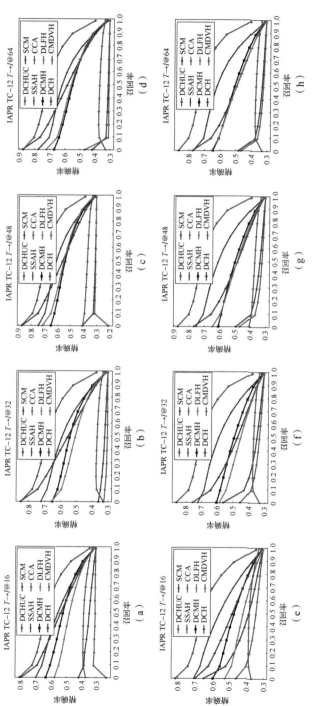

图 7.3 IAPR TC-12 数据集上 P-R 曲线（书后附彩插）

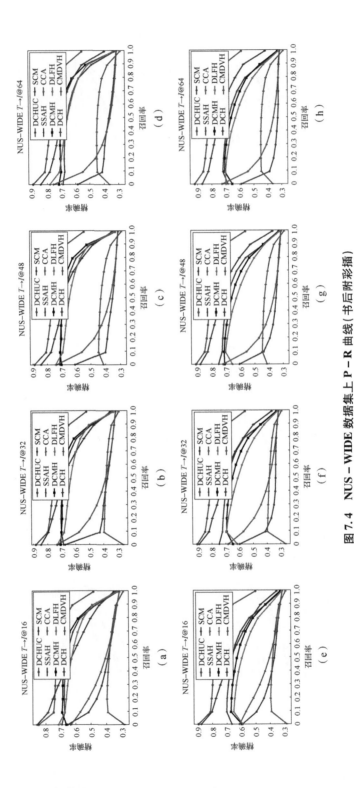

图 7.4 NUS-WIDE 数据集上 P-R 曲线(书后附彩插)

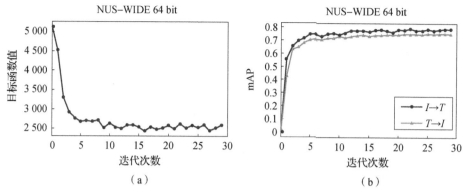

图 7.5 哈希码长度为 64 bit 时，NUS – WIDE 数据集上 DCHUC
的目标函数以及 mAP 值

(a) 目标函数值@64；(b) mAP@64

训练效率 为了评估 DCHUC 的训练速度，我们在三个数据集上进行了除 CMDVH 以外的深度跨模式基线的实验。图 7.6 所示为 DCHUC、SSAH 和 DCMH 在三个数据集上的 mAP 和训练时间的变化。可以发现，DCHUC 不仅可以比两个深度跨模式基线训练得更快，而且在检索任务上也比它们有更好的表现。对于 CMDVH 基线，它是一个两步法，因此比较 mAP – 时间曲线是不公平的。在这里，我们计算的是 CMDVH 的整个训练时间。在 IAPR TC – 12、MIRFLICKR – 25K 和 NUS – WIDE 数据集上，CMDVH 训练阶段的成本时间分别为 16.3 s、21.2 s 和 39.2 s，而 DCHUC 为 11.8 s、12.9 s 和 28.2 s。可以发现，DCHUC 也是更快的一个。

超参敏感性 我们研究了超参数 α、γ、β、η 和 μ 对码长为 64 bit 的 IAPR TC – 12、MIRFLICKR – 25K 和 NUS – WIDE 数据集的影响。更特别的是，图 7.6(a)、图 7.6(f) 和图 7.6(k) 所示为超参数 α 对三个数据集的影响，其值为 1~600。图 7.6(b)、图 7.6(g) 和图 7.6(l) 所示为超参数 γ 对三个数据集的影响，其值为 1~600。图 7.6(c)、图 7.6(h) 和图 7.6(m) 所示为超参数 β 对三个数据集的影响，其值为 1~600。图 7.7(d)、图 7.7(i) 和图 7.6(n) 所示为超参数 η 对三个数据集的影响，其值为 1~600。图 7.7(e)、图 7.7(j) 和图 7.7(o) 所示为超参数 μ 对三个数据集的影响，其值在 1~600。可以发现，DCHUC 对 α、γ、β 和 η 不敏感，而且在 10~300 以内，DCHUC 对 μ 不敏感。例如，在超参数 α、γ 和 η 的范围内，DCHUC 在所有三个数据集上都能取得良好的性能，而且在 $1 \leqslant \beta \leqslant 300$ 的情况下，也能在三个数据集上取得良好的性能。此外，在 10^{-3} ~ 10 以内，DCHUC 可以在不同的 β 下获得高的 mAP 值。

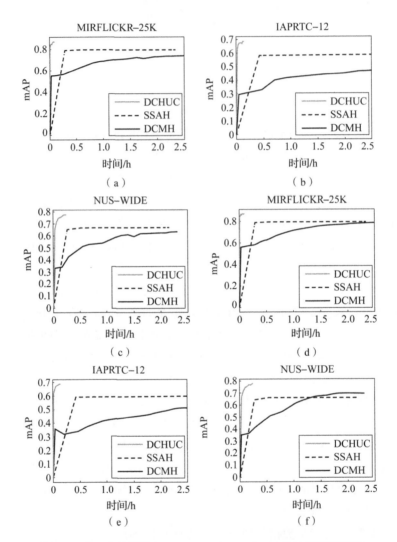

图7.6 在三个数据集上 DCHUC, SSAH 和 DCMH 的训练速率

(a) $I{\rightarrow}T@64$; (b) $I{\rightarrow}T@64$; (c) $I{\rightarrow}T@64$;
(d) $T{\rightarrow}I@64$; (e) $T{\rightarrow}I@64$; (f) $T{\rightarrow}I@64$

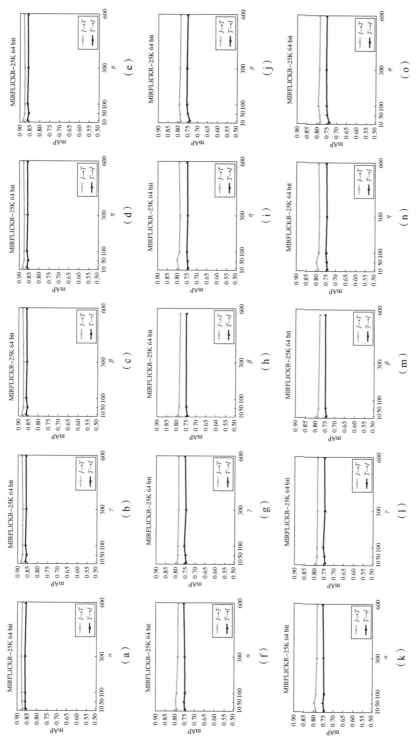

图7.7 不同参数下及不同数据集下的 mAP

第8章 哈希算法的未来趋势

至此,保留相似性哈希建模算法所涉及的思想、基本解决思路、算法和常见应用场景就已经介绍完毕,相信读者对该领域已经有了概括性的理解。本章将简要阐述作者对保留相似性哈希建模的未来发展趋势的理解。

8.1 低碳经济与智能社会

首先,发展低碳经济已经成为世界各国的共识,很多国家尤其是发达国家把低碳经济作为培育新的国家竞争优势的制高点,竞相发展低碳技术与低碳产业。

其次,人工智能技术在国民经济中越来越重要,起着基础作用,并为各行各业提供动力支撑。然而,通过考察当前人工智能技术的运行框架,可以发现人工智能技术其实需要海量能量进行支撑,而目前人类的能量利用主要来自炭燃烧,即化石能源。显然,低碳经济与人工智能的能耗存在矛盾,根据本书前述内容可知,作为人工智能的重要基本组件之一,高效率的最近邻检索可以促进低碳智能社会的构建,因此本书所述的保留相似性哈希建模方法在未来低碳经济和智能技术中将起到越来越重要的作用。

8.2　哈希算法的潜在应用

本质上，只要是需要找到 K 个最近邻数据的场景，都可以应用本书所介绍的保留相似性哈希建模方法，为了更好地促进读者对于这一观点的体会和理解，下面将着重介绍几个可能的预测场景。

①神经网络压缩与加速：神经网络本身的参数量巨大，很多时候需要从中找到最近邻的数据，这时就可以应用保留相似性哈希算法去减少参数存储量，同时加快速度，相关的研究工作已经证明了这一点。当前，各领域的深度模型正朝着越来越大的方向发展，可以预见未来如何将大模型变为同等效果的小模型将是重要趋势，在这方面，保留相似性哈希建模方法必将起到重要的作用。

②基于实例的学习方法（Instance-based Learning）：在已有的各大研究方向，如机器翻译、推荐系统、多标签分类和自然语言生成等，基于实例的学习方法是其中重要的一类方法。基于实例的学习方法，本质上就是一个 K 最近邻检索任务。因此，本书所介绍的保留相似性哈希建模方法就可以被应用到这些研究任务中，这也是未来可能的一个研究角度。

③融合知识：在各大研究任务中融合进知识是当前和未来的一大研究趋势，通常知识库都是大规模的，如何在融合知识库的过程中加快速度是一大挑战；直观上，融合知识，很多时候不必把所有知识都考虑进去，只需要考虑最相关的知识，这本质上就是一个 K 最近邻检索任务，因此本书所介绍的保留相似性哈希建模方法正好可以用于解决这一问题。

8.3　总结

各位读者朋友，至此，本书已经介绍完保留相似性哈希建模研究的全部内容，内容涵盖了保留相似性哈希建模的基本思想和基本分类，以及图片哈希（分有监督、无监督）、文本哈希、社交网络哈希、多模态哈希等具体任务和模型。在 2030 年碳达峰和低碳智能社会的构建中，本书所介绍的哈希算法必将起到自己的独特作用。

参考文献

[1] ALLAN M, VERBEEK J. Ranking user – annotated images for multiple query terms [C]// British Machine Vision Conference. London: BMVA Press, 2009.

[2] ANDONI A, INDYK P. Near – optimal hashing algorithms for approximate nearest neighbor in high dimensions [C]// Proceedings of the 47th Annual IEEE Symposium on Foundations of Computer Science (FOCS 2006), 21 – 24 October 2006, Berkeley, California, USA, 2006.

[3] ANDONI A, INDYK P, NGUYEN H L, et al. Beyond locality – sensitive hashing [C]// Proceedings of the 25th Annual ACM – SIAM Symposium on Discrete Algorithms. SIAM, 2014: 1018 – 1028.

[4] ANDONI A, RAZENSHTEYN I. Optimal data – dependent hashing for approximate near neighbors [D]. Los Alamos: arXiv, 2015.

[5] BAEZA – YATES R, RIBEIRO – NETO B, et al. Modern information retrieval [M]. New York: ACM Press/Harlow: Addison – Wesley, 2011.

[6] BORGATTI S P, EVERETT M G, JOHNSON J C. Analyzing social networks [M]. London: Sage, 2018.

[7] CAI D. A revisit of hashing algorithms for approximate nearest neighbor search [J]. IEEE Transactions on Knowledge and Data Engineering, 2016 (6): 2337 – 2348.

[8] CAO S S, LU W, XU Q K. Grarep: Learning graph representations with global structural information [C]//Proceedings of the 24th ACM International Conference on Information and Knowledge Management. 2015: 891-900.

[9] CAO Y, LONG M S, LIU B, et al. Deep cauchy hashing for hamming space retrieval [C]//Proceedings of the IEEE Conference on Computer Vision and Pattern Recognition. 2018: 1229-1237.

[10] CAO Z J, LONG M S, WANG J M, et al. Hashnet: Deep learning to hash by continuation [J]. IEEE Computer Society, 2017: 5609-5618.

[11] CHAIDAROON S, EBESU T, FANG Y. Deep semantic text hashing with weak supervision [C]// The 41st International ACM SIGIR Conference on Research & Development in Information Retrieval, 2018: 1109-1112.

[12] CHAIDAROON S, FANG Y. Variational deep semantic hashing for text documents [C]// Proceedings of the 40th International ACM SIGIR Conference on Research and Development in Information Retrieval. 2017: 75-84.

[13] CHAIDAROON S, PARK D H, CHANG Y, et al. Node2hash: Graph aware deep semantic text hashing [J]. Information Processing & Management, 2019: 102-143.

[14] CHARIKAR M S. Similarity estimation techniques from rounding algorithms [C]// Proceedings of the 34th Annual ACM Symposium on Theory of Computing. ACM, 2002: 380-388.

[15] CHATFIELD K, SIMONYAN K, VEDALDI A, et al. Return of the devil in the details: Delving deep into convolutional nets [C]// British Machine Vision Conference, 2014.

[16] CHEN C, BUNTINE W, DING N, et al. Differential topic models [J]. IEEE Transactions on Pattern Analysis and Machine Intelligence, 2015, 37(2): 230-242.

[17] CHEN H, QIY X, YIN Y, et al. Mmfnet: A multi-modality MRI fusion network for segmentation of nasopharyngeal carcinoma [J]. Neurocomputing, 2020, 394: 27-40.

[18] CHEN W J, GU Y L, REN Z C, et al. Semi-supervised user profiling with heterogeneous graph attention networks [C]// The 28th International Joint Conference on Artificial Intelligence 2019, 19: 2116-2122.

[19] CHUA T S, TANG J H, HONG R, et al. Nus-wide: a real-world web

image database from national university of Singapore [C]// Proceedings of the ACM International Conference on Image and Video Retrieval. ACM, 2009: 48.

[20] CUI P, WANG X, PEI J, et al. A survey on network embedding [J]. IEEE Transactions on Knowledge and Data Engineering, 2018: 31 (5): 833 - 852.

[21] KINGMA D P, JIMMY B. Adam: A method for stochastic optimization [C]//The 3rd International Conference for Learning Representations San Diego, 2015.

[22] DAI Q Y, LI Q, TANG J, et al. Adversarial network embedding [C]// Proceedings of the AAAI Conference on Artificial Intelligence, 2018, 32.

[23] DAI Q Y, SHEN X, ZHANG L, et al. Adversarial training methods for network embedding [C]// The World Wide Web Conference, 2019: 329 - 339.

[24] DATAR M, IMMORLICA N, INDYK P, et al. Locality sensitive hashing scheme based on p - stable distributions [C]// Proceedings of the 20th Annual Symposium on Computational Geometry, ACM, 2004: 253 - 262.

[25] DENG J, DONG W, SOCHER R, et al. Imagenet: A large - scale hierarchical image database [C]// Conference on Computer Vision and Pattern Recognition, Miami, Florida, USA. IEEE Computer Society, 2009: 248 - 255.

[26] DEVLIN J, CHANG M W, LEE K, et al. BERT: Pre - training of deep bidirectional transformers for language understanding [C]//Association for Computational Linguistics. Proceedings of the 2019 Conference of the North American Chapter of the Association for Computational Linguistics: Human Language Technologies, Volume 1 (Long and Short Papers), Minneapolis, Minnesota, June 2019: 4171 - 4186.

[27] DING G G, GUO Y C, ZHOU J L. Collective matrix factorization hashing for multimodal data [C]// Proceedings of the IEEE Conference on Computer Vision and Pattern Recognition, 2014: 2075 - 2082.

[28] DMOCHOWSKI J P, SAJDA P, PARRA L C. Maximum likelihood in cost - sensitive learning: Model specification, approximations, and upper bounds [J]. Journal of Machine Learning Research, 11 (Dec): 3313 - 3332, 2010.

[29] DO T T, DOAN A D, CHEUNG N M. Learning to hash with binary deep neural network [C]//European Conference on Computer Vision. 2016: 219 – 234.

[30] DO T T, HOANG T, TAN D K L, et al. Compact hash code learning with binary deep neural network [J]. IEEE Transactions on Multimedia, 2019 (4): 992 – 1004.

[31] DOSOVITSKIY A, SPRINGENBERG J T, RIEDMILLER M, et al. Discriminative unsupervised feature learning with convolutional neural networks [J]. Advances in Neural Information Processing Systems, 2014.

[32] ENDRES M D, SCHINDELIN E J. A new metric for probability distributions [J]. IEEE Transactions on Information Theory, 2003 (7): 1858 – 60.

[33] LIONG V E, LU J W, TAN Y P, et al. Cross – modal deep variational hashing [C]//Proceedings of the IEEE International Conference on Computer Vision, 2017: 4077 – 4085.

[34] ESCALANTE H J, HERNANDEZ C A, GONZALEZ J A, et al. The segmented and annotated IAPR TC – 12 benchmark [J]. Computer Vision and Image Understanding, 2010 (4): 419 – 428.

[35] ESHGHI K, RAJARAM S. Locality sensitive hash functions based on concomitant rank order statistics [C]// Proceedings of the 14th ACM SIGKDD International Conference on Knowledge Discovery and Data Mining, 2008: 221 – 229.

[36] EVERINGHAM M, GOOL L V, WILLIAMS C, et al. The pascal visual object classes (VOC) challenge [J]. International Journal of Computer Vision, 2010 (2): 303 – 338.

[37] FAN R E, CHANG K W, HSIEH C J, et al. Liblinear: A library for large linear classification [J]. Journal of Machine Learning Research, 2008 (9): 1871 – 1874.

[38] GAO L L, LI X P, SONG J K, et al. Hierarchical LSTMs with adaptive attention for visual captioning [J]. IEEE Transactions on Pattern Analysis and Machine Intelligence, 2020, 42 (5): 1112 – 1131.

[39] GETOOR L, DIEHL C P. Link mining: a survey [J]. ACM SIGKDD Explorations Newsletter, 2005 (2): 3 – 12.

[40] DIZAJI K G, ZHENG F, SADOUGHI N, et al. Unsupervised deep generative adversarial hashing network [C]// Proceedings of the IEEE

Conference on Computer Vision and Pattern Recognition, 2018: 3664 - 3673.

[41] GIONIS A, INDYK P, MOTWANI R, et al. Similarity search in high dimensions via hashing [C]// VLDB, 1999 (6): 518 - 529.

[42] GIRSHICK R, DONAHUE J, DARRELL T, et al. Rich feature hierarchies for accurate object detection and semantic segmentation [C]// Proceedings of the IEEE Conference on Computer Vision and Pattern Recognition, 2014: 580 - 587.

[43] GLOROT X, BENGIO Y. Understanding the difficulty of training deep feed forward neural networks [C]// Proceedings of the 13th International Conference on Artificial Intelligence and Statistics, 2010: 249 - 256.

[44] GONG Y, LAZEBNIK S. Iterative quantization: A procrustean approach to learning binary codes [C]// Conference on Computer Vision and Pattern Recognition, 2011: 817 - 824.

[45] GONG Y C, LAZEBNIK S. Iterative quantization: A procrustean approach to learning binary codes [C]//The 24th IEEE Conference on Computer Vision and Pattern Recognition, 2011: 817 - 824.

[46] GONG Y C, LAZEBNIK S, GORDO A, et al. Iterative quantization: A procrustean approach to learning binary codes for large - scale image retrieval [J]. IEEE Transactions on Pattern Analysis and Machine Intelligence, 2012 (12): 2916 - 2929.

[47] GONG Y C, LAZEBNIK S, GORDO A, et al. Iterative quantization: A procrustean approach to learning binary codes for large scale image retrieval [J]. IEEE Transactions on Pattern Analysis and Machine Intelligence, 2013 (12): 2916 - 2929.

[48] GORISSE D, CORD M, PRECIOSO F. Locality - sensitive hashing for chi2 distance [J]. IEEE Tranactions on Pattern Analysis and Machine Intelligence, 2012 (2): 402 - 409.

[49] GREENE D, PARNAS M, YAO F. Multi - index hashing for information retrieval [C]// Proceedings 35th Annual Symposium on Foundations of Computer Science, 1994: 722 - 731.

[50] GROVER A, LESKOVEC J. Node2vec: Scalable feature learning for networks [C]// Proceedings of the 22nd ACM SIGKDD International Conference on Knowledge Discovery and Data Mining, 2016: 855 - 864.

[51] MAO X L, GUO J N, JIANG X J, et al. Deep hashing for signed social network embedding [D]. Los Alamos: arXiv, 2019.

[52] MAO X L, GUO J N, Lin S Y, et al. Deep kernel supervised hashing for node classification in structural networks [J]. Information Sciences, 2021: 1-12.

[53] HAMILTON W L, YING R, LESKOVEC J. Representation learning on graphs: Methods and applications [D]. Los Alamos: arXiv, 2017.

[54] HANSEN C, ALSTRUP S, SIMONSEN J G, et al. Unsupervised semantic hashing with pairwise reconstruction [C]// Proceedings of the 43rd International ACM SIGIR Conference on Research and Development in Information Retrieval, 2020: 2009-2012.

[55] HE J F, LIU W, CHANG S F. Scalable similarity search with optimized kernel hashing [C]// Proceedings of the 16th ACM SIGKDD International Conference on Knowledge Discovery and Data Mining, 2010: 1129-1138.

[56] HE K M, GKIOXARI G, DOLLáR P, et al. Mask r-cnn [C]// Proceedings of the IEEE International Conference on Computer Vision, 2017: 2961-2969.

[57] HE K M, WEN F, SUN J. K-means hashing: An affinity-preserving quantization method for learning binary compact codes [C]// Proceedings of the IEEE Conference on Computer Vision and Pattern Recognition, 2013: 2938-2945.

[58] HEO J P, LEE Y W, HE J F, et al. Spherical hashing [C]//2012 IEEE Conference on Computer Vision and Pattern Recognition, 2012: 2957-2964.

[59] HUANG S S, XIONG Y C, ZHANG Y, et al. Unsupervised triplet hashing for fast image retrieval [C]//Proceedings of the on Thematic Workshops of ACM Multimedia 2017, 2017: 84-92.

[60] HUISKES M J, LEW M S. The MIR flickr retrieval evaluation [C]// Proceedings of the 1st ACM International Conference on Multimedia Information Retrieval, 2008: 39-43.

[61] INDYK P, MOTWANI R. Approximate nearest neighbors: towards removing the curse of dimensionality [C]// Proceedings of the 30th Annual ACM Symposium on Theory of Computing, 1998: 604-613.

[62] JAIN P, VIJAYANARASIMHAN S, GRAUMAN K. Hashing hyperplane

queries to near points with applications to large – scale active learning [J]. Advances in Neural Information Processing Systems, 2010.

[63] JÄRVELIN K, KEKÄLÄINEN J. IR evaluation methods for retrieving highly relevant documents [C]// Proceedings of the 23rd Annual International ACM SIGIR Conference on Research and Development in Information Retrieval, 2000: 41 – 48.

[64] JÄRVELIN K, KEKÄLÄINEN J. Cumulated gain – based evaluation of IR techniques [C]// ACM Transactions on Information Systems (TOIS), 2020 (4): 422 – 446.

[65] JI J Q, LI J M, YAN S C, et al. Min – max hash for jaccard similarity [C]// 2013 IEEE 13th International Conference on Data Mining, 2013: 301 – 309.

[66] JI J Q, LI J M, YAN S C, et al. Super – bit locality – sensitive hashing [J]. Advances in Neural Information Processing Systems, 2012.

[67] JIAN L, LI J D, LIU H. Toward online node classification on streaming networks [C]// Data Mining and Knowledge Discovery, 2018 (1): 231 – 257.

[68] JIANG Q Y, LI W J. Scalable graph hashing with feature transformation [C]// 24th International Joint Conference on Artificial Intelligence, 2015.

[69] JIANG Q Y, LI W J. Discrete latent factor model for cross – modal hashing [J]. IEEE Transactions on Image Processing, 2019 (7): 3490 – 3501.

[70] JIANG Q Y, LI W J. Deep cross – modal hashing [C]//Proceeding Of the IEEE Conference on Computer Vision and Pattern Recognition. Honolulu, USA, July 21 – 26, 2017: Honolulu, USA, July 21 – 26, 2017. New Jersey: IEEE Computer Society, 2017: 3270 – 3278.

[71] JIU M Y, SAHBI H. Nonlinear deep kernel learning for image annotation [J]. IEEE Transactions on Image Processing, 2017 (4): 1820 – 1832.

[72] KANG R, CAO Y, LONG M S, et al. Maximum – margin hamming hashing [C]// Proceedings of the IEEE International Conference on Computer Vision, 2019: 8252 – 8261.

[73] KANG W C, LI W J, ZHOU Z H. Column sampling based discrete supervised hashing [C]// Conference on Artificial Intelligence, 2016: 1230 – 1236.

[74] KARPATHY A, LI F F. Deep visual – semantic alignments for generating

image descriptions [C]//Proceedings of the IEEE Conference on Computer Vision and Pattern Recognition, 2015: 3128 - 3137.

[75] KAUL A, MITTAL V, CHAUDHARY M, et al. Persona classification of celebrity twitter users [C]// In Digital and Social Media Marketing, 2020: 109 - 125.

[76] KONG W H, LI W J. Isotropic hashing [J]. Advances in Neural Information Processing Systems, 2012.

[77] KRIZHEVSKY A, HINTON G. Learning multiple layers of features from tiny images [M]. Citeseer: Technical Report, 2009.

[78] KRIZHEVSKY A, SUTSKEVER I, HINTON G E. Imagenet classification with deep convolutional neural networks [J]. Advances in Neural Information Processing Systems, 2012: 1097 - 1105.

[79] KRSTOVSKI K, SMITH D A, WALLACH H M, et al. Efficient nearest - neighbor search in the probability simplex [C]//Proceedings of the 2013 Conference on the Theory of Information Retrieval, 2013: 101 - 108.

[80] KÜÇÜKTUNÇ, SAULE E, KAYA K, et al. Theadvisor: a web service for academic recommendation [C]// Proceedings of the 13th ACM/IEEE - CS Joint Conference on Digital Libraries, 2013: 433 - 434.

[81] KULIS B, DARREL T. Learning to hash with binary reconstructive embeddings [J]. Advances in Neural Information Processing Systems 22: 23rd Annual Conference on Neural Information Processing Systems, 2019: 1042 - 1050.

[82] KULIS B, GRAUMAN K. Kernelized locality - sensitive hashing [J]// IEEE Transactions on Pattern Analysis and Machine Intelligence, 2012 (6): 1092 - 1104.

[83] KULIS B, JAIN P, GRAUMAN K. Fast similarity search for learned metrics [J]. IEEE Transactions on Pattern Analysis and Machine Intelligence, 2019 (12): 2143 - 2157.

[84] LAI H J, PAN Y, LIU Y, et al. Simultaneous feature learning and hash coding with deep neural networks [C]// Proceedings of the IEEE Conference on Computer Vision and Pattern Recognition, 2015: 3270 - 3278.

[85] LAMPERT C H, NICKISCH H, HARMELING S. Attribute - based classification for zero - shot visual object categorization [J]. IEEE Transactions on Pattern Analysis and Machine Intelligence, 2013 (3): 453 - 465.

[86] LESKOVEC J, HUTTENLOCHER D, KLEINBERG J. Predicting positive and negative links in online social networks [C]// Proceedings of the 19th International Conference on World Wide Web, 2010: 641-650.

[87] LESKOVEC J, KLEINBERG J, FALOUTSOS C. Graphs over time: densification laws, shrinking diameters and possible explanations [C]// Proceedings of the 11th ACM SIGKDD International Conference on Knowledge Discovery in Data Mining, 2015: 177-187.

[88] LI C, DENG C, LI N, et al. Self-supervised adversarial hashing networks for cross-modal retrieval [C]//Proceedings of the IEEE Conference on Computer Vision and Pattern Recognition, 2018: 4242-4251.

[89] LI C X, YAN T K, LUO X, et al. Supervised robust discrete multimodal hashing for cross-media retrieval [J]. IEEE Transactions on Multimedia, 2019 (11): 2863-2877.

[90] LI P, KONIG A, GUI W. B-Bit minwise hashing for estimating three-way similarities [J]. Advances in Neural Information Processing Systems, 2010.

[91] LI P, OWEN A, ZHANG C H. One permutation hashing [J]. Advances in Neural Information Processing Systems, 2012.

[92] LI W J, WANG S, KANG W C. Feature learning based deep supervised hashing with pairwise labels [D]. Los Alamos: arXiv, 2015.

[93] LIAO L Z, HE X N, ZHANG H W, et al. Attributed social network embedding [J]. IEEE Transactions on Knowledge and Data Engineering, 2018 (12): 2257-2270.

[94] LIBEN N D, KLEINBERG J. The link-prediction problem for social networks [J]. Journal of the American Society for Information Science and Technology, 2007 (7): 1019-1031.

[95] LIN G S, SHEN C H, SUTER D, et al. A general two-step approach to learning-based hashing [C]//Proceedings of the IEEE International Conference on Computer Vision, 2013: 2552-2559.

[96] LIN K, LU J W, CHEN C S, et al. Learning compact binary descriptors with unsupervised deep neural networks [C]// Proceedings of the IEEE Conference on Computer Vision and Pattern Recognition, 2016: 1183-1192.

[97] LIN T Y, MAIRE M, BELONGIE S, et al. Microsoft coco: Common objects in context [C]// European Conference on Computer Vision, 2014:

740−755.

[98] LIN Z J, DING G G, HU M Q, et al. Semantics-preserving hashing for cross-view retrieval [C]// Proceedings of the IEEE Conference on Computer Vision and Pattern Recognition, 2015: 3864−3872.

[99] LIONG V E, LU J W, DUAN L Y, et al. Deep variational and structural hashing [J]//IEEE Transactions on Pattern Analysis and Machine Intelligence, 2018 (3): 580−595.

[100] LIU H M, WANG R P, SHAN S G, et al. Deep supervised hashing for fast image retrieval [C]//Proceedings of the IEEE Conference on Computer Vision and Pattern Recognition, 2016: 2064−2072.

[101] LIU J X, XU C, YIN C, et al. K-core based temporal graph convolutional network for dynamic graphs [J]. IEEE Transactions on Knowledge and Data Engineering, 2020.

[102] LIU M, LANG B, GU Z P, et al. Measuring similarity of academic articles with semantic profile and joint word embedding [J]. Tsinghua Science and Technology, 2017 (6): 619−632.

[103] LIU W, ANGUELOV D, ERHAN D, et al. Ssd: Single shot multibox detector [C]// European Conference on Computer Vision, 2016: 21−37.

[104] LIU W, MU C, KUMAR S, et al. Discrete graph hashing [J]. Advances in Neural Information Processing Systems, 2014.

[105] LIU W, WANG J, JI R R, et al. Supervised hashing with kernels [C]. Conference on Computer Vision and Pattern Recognition, 2012: 2074−2081.

[106] LIU W, WANGJ, KUMAR S, et al. Hashing with graphs [C]// Proceedings of the 28th International Conference on Machine Learning, 2011: 1−8.

[107] LIU XL, HE J F, LANG B. Reciprocal hash tables for nearest neighbor search [C]//Conference on Artificial Intelligence Bellevue. Washington: AAAI Press, 2013.

[108] LIU X L, HE J F, LANG B. Multiple feature kernel hashing for large-scale visual search [J]. Pattern Recognition, 2014 (2): 748−757.

[109] LIU Y, LIAO S Z, HOU Y X. Learning kernels with upper bounds of leave-one-out error [C]// Proceedings of the 20th ACM International Conference on Information and Knowledge Management, 2011: 2205−

2208.

[110] LONG M S, CAO Y, WANG J M, et al. Composite correlation quantization for efficient multimodal retrieval [C]// Proceedings of the 39th International ACM SIGIR Conference on Research and Development in Information Retrieval, 2016: 579-588.

[111] LÜ L Y, ZHOU T. Link prediction in complex networks: A survey [J]. Physica A: Statistical Mechanics and Its Applications, 2011 (6): 1150-1170.

[112] LUO X, NIE L Q, HE X G, et al. Fast scalable supervised hashing [C]. The 41st International ACM SIGIR Conference on Research & Development in Information Retrieval, 2018: 735-744.

[113] LUO X, ZHANG P F, HUANG Z, et al. Discrete hashing with multiple supervision [J]. IEEE Transactions on Image Processing, 2019 (6): 2962-2975.

[114] MA Y, GUO Z Y, REN Z C, et al. Streaming graph neural networks [C]// Proceedings of the 43rd International ACM SIGIR Conference on Research and Development in Information Retrieval, 2020: 719-728.

[115] MA Y, REN Z C, JIANG Z H, et al. Multidimensional network embedding with hierarchical structure [C]// Proceedings of the 11th ACM International Conference on Web Search and Data Mining, 2018: 387-395.

[116] MCCALLUM A K, NIGAM K, RENNIE J, et al. Automating the construction of internet portals with machine learning [J]. Information Retrieval, 2000 (2): 127-163.

[117] MIKOLOV T, CHEN K, CORRADO G, et al. Efficient estimation of word representations in vector space [D]. Los Alamos: arXiv, 2013.

[118] MU Y D, LIU Z. Deep hashing: A joint approach for image signature learning [C]// The 31st AAAI Conference on Artificial Intelligence, 2017.

[119] MU Y D, YAN S C. Non-metric locality-sensitive hashing [C]// Proceedings of the AAAI Conference on Artificial Intelligence, 2010 (1): 539-544.

[120] NEVILLE J, JENSEN D. Iterative classification in relational data [C]// Proceedings of AAAI-2000 Workshop on Learning Statistical Models from Relational Data, 2020: 13-20.

[121] NOROUZI M, FLEET D J. Minimal loss hashing for compact binary codes

[M]// Proceedings of the International Conference on Machine Learning. Washington: Omni Press, 2011.

[122] NOROUZI M, FLEET D J, SALAKHUTDINOV R R. Hamming distance metric learning [J]. Advances in Neural Information Processing Systems, 2012.

[123] NOROUZI M, PUNJANI A, FLEET D J. Fast search in hamming space with multi-index hashing [C]// 2012 IEEE Conference on Computer Vision and Pattern Recognition, 2012: 3108-3115.

[124] OU M D, CUI P, PEI J, et al. Asymmetric transitivity preserving graph embedding [C]//Proceedings of the 22nd ACM SIGKDD International Conference on Knowledge Discovery and Data Mining, 2016: 1105-1114.

[125] O'DONNELL R, WU Y, ZHOU Y. Optimal lower bounds for locality-sensitive hashing (except when q is tiny) [J]. ACM Transactions on Computation Theory (TOCT), 2014 (1): 5.

[126] PASZKE A, GROSS S, CHINTALA S, et al. Automatic differentiation in pytorch [C]// The 31st Conference on Neural Information Processing Systems (NIPS 2017), 2017.

[127] PORNPRASIT C, LIU X, KERTKEIDKACHORN N, et al. Convcn: A cnn-based citation network embedding algorithm towards citation recommendation [C]//Proceedings of the ACM/IEEE Joint Conference on Digital Libraries in 2020, 2020: 433-436.

[128] QIU Z F, PAN Y W, YAO T, et al. Deep semantic hashing with generative adversarial networks [C]// ACM SIGIR Conference on Research and Development in Information Retrieval, 2017: 225-234.

[129] QU M, TANG J, HAN J W. Curriculum learning for heterogeneous star network embedding via deep reinforcement learning [C]//Proceedings of the 7th ACM International Conference on Web Search and Data Mining, 2018: 468-476.

[130] Rasolofo Y, Savoy J. Term proximity scoring for keyword-based retrieval systems [C]// European Conference on Information Retrieval, 2003: 207-218.

[131] REDMON J, FARHADI A. Yolo9000: better, faster, stronger [C]// Proceedings of the IEEE Conference on Computer Vision and Pattern Recognition, 2017: 7263-7271.

[132] REN X, LIU J, YU X, et al. Effective citation recommendation by information network-based clustering [C]// Proceedings of the 20th ACM SIGKDD International Conference on Knowledge Discovery and Data Mining, 2016.

[133] RUMELHART D E, HINTON G E, WILLIAMS R J, et al. Learning representations by back-propagating errors [J]. Cognitive Modeling: MIT Press, 2002, 1: 213.

[134] RUSSAKOVSK O, DENG J, SU H, et al. Imagenet large scale visual recognition challenge [J]. International Journal of Computer Vision, 2015 (3): 211-252.

[135] SALAKHUTDINOV R, HINTON. Semantic hashing [J]. International Journal of Approximate Reasoning, 2009 (7): 969-978.

[136] SALTON G. Developments in automatic text retrieval [J]. Science, 1991 (5023): 974-980.

[137] SEN P, NAMATA G, BILGIC M, et al. Collective classification in network data [J]. AI Magazine, 2008 (3): 93.

[138] SHEN F M, SHEN C H, LIU W, et al. Supervised discrete hashing [C]// Proceedings of the IEEE Conference on Computer Vision and Pattern Recognition, 2015: 37-45.

[139] SHEN Q F, ZHENG Y. A brief analysis of imitation and innovation in academic field [M]//2014 International Conference on Management Science and Management Innovation (MSMI 2014). Atlantis Press, 2014.

[140] SHI Q F, PETTERSON J, DROR G, et al. Hash kernels [J]. Artificial Intelligence and Statistics, 2009: 496-503.

[141] SHI Y, LEI M L, YANG H, et al. Diffusion network embedding [J]. Pattern Recognition, 2019: 518-531.

[142] BRYAN P, AL-RFOU R, SKIENA S. et al. Deepwalk: Online learning of social representations [C]// Proceedings of the 20th ACM SIGKDD International Conference on Knowledge Discovery and Data Mining, 2014: 701-710.

[143] SIMONYAN K, ZISSERMAN A. Very deep convolutional networks for large-scale image recognition [D]. Los Alamos: arXiv, 2014.

[144] SINHA A, SHEN Z H, SONG Y, et al. An overview of microsoft academic service (mas) and applications [C]// Proceedings of the 24th International

Conference on World wide Web, 2015: 243 - 246.

[145] SMITH L N. Cyclical learning rates for training neural networks [C]. IEEE Winter Conference on Applications of Computer Vision (WACV) 2017, 2017: 464 - 472.

[146] SONG J K, HE T, GAO L L, et al. Unified binary generative adversarial network for image retrieval and compression [J]. International Journal of Computer Vision, 2020: 1 - 22.

[147] SRIVASTAVA N, HINTON G, KRIZHEVSKY A, et al. Dropout: a simple way to prevent neural networks from overfitting [J]. Journal of Machine Learning Research, 2014 (1): 1929 - 1958.

[148] STROBL E V, VISWESWARAN S. Deep multiple kernel learning [C]// The 12th International Conference on Machine Learning and Applications 2013, 2013: 414 - 417.

[149] STRUBELL E, GANESH A, MCCALLUM A. Energy and policy considerations for deep learning in NLP [C]// Proceedings of the 57th Annual Meeting of the Association for Computational Linguistics, 2019: 3645 - 3650.

[150] SUENDERMANN D. Advances in commercial deployment of spoken dialog systems [J]. Springer Science & Business Media, 2011.

[151] TANG H, JI D H, ZHOU Q J. Triple - based graph neural network for encoding event units in graph reasoning problems [J]. Information Sciences, 2021: 168 - 182.

[152] TANG J, QU M, WANG M Z, et al. Line: Large - scale information network embedding [C]// Proceedings of the 24th International Conference on World Wide Web, 2015: 1067 - 1077.

[153] TANG J, ZHANG D, YAO L M. Social network extraction of academic researchers [C]//The 7th IEEE International Conference on Data Mining (ICDM 2007), 2007: 292 - 301.

[154] TANG J, ZHANG J, YAO L M, et al. Arnetminer: extraction and mining of academic social networks [C]// Proceedings of the 14th ACM SIGKDD International Conference on Knowledge Discovery and Data Mining, 2008: 990 - 998.

[155] TERASAWA K, TANAKA Y. Spherical LSH for approximate nearest neighbor search on unit hypersphere [J]. Algorithms and Data Structures,

2007: 27-38.

[156] TU C C, LIU Z Y, LUAN H B, et al. Prism: Profession identification in social media [C]//ACM Transactions on Intelligent Systems and Technology (TIST), 2017 (6): 1-16.

[157] TU C C, ZHANG W C, LIU Z Y, et al. Max-margin deepwalk: Discriminative learning of network representation [C]//International Joint Conference on Artificial Intelligence, 2016: 3889-3895.

[158] TU R C, MAO X L, FENG B S, et al. Object detection based deep unsupervised hashing [C]//International Joint Conference on Artificial Intelligence, 2019: 3606-3612.

[159] LAURENS V D M, GEOFFREY H. Visualizing data using t-SNE [J]. Journal of Machine Learning Research, 2008 (11).

[160] VASWANI A, SHAZEER N, PARMAR N, et al. Attention is all you need [J]. Advances in Neural Information Processing Systems, 2017: 5998-6008.

[161] WAH C, BRANSON S, WELINDER P, et al. The caltech-ucsd birds-200-2011 dataset [J]. Computation & Neural Systems Technical Report in California Institute of Technology. CNS-TR-2010-001. 2010.

[162] WANG B N, LIU K, ZHAO J. Deep semantic hashing with multi-adversarial training [C]// Proceedings of the 27th ACM International Conference on Information and Knowledge Management, 2018: 1453-1462.

[163] WANG D X, CUI P, ZHU W W. Structural deep network embedding [C]//Proceedings of the 22nd ACM SIGKDD International Conference on Knowledge Discovery and Data Mining, 2016: 1225-1234.

[164] WANG D, HUANG H Y, LU C, et al. Supervised deep hashing for hierarchical labeled data [C]// Proceedings of the AAAI Conference on Artificial Intelligence, 2018: 7388-7395.

[165] WANG D, WANG Q, HE L H, et al. Joint and individual matrix factorization hashing for large-scale cross-modal retrieval [J]. Pattern Recognition, 2020: 107479.

[166] WANG J D, SHEN H T, SONG J K, et al. Hashing for similarity search: A survey [D]. Los Alamos: arXiv, 2014.

[167] WANG J D, ZHANG T, SEBEN, et al. A survey on learning to hash

[J]. IEEE Transactions on Pattern Analysis and Machine Intelligence, 2017 (4): 769-790.

[168] WANG J, KUMAR O, CHANG S F. Semi-supervised hashing for scalable image retrieval [C]// Conference on Computer Vision and Pattern Recognition, 2010: 3424-3431.

[169] WANG J, KUMAR S, CHANG S F. Semi-supervised hashing for large-scale search [J]. IEEE Transactions on Pattern Analysis and Machine Intelligence, 2012 (12): 2393-2406.

[170] WANG J, LIU W, KUMAR S, CHANG S F. Learning to hash for indexing big data-a survey [C]// Proceedings of the IEEE, 2016 (1): 34-57.

[171] WANG K, SHEN Z H, HUANG C Y, et al. A review of Microsoft academic services for science of science studies [J]. Frontiers in Big Data, 2019: 45.

[172] WANG Q F, ZHANG D, SI. Semantic hashing using tags and topic modeling [C]//Proceedings of the 36th international ACM SIGIR Conference on Research and Development in Information Retrieval, 2013: 213-222.

[173] WANG Q X, WANG S F, GONG M G, et al. Feature hashing for network representation learning [C]//International Joint Conference on Artificial Intelligence, 2018: 2812-2818.

[174] WANG S, TANG J, AGGARWAL C, et al. Signed network embedding in social media [C]// Proceedings of the 2017 SIAM International Conference on Data Mining, 2017: 327-335.

[175] WANG X F, SHI Y, KITANIK M. Deep supervised hashing with triplet labels [C]// Asian Conference on Computer Vision, 2016: 70-84.

[176] WEISS Y, TORRALBA A, FERGUS R. Spectral hashing [J]. Advances in Neural Information Processing Systems, 2009: 1753-1760.

[177] WU W, LI B, CHEN L, et al. Efficient attributed network embedding via recursive randomized hashing [C]//International Joint Conference on Artificial Intelligence, 2018: 2861-2867.

[178] WU Z R XIONG Y J, YU S X, et al. Unsupervised feature learning via non-parametric instance discrimination [C]//2018 IEEE Conference on Computer Vision and Pattern Recognition, 2018: 3733-3742.

[179] XIE Y, GONG M G, QIN A K, et al. Tpne: Topology preserving network

embedding [J]. Information Sciences, 2019: 20 - 31.

[180] XIE Y, GONG M G, WANG S F, et al. Sim2vec: Node similarity preserving network embedding [C]//Information Sciences, 2019: 37 - 51.

[181] XIONG C Y, POWER R, CALLAN J. Explicit semantic ranking for academic search via knowledge graph embedding [C]//Proceedings of the 26th International Conference on World Wide Web, 2017: 1271 - 1279.

[182] XU N, ZHANG H W, LIU A A, et al. Multi - level policy and reward - based deep reinforcement learning framework for image captioning [J]. IEEE Transactions on Multimedia, 2019 (5): 1372 - 1383.

[183] XU X, SHEN F M, YANG Y, et al. Learning discriminative binary codes for large - scale cross - modal retrieval [J]. IEEE Transactions on Image Processing, 2017 (5): 2494 - 2507.

[184] YAMAGUCHI Y, FALOUTSOS C, KITAGAWA H. Omni - prop: Seamless node classification on arbitrary label correlation [C]// Citeseer: 29th AAAI Conference on Artificial Intelligence, 2015.

[185] YAN C, PANG G S, BAI X, et al. Deep hashing by discriminating hard examples [C]//Proceedings of the 27th ACM International Conference on Multimedia, 2019: 1535 - 1542.

[186] YANG E, DENG C, LIU T L, et al. Semantic structure - based unsupervised deep hashing [C]//International Joint Conference on Artificial Intelligence, 2018: 1064 - 1070.

[187] YANG E, LIU T L, DENG C, et al. Distillhash: Unsupervised deep hashing by distilling data pairs [C]// Proceedings of the IEEE Conference on Computer Vision and Pattern Recognition, 2019: 2946 - 2955.

[188] YANG J, LESKOVEC J. Defining and evaluating network communities based on ground - truth [J]. Knowledge and Information Systems, 2015 (1): 181 - 213.

[189] YE M, ZHANG X, YUEN P C, et al. Unsupervised embedding learning via invariant and spreading instance feature [C]//IEEE Conference on Computer Vision and Pattern Recognition, 2019: 6210 - 6219.

[190] YU F, KUMAR S, GONG Y C, et al. Circulant binary embedding. [C]// International Conference on Machine Learning, 2014: 946 - 954.

[191] YUAN L, WANG T, ZHANG X P, et al. Central similarity quantization for

efficient image and video retrieval [C]//Proceedings of the IEEE/CVF Conference on Computer Vision and Pattern Recognition, 2020: 3083 - 3092.

[192] YUAN S H, WU X T, XIANG Y. SNE: signed network embedding [C]//Pacific - Asia Conference on Knowledge Discovery and Data Mining, 2017: 183 - 195.

[193] ZELNIK - MANOR L H, PERONA P. Self - tuning spectral clustering [J]. Advances in Neural Information Processing Systems, 2004.

[194] ZHANG D, WANG J, CAI D, et al. Self - taught hashing for fast similarity search [C]//Proceedings of the 33rd International ACM SIGIR Conference on Research and Development in Information Retrieval, 2015: 18 - 25.

[195] ZHANG D Q, LI W J. Large - scale supervised multimodal hashing with semantic correlation maximization [C]// The 28th AAAI Conference on Artificial Intelligence, 2014.

[196] ZHANG J, PENG Y X. Ssdh: Semi - supervised deep hashing for large scale image retrieval [J]. IEEE Transactions on Circuits and Systems for Video Technology, 2017 (1): 212 - 225.

[197] ZHANG J, PENG Y X, YUAN M K. Unsupervised generative adversarial cross - modal hashing [C]//Proceedings of the AAAI Conference on Artificial Intelligence, 2018 (1): 539 - 546.

[198] ZHANG P C, ZHANG W, LI W J, et al. Supervised hashing with latent factor models. [C] The 37th International ACM SIGIR Conference on Research and Development in Information Retrieval, 2014: 173 - 182.

[199] ZHANG P F, LI Y, HUANG Z, et al. Aggregation - based graph convolutional hashing for unsupervised cross - modal retrieval [J]. IEEE Transactions on Multimedia, 2021.

[200] ZHAO F, HUANG Y Z, WANG L, TAN T N. Deep semantic ranking based hashing for multi - label image retrieval [C]//Proceedings of the IEEE Conference on Computer Vision and Pattern Recognition, 2015: 556 - 1564.

[201] ZHAO Z Y, ZHOU H, LI C, et al. Deepemlan: Deep embedding learning for attributed networks [C]//Information Sciences, 2020: 382 - 397.

[202] ZHOU D Y, BOUSQUET O, LAL T N, et al. Learning with local and global consistency [C]//NIPS, 2014: 321 - 328.

[203] ZHOU D Y, WESTON J, GRETTON A, et al. Ranking on Data Manifolds [C]//NIPS, 2014: 169 – 176.

[204] ZHU H, LONG M S, WANG J M, et al. Deep hashing network for efficient similarity retrieval [C]//Conference on Artificial Intelligence, Arizona: AAAI Press, 2016: 2415 – 2421.

[205] ZHUANG J F, TSANG I W, HOI S C H. Two – layer multiple kernel learning [C]//Proceedings of the 14th International Conference on Artificial Intelligence and Statistics, 2011: 909 – 917.

[206] SCHROFF F, KALENICHENKO D, PHILBIN J. FaceNet: A unified embedding for face recognition and clustering [J]. IEEE, 2015.

注：红色的"圆"点是一个查询点，它的 k 近邻是棕色的点。
棕色点按流形结构分为两组

图 3.10　数据点特征空间中的内在流形结构

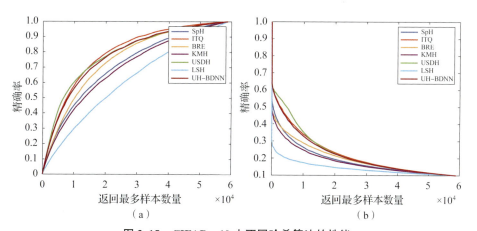

图 3.15　CIFAR-10 上不同哈希算法的性能

(a) 召回率@32；(b) 精确率@32

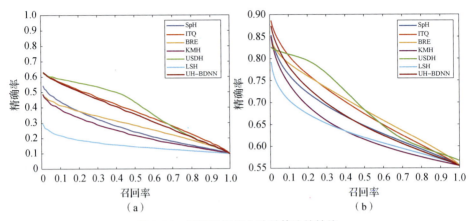

图 3.16　不同数据集上哈希算法的性能

(a) CIFAR-10 上的 P-R 曲线@32；(b) Flickr 上的 P-R 曲线@32

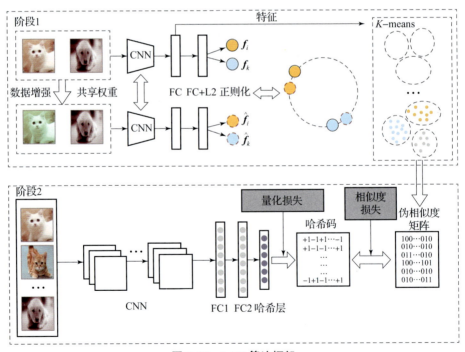

图 3.18　LAH 算法框架

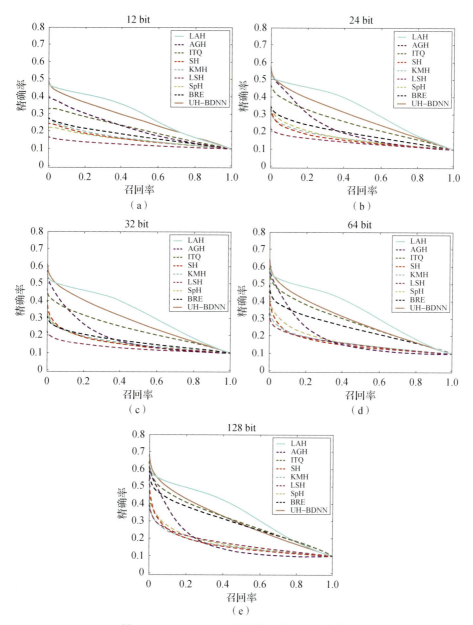

图 3.19 CIFAR-10 数据集上的 P-R 曲线

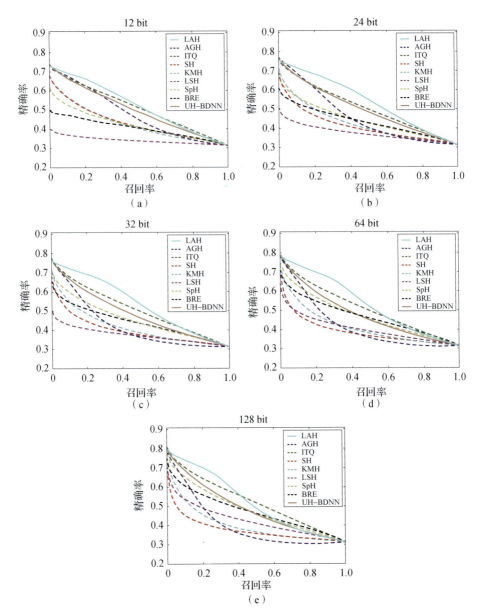

图 3.20　NUS-WIDE 数据集上的 P-R 曲线

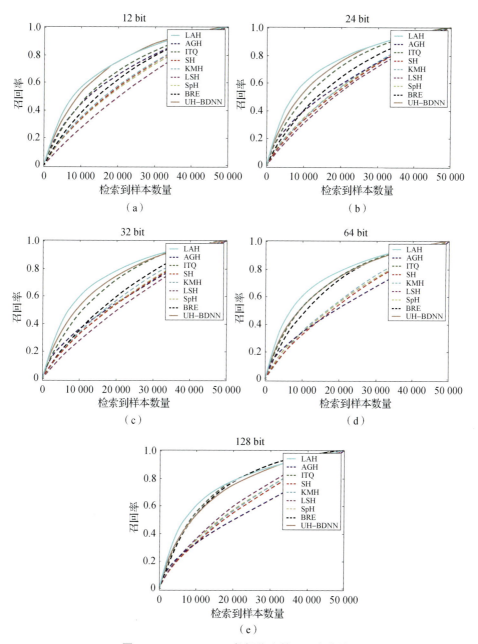

图 3.21　CIFAR-10 数据集上的召回率曲线

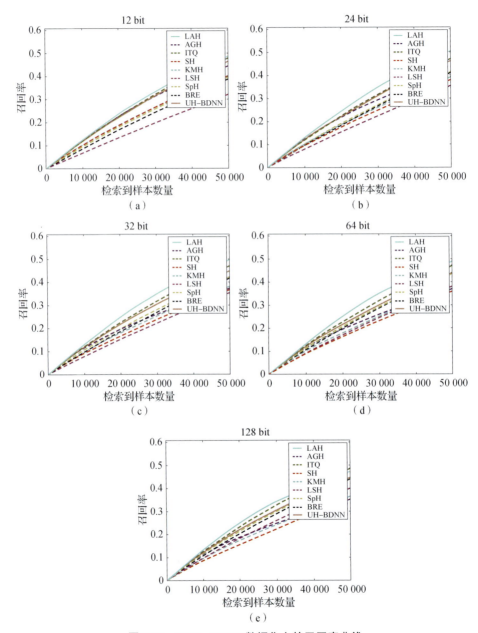

图 3.22　NUS – WIDE 数据集上的召回率曲线

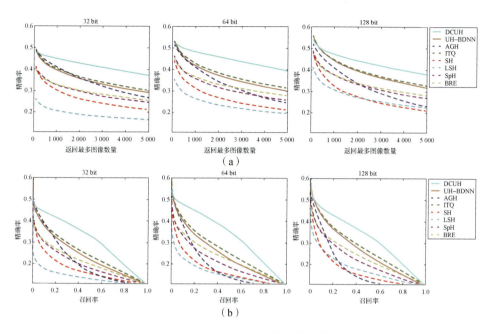

图 3.25 数据集上 DCUH 和其他算法的曲线图

(a) p@n 曲线;(b) 精确率 – 召回率曲线

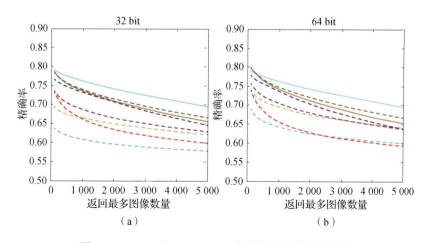

图 3.26 Flickr 和 MS COCO 数据集上的精确率曲线

(a) p 曲线@n@32;(b) p@n 曲线@64

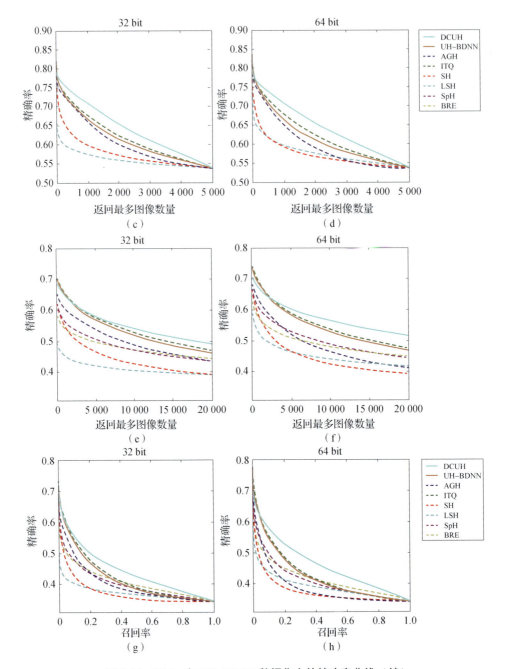

图 3.26 Flickr 和 MS COCO 数据集上的精确率曲线（续）

(c) 精确率-召回率曲线@32；

(d) 精确率-召回率曲线@64；(e) 精确率 p@n 曲线@32；(f) p@n 曲线@64；

(g) 精确率-召回率曲线@32；(f) 精确率-召回率曲线@64

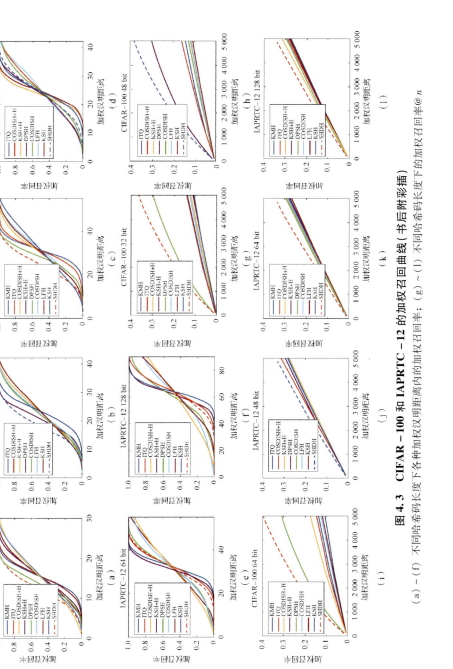

图 4.3 CIFAR-100 和 IAPRTC-12 的加权召回曲线（书后附彩插）

(a)~(f) 不同哈希码长度下各种加权汉明距离内的加权召回率；(g)~(l) 不同哈希码长度下的加权召回率@n

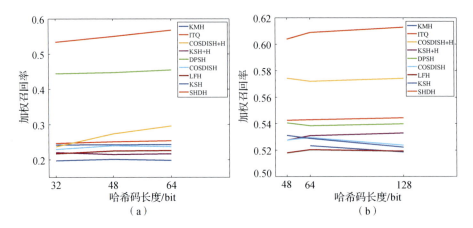

图 4.4　CIFAR – 100 和 IAPRTC – 12 的加权召回率@n（$n = 10\,000$）

（a）CIFAR – 100；（b）IAPRTC – 12

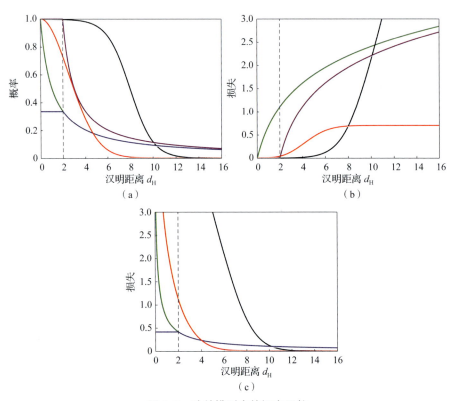

图 4.8　哈希模型中的概率函数

（a）概率函数；（b）相似对的损失；（c）不相似对的损失

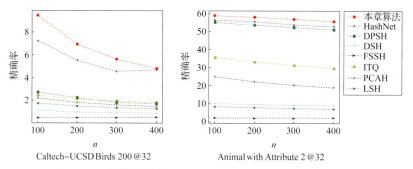

图 4.15 各算法生成 32 bits 二值哈希码的检索精确率曲线

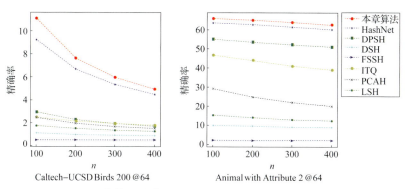

图 4.16 各算法生成 64 bits 二值哈希码的检索精确率曲线

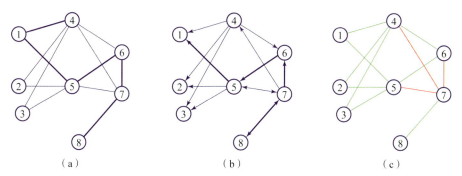

注：最常见的是，节点是个人，表示社交网络中的人；链接是关系，表示个人的关系量

图 6.1 一个社交网络的例子

（a）无向图；（b）有向图；（c）符号图

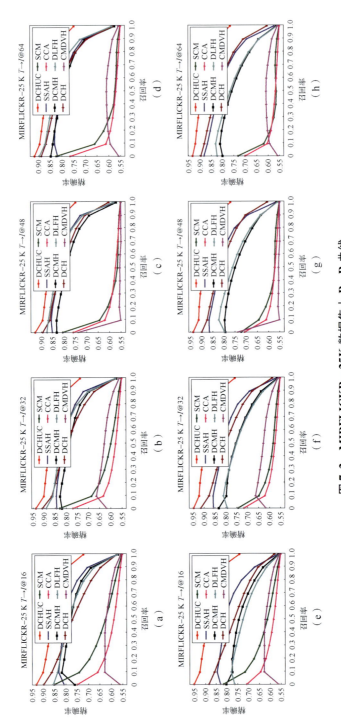

图 7.2 MIRFLICKR-25K 数据集上 P-R 曲线

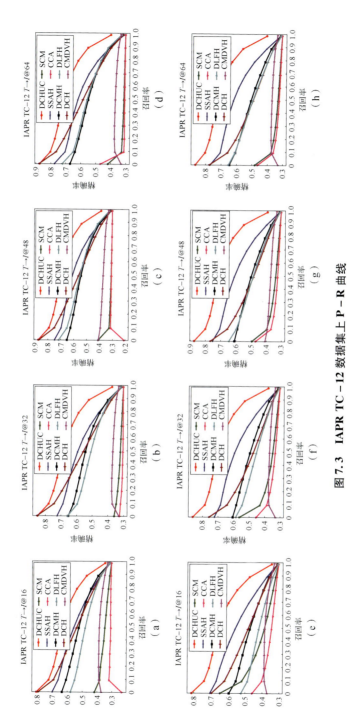

图 7.3 IAPR TC-12 数据集上 P-R 曲线

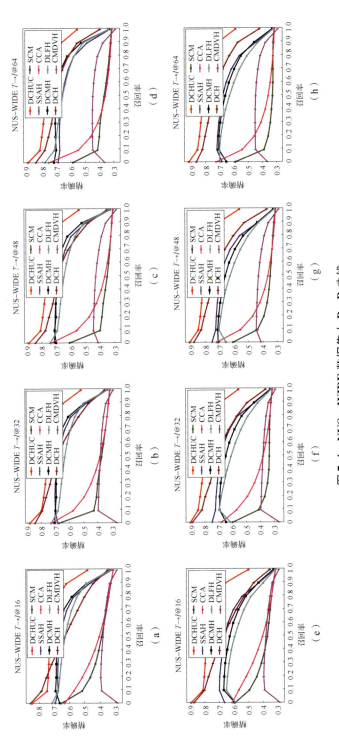

图 7.4 NUS-WIDE 数据集上 P-R 曲线